Relecture et correction : Matthieu PICHARD
Préface : Jérôme LACOEUILHE, Professeur des Universités

Édition : BoD · Books on Demand, 31 avenue Saint-Rémy, 57600 Forbach, bod@bod.fr
Impression : Libri Plureos GmbH, Friedensallee 273, 22763 Hambourg (Allemagne)

ISBN: 978-2-3228-3961-2

Dépôt légal : juillet 2026

Chaque année, début janvier, les épargnants sont crédités du rendement de leur épargne, sans toujours comprendre comment son montant est exactement calculé. De même, les Français sont nombreux à avoir recours à l'emprunt (des projections statistiques permettraient de supposer qu'environ 80% des citoyens seront ou ont été emprunteurs un jour ou l'autre durant leur vie). Or, le mécanisme de calcul des intérêts payés n'est pas toujours clair pour tout le monde, bien que reposant sur des bases calculatoires très simples et répétitives.

Cet ouvrage a pour but d'exposer ce qu'à mon avis tout citoyen adulte et autonome dans la gestion de ses finances devrait savoir, et qui n'est pas enseigné à l'école, c'est-à-dire de faire comprendre au lecteur comment les intérêts de son épargne et de ses crédits sont calculés, tout en lui donnant quelques éléments de culture générale financière, ainsi que quelques compétences au tableur lui permettant de faire ses simulations par lui-même et, ainsi, d'être plus pertinent dans ses choix de gestion de ses finances, tout en évitant les dangers auxquels on s'expose par une mauvaise gestion, comme le surendettement évitable. Il est à noter que les calculs présentés par la suite ont valeurs d'estimation et sont à vocation pédagogique. Leur pertinence peut évoluer dans le temps, notamment avec la législation, mais il est peu probable que l'idée générale change du tout au tout. Notamment, les estimations de fiscalité ne sauraient se substituer à une analyse fiscale personnalisée même si elles porteront plusieurs informations utiles à votre connaissance. Le lecteur ayant acquis une autonomie suffisante au tableur saura mettre ses simulations à jour afin qu'elles restent pertinentes au fil du temps.

À la suite de sa lecture, le lecteur aura constaté, sur des exemples concrets et réalistes, les conséquences des choix financiers des épargnants ou emprunteurs fictifs cités en exemple. Les exercices à la fin de chaque chapitre (sections À vous de jouer) lui permettront de faire ses calculs par lui-même et, ainsi, d'acquérir de l'autonomie. Les solutions des exercices suivent immédiatement les énoncés, permettant au lecteur de vérifier ses réponses. En cas de difficulté, les corrections détaillées de tous les exercices sont disponibles en fin d'ouvrage.

Les simulations effectuées au tableur demandent une maitrise modérée des fonctionnalités du tableur, en particulier la mise sous forme de tableau et le nommage des cellules ou plages de cellules. Une introduction à ces notions est donnée en préambule de l'ouvrage.

Je remercie bien vivement Matthieu PICHARD, Directeur d'agences multisites et enseignant en Licence Professionnelle Assurance Banque Finance à l'IUT Sénart-Fontainebleau (Université Paris-Est Créteil) pour la relecture de cet ouvrage et les corrections qu'il lui a apportées, ainsi que Jérôme LACOEUILHE, Professeur des Universités, pour avoir accepté de préfacer cet ouvrage. Je remercie également l'ensemble de mes étudiants de cette Licence Professionnelle qui, par les échanges que j'ai eus avec eux, au cours des années, m'ont aidé à affiner ma réflexion sur ces sujets et à perfectionner les contenus que je vous propose ici. J'espère que ces contenus seront également utiles aux prochaines promotions.

Je vous souhaite bonne lecture.

Légende :

☛ Conseils

Entrées d'index

Exemples (questions)

Exemples (solutions)

Formules

Remarques

Table des matières

Préface

Comment fonctionnent l'épargne et les emprunts bancaires ?

Voici un titre qui ne peut qu'interpeller bon nombre d'entre nous. Nous sommes beaucoup à avoir déjà contracté un prêt immobilier, à la consommation. Trop souvent, nous ne prêtons pas (suffisamment) attention au mode de calcul des intérêts. Notre compréhension du tableau d'amortissement reste souvent évasive.

S'intéresser aux emprunts bancaires, c'est également s'interroger sur la manière dont on peut faire fructifier son épargne. Ignorer ou mal comprendre le montant de ses intérêts consiste quelque part à ne pas maitriser certains de ses investissements.

Alors comment tenter d'être ou de redevenir « maitre » de ses finances ou à défaut un bon gestionnaire de celles-ci ? Pour ce faire, rien ne vaut un ouvrage pédagogique clair, didactique, abondamment illustré renvoyant à des simulations très concrètes. C'est bien l'objectif poursuivi par Clément Amzallag dans son ouvrage. De surcroît, ce livre offre des éléments de culture générale financière concomitant à cette compréhension du mécanisme de fonctionnement des intérêts.

Le travail de Clément Amzallag sur la thématique des intérêts est le fruit de nombreuses années d'enseignement en Licence Professionnelle Banque Finance Assurance à l'IUT de Sénart-Fontainebleau (Université Paris-Est Créteil) et de responsabilités de ce diplôme. Nombreux sont ceux les étudiants ayant pu et bénéficiant de ses éclairages pédagogiques dans ce domaine mais plus globalement au sein de celui des mathématiques financières.

Les différents chapitres de cet ouvrage permettent de balayer les aspects essentiels de l'épargne et des emprunts bancaires tant sur le plan technique (calcul d'annuités, actualisation…) que situationnel (remboursement ou modification de remboursement d'emprunt, retraite complémentaire, sur endettement...).

Vous l'aurez compris ce manuel s'adresse à toute personne qui souhaite comprendre et gagner en autonomie dans le fonctionnement de ses crédits mais également dans certains de ses investissements. Cependant, il ne se limite pas à ce type de public car ses vertus pédagogiques ciblent tout naturellement un public étudiant également.

Je ne saurais trop vous recommander l'ouvrage de Clément Amzallag aux fortes valeurs didactiques et pédagogiques rien que pour parfaire un pan de votre culture générale financière.

Excellente lecture à tous.

Jérôme LACOEUILHE
Professeur des Universités
Laboratoire IRG
Université Paris-Est Créteil

Utilisation du tableur

DES DIFFICULTÉS AVEC LE TABLEUR ?

Pour visionner les simulations au tableur en temps réel (à partir du chapitre 1) :

- Rendez-vous sur la chaine **Mathsenvideo Sup** sur https://youtube.com.
- Allez sur la section **Mathématiques financières avancées, modélisations au tableur**
- Visionnez la vidéo de votre choix.

De nombreux calculs et de nombreuses procédures seront modélisés au tableur tout au long de cet ouvrage. C'est en effet l'outil le plus approprié et le plus professionnalisant pour traiter ces problématiques financières. L'un des buts de cet ouvrage est d'enseigner aux particuliers à se servir d'un tableur pour effectuer leurs simulations. Cependant, les établissements financiers utilisent des outils bancaires réglementés et non des tableurs.

Nous supposerons ici que vous connaissez déjà les rudiments de l'utilisation d'un tableur. Si ce n'est pas le cas, je ne saurais trop vous conseiller de les acquérir, par exemple au moyen de l'un des nombreux tutoriels disponibles en ligne.

Vous trouverez en illustration de raisonnements des captures d'écran de feuilles de calcul montrant les modélisations au tableur. Prêtez bien attention aux formules qui apparaitront dans la barre de formule. Elles vous permettront de reproduire les calculs sur vos propres tableurs. J'aimerais néanmoins attirer l'attention du lecteur sur deux procédures du tableur qu'il sera particulièrement utile de maitriser : la mise sous forme de tableau et le nommage de cellules et de plages.

Mettre sous forme de tableau

Le tableur ne suppose pas que les contenus des différentes cellules sont liés entre eux. Si c'est le cas, vous avez tout intérêt à le lui indiquer à l'aide de l'outil [Mettre sous forme de tableau ▾], disponible dans le menu Accueil du tableur.

Par exemple, considérons ce brouillon de facture :

	A	B	C	D	E	F	G	H
1	Produit	Prix unitaire HT	Quantité	Prix HT	Prix TTC		Taux TVA	2
2	Liquide vaisselle	3,35 €	2					
3	Lot éponges	4,87 €	3					
4	Essuie-tout	1,32 €	1					

Nous constatons que les cinq colonnes A à E forment une entité cohérente (un tableau à cinq colonnes), alors que les cellules G1 et H1 contiennent d'autres éléments. Nous allons donc mettre les cellules sélectionnées en gris sous forme de tableau à l'aide du bouton ci-dessus, afin d'indiquer à Excel qu'elles sont à considérer comme un tableau de données. Voici le résultat de l'opération :

	A	B	C	D	E	F	G	H
1	Produit	Prix unitaire HT	Quantité	Prix HT	Prix TTC		Taux TVA	20%
2	Liquide vaisselle	3,35 €	2					
3	Lot éponges	4,87 €	3					
4	Essuie-tout	1,32 €	1					

Nous pouvons ensuite compléter les calculs dans ce nouveau tableau comme suit :

E2 | fx =[@[Prix HT]]*(1+H1)

	A	B	C	D	E	F	G	H
1	Produit	Prix unitaire HT	Quantité	Prix HT	Prix TTC		Taux TVA	20
2	Liquide vaisselle	3,35 €	2	6,70 €	8,04 €			
3	Lot éponges	4,87 €	3	14,61 €	17,53 €			
4	Essuie-tout	1,32 €	1	1,32 €	1,58 €			

Vous constaterez en regardant dans la barre de formule que la cellule D2 n'est plus désignée par son adresse, mais par le titre de la colonne correspondante dans le tableau.

De plus, lorsqu'une cellule de ce nouveau tableau est sélectionnée, un menu [Outils de tableau / Création] apparait avec les autres menus du haut de l'écran. Vous trouverez dans ce menu une case à cocher

☐ Ligne des totaux qui permet d'afficher par défaut la somme de la dernière colonne du tableau (ou le récapitulatif de toute autre colonne que vous choisirez) comme suit :

=SOUS.TOTAL(109;[Prix TTC])

A	B	C	D	E	F	G	H
Produit	Prix unitaire HT	Quantité	Prix HT	Prix TTC		Taux TVA	20%
Liquide vaisselle	3,35 €	2	6,70 €	8,04 €			
Lot éponges	4,87 €	3	14,61 €	17,53 €			
Essuie-tout	1,32 €	1	1,32 €	1,58 €			
Total				27,16 €			

Ces tableaux et ces lignes des totaux nous seront particulièrement utiles pour calculer des valeurs acquises de plans d'épargne, ou des coûts d'emprunts dans les chapitres suivants et les captures d'écran illustratives qui suivront les utiliseront quasi-systématiquement.

Nommer des cellules ou des plages de cellules

Afin de faire référence facilement à une cellule dont vous devez vous servir souvent, ou à des endroits éloignés de son emplacement (voire dans d'autres onglets), il est pratique de lui donner un nom. Pour ce faire, sélectionnez la cellule que vous désirez nommer et tapez le nom de votre choix dans la Zone de Nom (en haut à gauche de l'écran, qui contient l'adresse de la cellule), et en validant par Entrée. Par exemple, nous allons nommer la cellule H1 contenant le taux de TVA, car elle intervient dans le calcul de toute la colonne E.

ne de nom

x_tva | 20%

A	B	C	D	E	F	G	H
Produit	Prix unitaire HT	Quantité	Prix HT	Prix TTC		Taux TVA	20%
Liquide vaisselle	3,35 €	2	6,70 €	8,04 €			
Lot éponges	4,87 €	3	14,61 €	17,53 €			
Essuie-tout	1,32 €	1	1,32 €	1,58 €			
Total				27,16 €			

Vous remarquez que dans la zone de nom ne figure plus l'adresse H1, mais le nom que nous avons saisi.

On peut ensuite se servir du nouveau nom, soit en cliquant sur la cellule, soit en le tapant au clavier.

Dans la barre de formule de la capture ci-dessous, on voit que la cellule H1 est dénommée suivant le nom que nous lui avons donné, ce qui permet de nous servir de ce nom sur toutes les lignes de calcul et où nous le voulons dans la feuille.

E2 =[@[Prix HT]]*(1+taux_tva)

	A	B	C	D	E	F	G	H
1	Produit	Prix unitaire HT	Quantité	Prix HT	Prix TTC		Taux TVA	2
2	Liquide vaisselle	3,35 €	2	6,70 €	8,04 €			
3	Lot éponges	4,87 €	3	14,61 €	17,53 €			
4	Essuie-tout	1,32 €	1	1,32 €	1,58 €			
5	**Total**				**27,16 €**			

Nommer des cellules nous permettra, par exemple, d'appliquer le même taux d'intérêt ou de répéter la même annuité sur toutes les (très nombreuses) lignes d'un tableau d'amortissement dans les chapitres où nous traiterons des remboursements d'emprunts.

On peut aussi sélectionner toute une plage de cellules pour la nommer.

Chapitre 1 - Calculer les intérêts d'opérations simples

Le principe de l'intérêt

Une personne physique ou morale (prêteur) prête une somme d'argent à une autre personne physique ou morale (emprunteur). Se privant temporairement d'une partie de son capital, le prêteur rend un service à l'emprunteur. Ce service peut être rémunéré.

La rémunération de ce service croît avec la somme empruntée (ou placée), ainsi qu'avec la durée de l'emprunt ou du placement.

Les intérêts représentent le paiement par l'emprunteur du service fourni par le prêteur.

Exemples 1 :

- **Je souhaite acheter une voiture dont j'ai un besoin immédiat, mais je n'ai pas assez d'argent.** Je sollicite donc auprès de ma banque un prêt de la somme désirée. Grâce à ce prêt, je pourrai disposer de ma voiture rapidement. En revanche, la banque se prive d'une partie de son capital en me le prêtant, et elle ne peut donc pas le faire fructifier. Elle a donc vocation à demander une rémunération pour le service rendu, sous forme d'intérêts.

Ces intérêts font évidemment partie du modèle économique de la banque qui, comme toute entreprise, a vocation à générer du profit pour fonctionner et porter des projets.

- **J'ai sur mon compte courant une trop grosse somme d'argent dont je n'ai pas un besoin immédiat.** Je la place sur un compte d'épargne de type Livret, Assurance Vie, Plan Epargne Logement ou autre. Cet argent me sera donc moins facilement accessible et sera à disposition de la banque qui pourra le placer et le faire fructifier pour son compte. La banque me rémunère donc pour ce « prêt » que je lui octroie en me versant des intérêts périodiquement.

Deux méthodes de calcul des intérêts

Nous nous placerons dans les chapitres 1, 2, 3 et 5 dans une configuration épargne, c'est-à-dire à la place d'un client qui place une somme d'argent, en une ou plusieurs fois, sur un plan d'épargne et voudrait calculer le montant des intérêts générés par ces placements. La configuration emprunt sera traitée au chapitre 6 et aux suivants.

Pour calculer le montant des intérêts générés par un placement bancaire, nous devons disposer de quatre éléments :

- Le montant du capital placé
- Le taux d'intérêt ou rendement du placement
- La durée de l'opération (entre la date du placement et la date de paiement des intérêts)
- La formule de calcul permettant de trouver le montant des intérêts à partir des trois données ci-dessus.

Remarque : Le taux d'intérêt est en général donné au format annuel, c'est-à-dire que c'est le taux qui serait théoriquement appliqué sur une durée de placement d'une année.

Par exemple, si je place 1000 € le 1er janvier 2030 sur un plan d'épargne rémunéré à 4%, alors je toucherai 4% de 1000 €, c'est-à-dire 40 € d'intérêts le 1er janvier 2031.

Dans cet ouvrage, la période de référence sera toujours une année et le taux d'intérêt sera toujours annuel, sauf mention contraire.

Nous allons étudier deux modes de calcul des intérêts :

- L'intérêt simple, applicable à des durées constituant des morceaux d'années, c'est-à-dire plusieurs jours, plusieurs mois ou plusieurs quinzaines mais moins d'un an.
- L'intérêt composé, utilisé pour plusieurs périodes de capitalisation successives et entières. Dans cet ouvrage, il sera applicable à des durées de plusieurs années entières, commençant le premier janvier et finissant le 31 décembre.

Plus généralement, l'intérêt composé s'applique entre deux dates de versement des intérêts. Il est à noter que pour certains produits bancaires, notamment des assurances-vie, les intérêts ne sont pas servis à une date unique, mais la valorisation est effectuée en continu, selon la valeur liquidative des supports détenus (unités de compte). Le 1er janvier constitue une date comptable de référence, mais ne correspond pas à un versement effectif systématique des intérêts. Le modèle de calcul exposé ici permet néanmoins de faire de bonnes estimations.

Formule des intérêts simples :

$$\textbf{Intérêts} = \textbf{Taux} \times \textbf{Capital} \times \textbf{Durée}$$

Formule des intérêts composés :

$$\textbf{Valeur acquise} = \textbf{Capital} \times (\textbf{1} + \textbf{Taux})^{\textbf{Durée}}$$

La valeur acquise correspond au solde total du compte (capital + intérêts).

Dans la formule des intérêts composées, la durée sera toujours un nombre entier d'années. En effet, celle-ci ne s'applique qu'à des années entières.

En revanche, la formule des intérêts simples ne s'appliquant qu'à des morceaux d'années, devra prendre en compte des durées données en jours, en mois ou en quinzaines.

Remarque importante sur la durée en intérêts simples : les intérêts sont généralement versés sur les comptes d'épargne au 1er janvier de chaque année (sauf clôture du compte), moyennant le cas particulier de l'assurance vie qui est valorisée quotidiennement, le 1er janvier ne servant que de date comptable de référence. C'est pourquoi, en intérêts simples, la durée, sauf mention contraire, commencera le jour du dépôt ou du retrait sur le compte d'épargne et se terminera le 1er janvier suivant.

Par exemple, si une opération est effectuée sur un compte d'épargne le 27 mars 2029, la durée sera calculée entre le 27 mars 2029 et le 1er janvier 2030.

Conversion de durées (intérêts simples)

- Si la durée est comptée en mois, alors il faut diviser le nombre de mois par 12 pour le calcul des intérêts dans la formule.

Exemple 2 : Je place 4000 € à un taux de 4% annuel pendant 9 mois.

Le calcul des intérêts sera : $0{,}04 \times 4000 \times \frac{9}{12} = 120$ €.

Le taux d'intérêt est à convertir en pourcentage dans la formule de calcul. Pour rappel, 1% correspond au nombre 0,01. Sur un tableur, si vous saisissez 4% (avec le signe %) dans une cellule, il le convertira automatiquement en 0,04.

La durée sera comptée en mois si le placement a lieu le 1er d'un mois (par exemple, le 1er mars). Du 1er mars au 1er janvier suivant (date de paiement des intérêts), la durée sera donc de 10 mois.

- Si la durée est donnée en jours, alors il faut diviser le nombre de jours par 360 ou 365, suivant la pratique de la banque. Le diviseur 360 ou 365 est en général mentionné dans la convention de calcul des intérêts, figurant dans les conditions générales du produit concerné. N'hésitez pas à le demander à votre banque.
-

Exemple 3 : Je place 4000 € à un taux de 3% annuel durant 258 jours (entre la date du placement et le 1er janvier suivant, date de paiement des intérêts).

Avec une base de 360 jours, le calcul des intérêts sera :

$$0{,}03 \times 4000 \times \frac{258}{360} = 86 \text{ €}$$

Avec une base de 365 jours, le calcul des intérêts sera :

$$0{,}03 \times 4000 \times \frac{258}{365} = 84{,}12 \text{ €}$$

Sur un tableur, la fonction JOURS permet de trouver la durée en jours entre deux dates, sur une base de 365 jours :

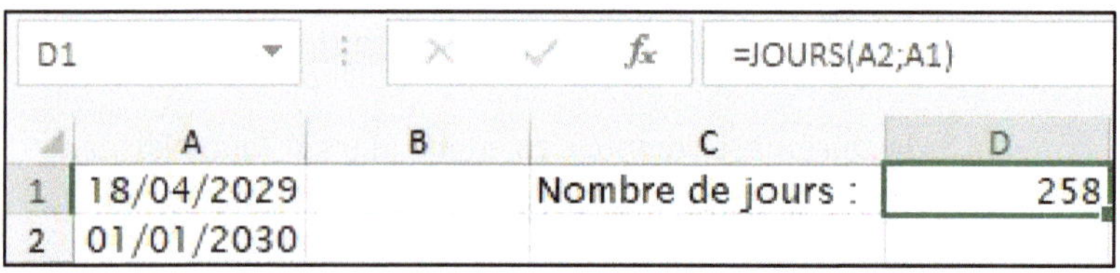

D1 =JOURS(A2;A1)

	A	B	C	D
1	18/04/2029		Nombre de jours :	258
2	01/01/2030			

La fonction JOURS360 permet de trouver la durée en jours entre deux dates, sur une base de 360 jours :

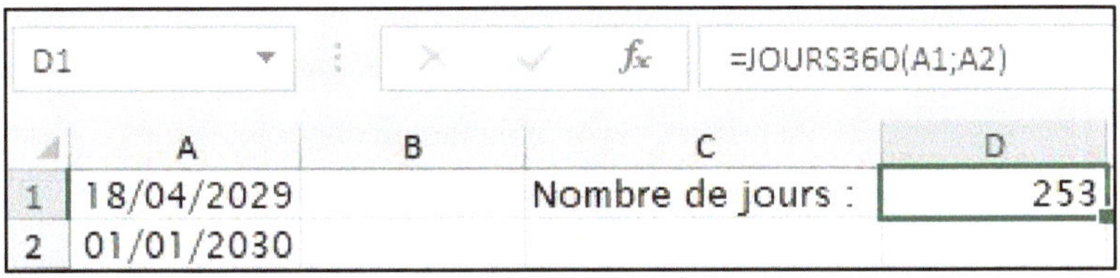

On notera que les arguments de JOURS360 sont dans l'ordre inverse de ceux de JOURS. On remarquera également que le nombre de jours pris en compte n'est pas le même suivant que la base de calcul est 360 jours ou 365 jours. Le recours au tableur est donc particulièrement important pour ne pas se tromper sur le nombre de jours à prendre en compte dans le calcul des intérêts.

Dans les faits, pour la période du 18 avril au 1er janvier suivant, le montant des intérêts générés par un placement de 4000 € à 3% d'intérêts annuels sera de 84,82 € si le calcul est effectué sur une base de 365 jours (voir ci-dessus) et de $0{,}03 \times 4000 \times \frac{253}{360} = 84{,}33$ € *si le calcul est effectué sur une base de 360 jours. La différence entre les deux montants n'est donc que de 49 centimes, soit 0,58%.*

- Pour les livrets d'épargne, la durée est comptée en quinzaines. Une quinzaine est, en gros, la moitié d'un mois. Chaque mois est divisé en deux quinzaines :
    - La première quinzaine, du 1er au 15 du mois
    - La deuxième quinzaine, du 16 à la fin du mois

  Il y a donc $2 \times 12 = 24$ quinzaines dans une année.

  La durée prise en compte pour le calcul des intérêts est le nombre entier de quinzaines séparant la date du dépôt (ou du retrait) sur le compte de la date du paiement des intérêts (en général, le 1er janvier suivant).

  Voici les règles de comptage des quinzaines :

- Règle des dépôts : Si un dépôt est effectué en cours de quinzaine sur un livret, alors le nombre de quinzaines pris en compte pour la durée sera compté à partir de la limite de quinzaine suivant le dépôt, jusqu'à la date de calcul des intérêts.

Par exemple, si l'on effectue un dépôt le 23 juillet, c'est comme si l'on l'avait effectué le 1er août et il comptera donc pour 10 quinzaines (il y a 10 quinzaines du 1er août au 1er janvier suivant).

Si l'on effectue un dépôt le 4 avril, c'est comme si l'on l'avait effectué le 16 avril et il comptera donc pour 17 quinzaines (il y a 17 quinzaines entre le 16 avril et le 1er janvier suivant).

- Règle des retraits : Si un retrait est effectué en cours de quinzaine sur un livret, alors le nombre de quinzaines pris en compte pour la durée sera compté à partir de la limite de quinzaine précédant le retrait, jusqu'à la date de calcul des intérêts.

Par exemple, si l'on effectue un retrait le 23 juillet, c'est comme si l'on l'avait effectué le 16 juillet et il comptera donc pour 11 quinzaines (il y a 11 quinzaines du 16 juillet au 1er janvier suivant).

Si l'on effectue un retrait le 4 avril, c'est comme si l'on l'avait effectué le 1er avril et il comptera donc pour 18 quinzaines (il y a 18 quinzaines entre le 1er avril et le 1er janvier suivant).

Remarque : N'hésitez pas à compter les quinzaines sur vos doigts !

☛ *Conseils pratiques pour optimiser votre épargne sur livret :*

- *Nous sommes le 14 du mois. Vous prévoyez de faire un retrait sur votre livret pour effectuer un achat important. Si vous pouvez attendre le 16 pour effectuer ce retrait, vous gagnez une quinzaine d'intérêts.*

- Nous sommes le 28 du mois. Vous avez touché une grosse prime sur votre salaire et vous avez trop d'argent sur votre compte courant. Vous pensez faire un virement sur votre livret d'épargne. Faites ce virement avant le 1er du mois suivant sinon vous perdrez une quinzaine d'intérêts sur le montant de ce virement.
- En règle générale, il vaut mieux effectuer ses dépôts juste avant la fin d'une quinzaine et ses retraits juste après le début d'une quinzaine. Les informations diffusées par les banques sur les comptes sur livret mentionnent souvent ce conseil.

Exemple 4 : On considère les opérations sur un Livret Jeune rémunéré à un taux d'intérêt de 1,5% annuel en 2029 :

Date	Opération	Durée	Intérêts
Solde au 1/01/2029	993,45 €	24 quinzaines	$0{,}015 \times 993{,}45 \times \frac{24}{24} = 14{,}91$ €
5/07/2029	250 €	11 quinzaines	$0{,}015 \times 250 \times \frac{11}{24} = 1{,}72$ €
13/09/2029	−411,75 €	8 quinzaines	$0{,}015 \times (-411{,}75) \times \frac{8}{24} = -2{,}06$ €

La première ligne de ce tableau représente le montant au crédit du livret le 1er janvier 2029, augmenté des intérêts servis ce jour. Comme le montant provient de l'année 2028 et non d'un dépôt effectué le même jour, il compte pour 24 quinzaines, soit l'année entière.

Total des intérêts acquis en 2029 : $14{,}91 + 1{,}72 - 2{,}06 = 14{,}57$ €

Solde du livret le 1er janvier 2030 : $993.45 + 250 - 411{,}75 + 14{,}57 = 846{,}27$ €

Exemple 5 : Calculer le montant du coupon trimestriel et le bénéfice réalisé sur l'achat de 350 000 € d'obligations rémunérées à 3,13% annuels sur 5 ans.

Les **obligations** sont des titres émis par des entreprises ou des Etats qui désirent lever des fonds pour se financer. Acheter des obligations revient à prêter de l'argent à l'entité émettrice, qui doit donc le restituer en payant des intérêts. Dans le cas où le prêteur est un Etat, on parle également de bons du trésor. C'est donc un placement relativement sûr car il ne dépend pas de la valorisation de l'emprunteur sur les marchés financiers. Les risques de non-remboursement résideraient surtout dans la faillite de l'entreprise émettrice ou un coup d'Etat dans le pays émetteur. Il convient donc d'éviter d'acquérir de obligations provenant d'emprunteurs non stables. Il existe différents types d'obligations et l'objectif n'est pas d'entrer dans le détail de leur fonctionnement. Nous nous baserons donc sur un fonctionnement standard :

- Paiement des intérêts par coupon trimestriel : chaque trimestre, le prêteur reçoit une rente correspondant au montant des intérêts dus pour cette période.

  Quand les obligations étaient des titres au format papier, ceux-ci comportaient des coupons détachables que le prêteur devait remettre contre paiement des intérêts, d'où le nom.

- Remboursement du capital in fine : le capital est remboursé dans son intégralité à la fin de la période (ici : après 5 ans).

Les intérêts étant payés par trimestre, nous utiliserons donc la formule des intérêts simples pour calculer leur montant. Le capital est de 350 000 €, le rendement est de 3,13% et la durée est de 3 mois. La substitution dans la formule donne :

$$0{,}0313 \times 350\,000 \times \frac{3}{12} = 2\,739{,}75\ €/trimestre$$

L'épargnant touchera donc 2 739,75 € pour chacun des $5 \times 4 = 20$ trimestres de l'opération, ce qui donne un montant total des intérêts de $20 \times 2\,739{,}75 = 54\,795$ € acquis sur les 5 ans.

Dans les faits, les calculs d'intérêts sur les obligations peuvent différer de ce calcul standard qui constitue cependant une estimation pertinente dans la plupart des cas.

Exemple 6 : Si l'on le clôture le 2 février 2041, quelle sera la valeur acquise et quels seront les intérêts acquis d'un placement de 10 500 € sur un contrat d'assurance vie effectué le 2 février 2031 dans une banque privée et ayant rapporté en

moyenne 1,83% annuels sur 10 ans ? (On négligera la fiscalité et les frais de versement.)

Ici, la première question qui se pose est : faut-il utiliser la formule les Intérêts simples ou celle des Intérêts composés ? Le piège serait de se dire que, puisque la durée est exactement de 10 ans (ce qui est fait exprès), il faudrait peut-être utiliser la formule des Intérêts composés avec une durée égale à 10. Ce serait négliger le fait que les intérêts sont servis au client le 1er janvier de chaque année, et pas le 2 février.

La formule des intérêts composés ne s'applique qu'aux années pleines, du 1er janvier au 31 décembre, et pas entre d'autres dates.

Nous allons répondre à la question en trois étapes :

1ère étape : calcul des intérêts servis le 1er janvier 2032 en intérêts simples (sur le morceau d'année du 2 février 2031 au 1er janvier 2032), et calcul de la valeur acquise du plan d'épargne à cette date

2ème étape : calcul de la valeur acquise le 1er janvier 2041 en intérêts composés (sur la période du 1er janvier 2032 au 1er janvier 2041)

3ème étape : calcul des intérêts servis et de la valeur acquise à la clôture du placement le 2 février 2041 en intérêts simples (sur la période du 1er janvier au 2 février 2041)

Plus clairement :

	Intérêts simples		Intérêts composés		Intérêts simples	
2/02/2031	→	1/01/2032	→	1/01/2041	→	2/02/2041

Calcul de la 1ère étape. Comme la date d'ouverture n'est pas le 1er du mois et qu'il n'est pas spécifié qu'il s'agit d'un compte sur livret, nous compterons la durée en jours. Faute d'informations complémentaires, nous travaillerons par défaut sur une base de 360 jours par an.

Le capital placé est de 10 500 €, le rendement moyen est de 1,83% annuels. Le nombre de jours entre le 2 février 2031 et le 1er janvier 2032 est donné par la fonction JOURS360 au tableur :

Dans toutes les captures d'écran de tableur qui suivront, les cellules calculées au moyen de formules seront signalées en gris italique.

E1 : =JOURS360(B1;B2)

	A	B	C	D	E
1	Début	02/02/2031		Durée	*329 jours*
2	Fin	01/01/2032			

La formule des intérêts simples donne donc :

$$0{,}0183 \times 10\,500 \times \frac{329}{360} = 175{,}60\ €$$

On peut effectuer ce calcul au tableur comme suit :

D2 : =G1*[Opération]*[Durée]/360

	A	B	C	D	E	F	G
1	Date	Opération	Durée	Intérêts		Rendement moyen	1,83
2	02/02/2031	10 500 €	*329 jours*	*175,60 €*			
3							
4	Échéance	01/01/2032					

175,60 € d'intérêts seront servis au client, son placement aura alors acquis une valeur de 10 500 + 175,60 = 10 675,60 € le 1er janvier 2032.

Calcul de la 2ème étape : La période courant du 1er janvier 2032 au 1er janvier 2041 comprend exactement 9 années pleines, avec un capital de départ de 10 675,60 € et un rendement moyen de 1,83%.

La formule des intérêts composés donne directement la valeur acquise le 1er janvier 2041 :

$$10\,675{,}60 \times (1 + 0{,}0183)^9 = 12\,568{,}23\ €$$

Au tableur :

D5 : =[Opération]*(1+G1)^[Durée]

	A	B	C	D	E	F	G
1	Date	Opération	Durée	Intérêts		Rendement moyen	1,83%
2	02/02/2031	10 500 €	*329 jours*	*175,60 €*			
3							
4	Date	Opération	Durée	Valeur acquise			
5	01/01/2032	*10 675,60 €*	9 ans	*12 568,23 €*			

L'opération « puissance » est représentée sur tableur par le symbole ^.

Calcul de la 3ème étape : la clôture du placement intervenant le 2 février 2041, il faut calculer (en intérêts simples) le montant des intérêts que le client touchera pour la période du 1er janvier au 2 février 2041, sur la base d'un capital de 12 568,23 € et avec le même rendement que précédemment.

La fonction JOURS360 du tableur donne la durée à prendre en compte :

E1 | =JOURS360(B1;B2)

	A	B	C	D	E
1	Début	01/01/2041		Durée	31 jours
2	Fin	02/02/2041			

La formule des intérêts simples donne donc :

$$0{,}0183 \times 12\,568{,}23 \times \frac{31}{360} = 19{,}81\ €$$

19,81 € d'intérêts seront servis au client, son placement aura alors acquis une valeur de 12 568,23 + 19,81 = 12 588,04 € le 2 février 2041.

Au tableur :

	A	B	C	D	E	F	G
1	Date	Opération	Durée	Intérêts		Rendement moyen	1,83%
2	02/02/2031	10 500 €	329 jours	175,60 €			
3						Echéance	02/02/2041
4	Date	Opération	Durée	Valeur acquise			
5	01/01/2032	10 675,60 €	9 ans	12 568,23 €		Valeur aquise à échéance	12 588,04 €
6							
7	Date	Opération	Durée	Intérêts			
8	01/01/2041	12 568,23 €	31 jours	19,81 €			

Les intérêts acquis sur cette période constituent la différence entre la somme placée par le client et la valeur acquise par son épargne à terme.

Ils se montent à 12 588,04 – 10500 = 2 088,04 €.

Chapitre 1 - À vous de jouer

Exercice 1.1 : On considère un Livret Jeune, produit d'épargne réservé aux jeunes de 12 à 25 ans, et rémunéré au taux d'intérêt de 1,5% annuels. Lucas est né le 19 juillet 2020. Le jour de son douzième anniversaire, ses parents lui ouvrent ce Livret Jeune et l'approvisionnent jusqu'au plafond de 1 600 €.

Ce livret sera automatiquement fermé et son montant reversé sur le compte courant de Lucas le jour de son 25ème anniversaire.

Quelle somme sera alors reversée à Lucas, si aucune opération n'est effectuée sur le livret ?

Le taux d'intérêt des Livrets Jeunes est fixé par les banques et peut varier d'une banque à l'autre.

Le plafond de 1 600 € (susceptible d'évoluer) est un plafond de dépôts. Une fois ce montant atteint sur le livret, tout dépôt sera rejeté. En revanche, le livret continuera à cumuler des intérêts sans limite de montant, jusqu'à clôture du livret.

Exercice 1.2 : Sur un livret A rémunéré à 0,5% annuels se trouve la somme de 5 387,65 € au 1er janvier 2032. Voici les opérations effectuées au cours de l'année 2032 :

Date	Opération
5/03/2032	+250 €
17/05/2032	−338,50 €
7/10/2032	−55 €
18/12/2032	+270 €

a) Calculer les intérêts acquis et le solde du compte au 1er janvier 2033.

b) Si aucune autre opération n'est effectuée sur ce compte, calculer le solde du compte à sa clôture le 19/04/2039.

Le rendement du Livret A est fixé par l'Etat et est souvent sujet à ajustements, notamment en fonction de l'inflation.

Exercice 1.3 : Un fonds d'investissement place 500 000 € en obligations au taux de 2,78% annuels, pour une durée de 3 ans.

Le capital est remboursé in fine. Calculer le montant du coupon trimestriel et la plus-value réalisée au cours de la période.

Exercice 1.4 : Vous êtes conseiller clientèle à la Banque Superficielle du Commerce Relatif. Vous recevez Jeanne-Marie en rendez-vous. Celle-ci vous explique qu'elle aurait 200 000 € à placer à la suite d'un héritage. Elle a la possibilité d'investir sur le marché obligataire en achetant des obligations rémunérées au taux fixe de 4% annuels et remboursables in fine à 10 ans, avec coupon trimestriel. Vous souhaiteriez qu'elle place cette somme sur l'une de vos Assurances Vie.

La date d'achat des obligations ou d'ouverture de l'Assurance Vie est fixée au 25 avril 2032.

Si vous la persuadez que le rendement moyen de l'Assurance Vie sera de 3,5% annuels sur les dix ans, préférera-t-elle l'Assurance Vie ou les obligations, dans l'optique de maximiser le montant des intérêts acquis ?

On négligera la fiscalité et les frais bancaires dans cet exercice.

Solutions des exercices :

1.1 : 1940,59 €

1.2 : a) 26,80 € 5 540,95 € b) 5 717,60 €

1.3 : 3 475 € 41 700 €

Pour les corrections détaillées, voir le dernier chapitre.

Chapitre 2 - Alimenter un plan d'épargne par annuités

Calculer la valeur acquise

Certaines opérations financières se font à intervalles réguliers. Par exemple :

- Je prévois des études à l'étranger pour mes enfants après leur baccalauréat. Je verse dès à présent une partie de mon salaire tous les mois sur un compte d'épargne pour les financer à l'aide des intérêts générés d'ici-là.
- Je verse tous les mois une somme sur une Assurance Vie, un PEL ou tout autre produit d'épargne de manière à avoir des fonds de réserve en cas de besoin urgent ou de situation imprévue.
- J'achète un réfrigérateur que je règle en dix fois sans frais.
- Je cotise pour une épargne retraite complémentaire.
- Dans un autre contexte, je rembourse mois après mois un emprunt bancaire (ce cas sera traité à partir du chapitre 6).

On appellera **flux financier** une somme d'argent qui change de main (d'un prêteur vers un emprunteur ou inversement, d'un investisseur vers un organisme financier…).

On appelle **annuité** une occurrence d'un flux financier entrant ou sortant d'un plan d'épargne ou d'une trésorerie à intervalles de temps réguliers.

L'intervalle de temps entre deux annuités consécutives est appelé **période** de l'annuité.

Les annuités ayant pour période un mois sont également appelées **mensualités**.

Le **valeur acquise** d'un plan d'épargne à une date d est la somme au crédit de ce plan d'épargne à la date d compte tenu des opérations effectuées dessus antérieurement et des intérêts générés.

La notion de valeur acquise n'a de sens que rapportée à une date de référence.

La valeur acquise par mon assurance vie au 1er janvier 2028 n'est pas la valeur acquise au 1er janvier 2029. En effet, une année d'intérêts les sépare. Parler de valeur acquise sans préciser à quelle date n'a donc pas de sens.

Exemple 7 : Soit un plan d'épargne défiscalisé, ouvert dans une banque privée, rémunéré à 3% annuels ouvert le 5/07/2032 avec un versement initial de 5 300 € et alimenté par mensualités de 100 € chaque 5 du mois. Les intérêts sont crédités au 1er janvier de chaque année.

Calculer la valeur acquise de ce plan d'épargne au 1/01/2033.

Nous traiterons les cas sur les annuités en faisant un tableau d'annuités sur le modèle ci-dessous. La période couvrant un morceau de l'année 2032 jusqu'au 1er janvier 2033, nous utiliserons la formule des intérêts simples pour calculer les intérêts. Les durées ici seront calculées sur la base de 360 jours par an à l'aide de la fonction JOURS360 du tableur.

Dans le cas où les durées sont calculées sur la base de 365 jours, on utilise la fonction JOURS du tableur et on divise par 365 au lieu de 360 dans la formule des intérêts simples.

2 | fx =taux_int*[@Opération]*[@Durée]/360

	A	B	C	D	E	F	G
	Taux	3%		Date	Opération	Durée	Intérêts
	Date de référence	01/01/2033		05/07/2032	5 300 €	176 jours	77,73 €
				05/08/2032	100 €	146 jours	1,22 €
				05/09/2032	100 €	116 jours	0,97 €
				05/10/2032	100 €	86 jours	0,72 €
				05/11/2032	100 €	56 jours	0,47 €
				05/12/2032	100 €	26 jours	0,22 €
				Total			81,33 €

Nous avons nommé taux_int la cellule B1. On reconnait bien la formule des intérêts simples dans la barre de formule.

Détail de la première ligne de calcul avec les nombres :

$$0{,}03 \times 5\,300 \times \frac{176}{360} = 77{,}73 \text{ €}$$

Idem pour les autres lignes.

La valeur acquise au 1/01/2023 sera donc de :

$$5\,300 + 100 + 100 + 100 + 100 + 100 + 81{,}33 = 5\,881{,}33 \text{ €}$$

On calcule de la même manière en intérêts composés pour des dépôts annuels ayant lieu le 1er janvier de chaque année. Si les dépôts se font en cours d'année et s'étalent sur plusieurs années, alors il faut faire un tableau d'intérêts simples par année, avec calcul des intérêts au 1er janvier de chaque année et report du solde de l'année précédente en début de chaque tableau (voir Exemple 4).

Chapitre 2 - À vous de jouer

Exercice 2.1 : Calculer les intérêts acquis et la valeur acquise au 1/01/2035 du plan d'épargne rémunéré au taux de 2,01% annuels, défiscalisé, et alimenté par un premier versement de 5 000 € le 1/05/2034, puis des mensualités de 500 € à chaque 1er des mois suivants en 2034 (on ne prendra pas en compte le versement du 1/01/2035).

Exercice 2.2 : Calculer la valeur acquise et les intérêts acquis au 1/01/2035 du plan d'épargne rémunéré au taux de 1,39% annuels, défiscalisé, et alimenté par un premier versement de 12 357 € le 1/01/2022, puis des annuités de 2 000 € chaque 1er janvier (on ne prendra pas en compte le versement du 1/01/2035).

Exercice 2.3 : Un Livret d'Epargne Populaire (rémunéré à 1% annuels) contient 9 237,34 € au 1er janvier 2032. Il est alimenté par mensualités de 200 € chaque 14 du mois.

a) Calculer les intérêts acquis au 1er janvier 2033, ainsi que la valeur acquise à cette date.

b) Pourquoi la situation de la question a) est-elle impossible ?

c) Que se passera-t-il avec ce livret ? Calculer les vrais intérêts acquis et la vraie valeur acquise.

Exercice 2.4 : On ouvre un Plan Epargne Logement rémunéré à 1% annuels le 12 mars 2033 dans une banque publique avec un versement initial de 12 300 €. On y effectue des versements trimestriels de 500 € chaque 1er janvier, 1er avril, 1er juillet et 1er octobre. Les intérêts du PEL sont fiscalisés et l'épargnant opte pour le PFU (Prélèvement Forfaitaire Unique de 30% chaque 1er janvier). Le capital est défiscalisé.

Calculer la valeur acquise après impôts de ce PEL au 1er janvier 2034, sans tenir compte du versement effectué le jour-même.

On comptera les jours sur la base de 365 jours par an.

Exercice 2.5 : Le Revenu Imposable d'un foyer détermine le taux d'Impôt sur le Revenu auquel il est soumis. Il convient de le diviser par le nombre de parts fiscales pour déterminer la tranche d'imposition d'après le barème fixé par la Loi de Finance.

Fraction du revenu imposable	Taux d'imposition
Jusqu'à 10 084 €	0 %
De 10 085 € à 25 710 €	11 %
De 25 711 € à 73 516 €	30 %
De 73 517 € à 158 122 €	41 %
À partir de 158 123 €	45 %

Barème progressif applicable aux revenus de 2020 (service-public.fr)

N'hésitez pas à vous rendre sur https ://service-public.fr pour consulter l'actualisation de ce barème à l'année où vous êtes.

Voici un extrait de l'avis d'imposition de la famille Dumas pour l'année 2020 :

Déclarant 1 - Nom de naissance : DUMAS

situation du foyer	cas particulier	enfants majeurs célibataires	enfants mariés	personnes recueillies handicapées
D	T			

RÉSIDENCE EXCLUSIVE		RÉSIDENCE ALTERNÉE		NOMBRE DE PARTS
enfants mineurs ou handicapés	dont enfants handicapés	enfants mineurs ou handicapés	dont enfants handicapés	
3				3,50

étail des revenus	**Déclar. 1**			
alaires	502356			**Total**
éduction 10% ou frais réels	-50236			
éduction minimale				
alaires, pensions, rentes nets	452120			452120
evenu brut global				**452120**
HARGES DEDUCTIBLES DU REVENU GLOBAL [10]		**Montant déclaré**	**Montant retenu**	
ersements épargne retraite déclarant 1		30000	30000	
otal des charges déduites [11]				**- 30000**
evenu imposable				**422120**

Le 1er janvier 2020, M. Dumas souscrit un contrat d'Assurance vie sur lequel il dépose 652 305 €, nets de frais de versement. Le taux d'intérêts est de 1,93% annuels. Il n'effectue aucune opération dessus en 2020. Il clôture son contrat le 1er janvier 2021.

a) Calculer le revenu brut de M. Dumas par part fiscale et en déduire sa tranche maximale d'imposition sur le revenu.

b) Calculer le montant brut (hors fiscalité) des intérêts générés par son contrat en 2021.

Dans les questions c) et d), on fiscalisera l'ensembles des intérêts et on n'appliquera pas d'abattement fiscal.

c) A la clôture, on effectue un Prélèvement Forfaitaire Non Libératoire de 12,8% des produits de son Assurance Vie. Calculer le montant de ce PFNL.

Le PFNL constitue un acompte sur l'imposition. Un trop-perçu fera le cas échéant l'objet d'un remboursement par la suite.

d) Des prélèvements sociaux à hauteur de 17,2% des produits sont également effectués. Calculer leur montant.

e) M. Dumas déduit de la somme à déclarer un abattement de 4 600 €. Il doit ensuite opter pour la fiscalité la plus avantageuse pour son contrat, sachant qu'il a le choix entre :

- Le PFU, entièrement réglé au titre du PFNL.
- La tranche maximale de son impôt sur le revenu, de laquelle on déduit le montant du PFNL.

Quelle option devra-t-il choisir pour réduire son imposition ?

f) Calculer le montant de la fiscalité sur son contrat et en déduire sa plus-value après imposition.

Solutions des exercices :

2.1 : 90,46 € ; 8 590,46 €

2.2 : 41 068,81 € ; 4 711,81 €

2.3 : a) 104,37 € ; 11 741,71 € c) 97,62 € ; 9 934,96 €

2.4 : 13 874,84 € ; 74,84 €

2.5 : a) 120 606 € b) 12 589,49 € c) 1 611,45 € d) 2 165,39 €
f) 2 396,85 € 10 192,64 €

Pour les corrections détaillées, voir le dernier chapitre.

Chapitre 3 - Prévoir et évaluer ses investissements

Une notion fondamentale : l'actualisation de flux financiers

La somme à investir à la date *d* pour bénéficier de flux financiers postérieurs s'appelle la valeur actuelle de ces flux à la date *d*.

Actualiser une série de flux financiers consiste à calculer leur valeur actuelle à une date *d* prédéfinie.

Derrière cette notion de valeur actuelle se cache un principe fondamental des mathématiques financières : un flux financier n'a de sens que rapporté à une date de valeur : 1 000 € du 1er janvier 2030 ne valent pas 1 000 € du 1er janvier 2031. En effet, une année d'intérêts les sépare.

1 000 € du 1er janvier 2030 vaudront plus de 1 000 € au 1er janvier 2031, avec les intérêts cumulés au cours de l'année 2030. Combien vaudront-ils ? Répondre à cette question, c'est calculer la valeur acquise de ces 1 000 € au 1er janvier 2031.

A l'inverse, 1 000 € du 1er janvier 2031 valaient moins de 1 000 € au 1er janvier 2030, si l'on retire les intérêts cumulés au cours de l'année 2030. Combien valaient-ils ? Répondre à cette question, c'est calculer la valeur actuelle de ces 1 000 € au 1er janvier 2030, ou actualiser ces 1 000 € au 1er janvier 2030.

Exemple 8 : On souhaite bénéficier de 19 500 € le 1er janvier 2036 afin de financer l'option d'achat de son véhicule. Quelle somme doit-on placer sur un compte rémunéré à 2% et défiscalisé le 1er janvier 2032 ?

La période concernée est entre le 1er janvier 2036 et le 1er janvier 2032. Comme il s'agit d'années pleines, nous actualiserons en intérêts composés. Pour cela, il suffira d'utiliser la formule des intérêts composés, mais comme il s'agit d'un retour en arrière dans le temps (de 2036 à 2032), la durée sera un nombre négatif d'années (ici : −4 ans).

Date	Opération	Durée	Valeur actuelle
1/01/2036	19 500 €	−4 ans	$19\,500 \times (1 + 0{,}02)^{-4}$ $= 18\,014{,}99$ €

Au tableur :

G2 | =[Opération]*(1+B1)^[Durée]

	A	B	C	D	E	F	G
1	Taux	2%		Date	Opération	Durée	Valeur actuelle
2	Date de référence	01/01/2032		01/01/2036	19 500,00 €	-4 ans	18 014,9

Important : D'après les données, les 19 500 € sont rapportés à la date du 01/01/2036, c'est pourquoi il faut mentionner cette date dans le tableau en regard du montant de l'opération, et non pas 2032, qui est la date à laquelle on effectue le calcul.

Ordre de grandeur : Pour bénéficier de 19 500 € en 2036, il est naturel de penser qu'il faut déposer un peu moins en 2032. Il est important d'avoir en tête l'ordre de grandeur de la réponse que l'on pense trouver afin de différencier les résultats cohérents des résultats absurdes et d'identifier d'éventuelles erreurs de calcul ou de formule.

Lorsque la période concernée est un morceau d'année, l'actualisation se fera en intérêts simples. Pour cela, on n'utilisera pas la formule des intérêts simples vue précédemment mais une formule d'actualisation spécifique.

Formule d'actualisation en intérêts simples :

$$\textit{Valeur actuelle} = \textit{Valeur acquise}/(1 + \textit{Taux} \times \textit{Durée})$$

Dans cette formule, la durée est à compter à l'aide d'un nombre positif. Elle est à diviser par 12, 360, 365 ou 24, suivant son unité de mesure (voir chapitre 1).

Exemple 9 : Quelle somme déposée sur un plan d'épargne avec un rendement de 3% annuels le 4 août 2029 permettra de bénéficier de 4 000 € le 1er janvier 2030 ?

Ordre de grandeur : on s'attend évidemment à une somme légèrement inférieure à 4 000 €.

La période concernée étant un morceau de l'année 2029 (entre le 4/08/2029 et le 1/01/2030), nous actualiserons en intérêts simples.

La durée ne sera pas comptée en quinzaines, étant donné qu'il n'est pas fait mention d'un compte sur livret. Faute d'informations complémentaires, nous la compterons en jours sur la base de 360 jours par an. Nous utiliserons la formule JOURS360 du tableur pour la déterminer (attention : la date la plus ancienne est à mettre en premier argument de la formule de tableur).

Le calcul donne :

$$4\,000/\left(1 + 0{,}03 \times \frac{147}{360}\right) = 3\,951{,}59\ €$$

Au tableur :

2 | =[Opération]/(1+B1*[Durée]/360)

	A	B	C	D	E	F	G
				Date	Opération	Durée	Valeur actuelle
	Rendement	3%					
	Date d'actualisation	04/08/2029		01/01/2030	4 000 €	147 jours	3 951,59 €

Dans les cas plus complexes et plus conformes à la vie réelle, l'actualisation se fera en partie en intérêts simples et en partie en intérêts composés. Voici un tel cas avec actualisation de deux flux financiers.

<u>Exemple 10</u> : Pour les 18 ans de ses enfants, Carole désire leur offrir un voyage au Canada à chacun. Elle a donc besoin de disposer de 5 000 € pour l'anniversaire de Justine le 3 août 2037 et de 5 000 € supplémentaires pour l'anniversaire de Grégoire le 17 avril 2039.

Combien doit-elle placer le 1er janvier 2032 sur son plan d'épargne défiscalisé pour pouvoir faire ces deux retraits de 5 000 € chacun aux dates anniversaires de ses enfants ?

On comptera les jours sur la base de 365 jours par an et on tablera sur un rendement moyen de 1,5% annuels pour ce plan d'épargne.

Ici, nous avons deux flux financiers à actualiser. Nous allons les actualiser au 1er janvier 2032 chacun séparément de l'autre et nous additionnerons les valeurs actuelles pour obtenir la réponse à la question.

Pour Justine : Il faut actualiser les 5 000 € du 3 août 2037 au 1er janvier 2032. La période entre ces deux dates comprend un morceau de l'année 2037, et des années pleines (de 2032 à 2036). L'actualisation se fera donc en deux fois : D'abord au 1er janvier 2037 en intérêts simples, puis au 1er janvier 2032 en intérêts composés.

Actualisation au 1er janvier 2037 en intérêts simples : On trouve la durée entre le 1er janvier 2037 et le 3 août 2037 à l'aide de la fonction JOURS du tableur.

E1 | fx =JOURS(B2;B1)

	A	B	C	D	E
1	Début	01/01/2037		Durée	*214 jours*
2	Fin	03/08/2037			

On actualise ensuite comme dans l'exemple 9.

Date	Opération	Durée	Valeur actuelle
3/08/2037	5 000 €	214 jours	$5\,000/\left(1+0{,}015\times\frac{214}{365}\right)$ $= 4\,956{,}61$ €

Au tableur :

G2 | fx =[Opération]/(1+B1*[Durée]/365)

	A	B	C	D	E	F	G
1	Rendement	1,5%		Date	Opération	Durée	Valeur actuelle
2	Date d'actualisation	01/01/2037		03/08/2037	5 000 €	*214 jours*	*4 956,41*

5 000 € du 3 août 2037 valent donc 4 956,41 € le 1er janvier 2037.

Actualisation au 1er janvier 2032 en intérêts composés :

Entre le 1er janvier 2037 et le 1er janvier 2032, la durée (comptée négativement) sera de -5 ans.

On actualise comme dans l'exemple 8.

Date	Opération	Durée	Valeur actuelle
1/01/2037	4 956,41 €	−5 ans	$4\,956{,}41 \times (1 + 0{,}015)^{-5}$ $= 4\,600{,}84$ €

Au tableur :

G2 | =[Opération]*(1+B1)^[Durée]

	A	B	C	D	E	F	G
1	Taux	1,5%		Date	Opération	Durée	Valeur actuelle
2	Date de référence	01/01/2032		01/01/2037	4 956,41 €	-5 ans	4 600,84 €

Pour payer le voyage de Justine, Carole doit donc placer 4 600,84 € le 1er janvier 2032. Procédons à présent de la même manière pour Grégoire.

Pour Grégoire : Il faut actualiser les 5 000 € du 17 avril 2039 au 1er janvier 2032. La période entre ces deux dates comprend un morceau de l'année 2039, et des années pleines (de 2032 à 2038). L'actualisation se fera donc en deux fois : D'abord au 1er janvier 2039 en intérêts simples, puis au 1er janvier 2032 en intérêts composés.

Actualisation au 1er janvier 2039 en intérêts simples :

On trouve la durée entre le 1er janvier 2039 et le 17 avril 2039 à l'aide de la fonction JOURS du tableur.

E1 | =JOURS(B2;B1)

	A	B	C	D	E
1	Début	01/01/2039		Durée	106 jours
2	Fin	17/04/2039			

On actualise ensuite comme dans l'exemple 9.

Date	Opération	Durée	Valeur actuelle
17/04/2039	5 000 €	106 jours	$5\,000/\left(1 + 0{,}015 \times \frac{106}{365}\right)$ $= 4\,978{,}31$ €

Au tableur :

G2 =[Opération]/(1+B1*[Durée]/365)

	A	B	C	D	E	F	G
1	Rendement	1,5%		Date	Opération	Durée	Valeur actuelle
2	Date d'actualisation	01/01/2039		17/04/2039	5 000 €	106 jours	4 978,31 €

5 000 € du 17 avril 2039 valent donc 4 978,31 € le 1er janvier 2039.

Actualisation au 1er janvier 2032 en intérêts composés :

Entre le 1er janvier 2039 et le 1er janvier 2032, la durée (comptée négativement) sera de −7 ans.

On actualise comme dans l'exemple 8.

Date	Opération	Durée	Valeur actuelle
1/01/2039	4 978,31 €	−7 ans	$4\,978{,}31 \times (1 + 0{,}015)^{-7}$ $= 4\,485{,}59$ €

Au tableur :

G2 =[Opération]*(1+B1)^[Durée]

	A	B	C	D	E	F	G
1	Taux	1,5%		Date	Opération	Durée	Valeur actuelle
2	Date de référence	01/01/2032		01/01/2039	4 978,31 €	-7 ans	4 485,59 €

Pour payer le voyage de Grégoire, Carole doit donc placer 4 485,59 € le 1er janvier 2032.

Au total, Justine doit placer 4 600,84 + 4 485,59 = 9 086,43 € le 1er janvier 2032 pour avoir de quoi financer les voyages de ses deux enfants.

Voici à présent un exemple d'actualisation de plusieurs annuités.

<u>Exemple 11</u> : On verse 5 000 € au début de chaque année sur un compte au rendement moyen de 3% annuels à compter du 1er janvier 2027, et pendant 5 ans. Actualiser l'ensemble de ces annuités au 1er janvier 2026 et interpréter le résultat obtenu.

Les dates concernées sont toutes des 1ers janviers, on actualisera donc en intérêts composés, comme dans l'exemple 8.

Nous actualiserons chaque flux financier indépendamment des autres, puis nous additionnerons toutes les valeurs actuelles obtenues.

Date	Opération	Durée	Valeur actuelle
1/01/2027	5 000 €	-1	$5\,000 \times (1 + 0{,}03)^{-1}$ $= 4\,854{,}37$ €
1/01/2028	5 000 €	-2	$5\,000 \times (1 + 0{,}03)^{-2}$ $= 4\,712{,}98$ €
1/01/2029	5 000 €	-3	$5\,000 \times (1 + 0{,}03)^{-3}$ $= 4\,575{,}71$ €
1/01/2030	5 000 €	-4	$5\,000 \times (1 + 0{,}03)^{-4}$ $= 4\,442{,}44$ €
1/01/2031	5 000 €	-5	$5\,000 \times (1 + 0{,}03)^{-5}$ $= 4\,313{,}04$ €
		Valeur actuelle	$Total = 22\,898{,}54$ €

Interprétation : Ces cinq flux de 5 000 € chacun génèrent les mêmes intérêts qu'un dépôt unique de 22 989,54 € effectué le 1er janvier 2026.

Pour actualiser en intérêts simples des annuités d'une même année civile, on procède de la même manière en actualisant chaque ligne de tableau à l'aide de la formule d'actualisation en intérêts simples.

Lorsque l'on veut actualiser des mensualités qui s'étendent sur plusieurs années civiles, il faut procéder par étapes :

- D'abord, actualiser à l'intérieur de chaque année civile les flux financiers de cette année en intérêts simples au premier janvier de l'année civile.
- Ensuite actualiser chacune des actualisations de l'étape précédente jusqu'à la date désirée, en intérêts composés si c'est également un premier janvier. Sinon, il y aura une

autre étape d'actualisation en intérêts simples à effectuer après.

Rentabilité d'un projet : Valeur Actuelle Nette (VAN)

La Valeur Actuelle Nette est un indicateur numérique qui sert à évaluer la rentabilité d'un projet d'investissement.

En principe, un projet d'investissement donne lieu à un investissement à l'année 0 du projet (donc une sortie de fonds), puis à des retours sur investissement (dont des recettes) à partir de l'année 1, jusqu'à l'année n, n représentant la durée de vie du projet.

Tout projet d'investissement a nécessairement une durée de vie que l'investisseur doit évaluer.

Imaginons un entrepreneur qui cherche à lever des fonds auprès de sa banque pour créer ou agrandir son entreprise. Avant de lui accorder ce prêt, la banque va se demander si cet investissement génèrera plus de bénéfices qu'un placement financier à risque comparable. Elle va donc consulter le détail du projet d'investissement, comprenant entre autres les tableaux financiers fournis par l'investisseur, et déterminer un taux, appelé taux d'actualisation, qui représenterait le rendement d'un placement financier comportant les mêmes risques que l'investissement.

Ce taux d'actualisation permettra le calcul de la Valeur Actuelle Nette de la manière suivante :

- Tous les flux financiers prévisionnels, représentant le retour sur investissement seront actualisés à l'année 0 (l'année de l'investissement).
- On retranchera ensuite le montant de l'investissement du total de ces actualisations pour obtenir la Valeur actuelle Nette.

On comprend le sens du mot « nette » : il s'agit de la Valeur Actuelle des retours sur investissement, nette du montant de l'investissement.

Deux cas se présentent alors :

- Soit la VAN est un nombre positif, auquel cas on considère que le projet est susceptible d'être intéressant *(ce qui ne veut pas dire que la banque va immédiatement vous accorder le prêt que vous sollicitez),*
- Soit la VAN est un nombre négatif, auquel cas on considère que la rentabilité du projet n'est pas assurée et la banque n'acceptera vraisemblablement pas de vous accompagner.

Il est utile de préciser ici que la décision prise par une banque d'accompagner ou non un porteur de projet ne repose jamais sur un seul indicateur tel que la VAN. L'établissement financier effectue une étude croisée du projet portant sur plusieurs facteurs (outre les indicateurs de rentabilité montrés dans cet ouvrage), tels que la capacité de remboursement, les garanties proposées, la cohérence économique globale du projet, le niveau de risque accepté par la banque. La VAN (à l'instar de l'IP et du TRI qui seront vus au chapitre suivant) n'est pas un critère exclusif de décision.

Exemple 12 : Vous êtes entrepreneur. Vous vous rendez à votre agence bancaire pour solliciter auprès de votre conseiller financier un accompagnement à hauteur de 25 350 €, pour acheter et mettre en service une nouvelle machine. La durée de vie de cette machine est estimée à 15 ans, pendant lesquels on estime à 2 500 € par an le retour sur investissement généré par cette machine.

La banque décide d'appliquer un taux d'actualisation de 4%. Calculer la Valeur Actuelle Nette de ce projet et commenter cet indicateur de rentabilité.

Nous allons d'abord calculer la VAN en actualisant chacun des flux financiers manuellement, afin de bien comprendre la démarche. Ensuite, nous referons le calcul à l'aide de la fonction VAN du tableur.

Calcul avec actualisations successives effectuées manuellement :

On procède comme à l'exemple 11, pour actualiser des flux financiers en intérêts composés.

Année	Flux	Durée	Valeur actuelle
0	−25 350 €	0	$-25\,350 \times (1+0{,}04)^{0} = -25\,350$ €
1	2 500 €	−1	$2\,500 \times (1+0{,}04)^{-1} = 2\,403{,}85$ €
2	2 500 €	−2	$2\,500 \times (1+0{,}04)^{-2} = 2\,311{,}39$ €
3	2 500 €	−3	$2\,500 \times (1+0{,}04)^{-3} = 2\,222{,}49$ €
4	2 500 €	−4	$2\,500 \times (1+0{,}04)^{-4} = 2\,137{,}01$ €
5	2 500 €	−5	$2\,500 \times (1+0{,}04)^{-5} = 2\,054{,}82$ €
6	2 500 €	−6	$2\,500 \times (1+0{,}04)^{-6} = 1\,975{,}79$ €
7	2 500 €	−7	$2\,500 \times (1+0{,}04)^{-7} = 1\,899{,}79$ €
8	2 500 €	−8	$2\,500 \times (1+0{,}04)^{-8} = 1\,826{,}73$ €
9	2 500 €	−9	$2\,500 \times (1+0{,}04)^{-9} = 1\,756{,}47$ €
10	2 500 €	−10	$2\,500 \times (1+0{,}04)^{-10} = 1\,677{,}91$ €
11	2 500 €	−11	$2\,500 \times (1+0{,}04)^{-11} = 1\,623{,}95$ €
12	2 500 €	−12	$2\,500 \times (1+0{,}04)^{-12} = 1\,561{,}49$ €
13	2 500 €	−13	$2\,500 \times (1+0{,}04)^{-13} = 1\,501{,}44$ €
14	2 500 €	−14	$2\,500 \times (1+0{,}04)^{-14} = 1\,443{,}69$ €
15	2 500 €	−15	$2\,500 \times (1+0{,}04)^{-15} = 1\,388{,}16$ €
		VAN	$Total = 2\,445{,}97$ €

Au tableur (en ayant nommé *taux_act* la cellule B1 et affiché la ligne des totaux) :

```
=[@Flux]*(1+taux_act)^[@Durée]
```

A	B	C	D	E	F	G
Taux actualisation	4%		**Année**	**Flux**	**Durée**	**Valeur actuelle**
			0	-25 350 €	0	-25 350,00 €
			1	2 500 €	-1	2 403,85 €
			2	2 500 €	-2	2 311,39 €
			3	2 500 €	-3	2 222,49 €
			4	2 500 €	-4	2 137,01 €
			5	2 500 €	-5	2 054,82 €
			6	2 500 €	-6	1 975,79 €
			7	2 500 €	-7	1 899,79 €
			8	2 500 €	-8	1 826,73 €
			9	2 500 €	-9	1 756,47 €
			10	2 500 €	-10	1 688,91 €
			11	2 500 €	-11	1 623,95 €
			12	2 500 €	-12	1 561,49 €
			13	2 500 €	-13	1 501,44 €
			14	2 500 €	-14	1 443,69 €
			15	2 500 €	-15	1 388,16 €
					VAN	2 445,97 €

A l'aide de la fonction VAN du tableur :

B3 =VAN(B1;E3:E17)+E2

	A	B	C	D	E
1	Taux actualisation	4%		Année	Flux
2				0	-25 350 €
3	VAN	2 445,97 €		1	2 500 €
4				2	2 500 €
5				3	2 500 €
6				4	2 500 €
7				5	2 500 €
8				6	2 500 €
9				7	2 500 €
10				8	2 500 €
11				9	2 500 €
12				10	2 500 €
13				11	2 500 €
14				12	2 500 €
15				13	2 500 €
16				14	2 500 €
17				15	2 500 €

Remarques sur la syntaxe de la fonction VAN :

- Le premier argument est le taux d'actualisation
- Le second argument est la plage de cellules contenant <u>les retours sur investissement uniquement</u>
- Le montant de l'investissement est ajouté à part, en dehors de la fonction VAN.

En effet, la fonction VAN est programmée pour actualiser avec les durées $-1, -2, -3$ *etc. L'actualisation avec durée 0 doit donc se faire manuellement en dehors de cette fonction.*

L'utilisation de la fonction VAN rend inutiles les colonnes Durée et Valeur Actuelle.

Commentaires sur la VAN : On trouve une Valeur Actuelle Nette positive, le projet est donc considéré comme susceptible d'être rentable. Cela dit, la Valeur Actuelle Nette sur 15 ans n'est pas très élevée au regard de l'investissement, ce qui devrait faire réfléchir l'investisseur sur l'opportunité d'engager ces fonds *(et le conseiller financier sur l'opportunité de l'accompagner dans son projet)*.

Chapitre 3 : À vous de jouer

Exercice 3.1 : Combien choisira-t-on de déposer sur un Livret Jeunes rémunéré à 1,5% annuels à l'ouverture le 19 février 2033 si l'on désire disposer de 1 660 € le 1er janvier 2036 ?

Cette opération est-elle impossible pour cause de dépassement du plafond du livret ?

Exercice 3.2 : On ouvre un plan d'épargne défiscalisé rémunéré à 2,53% annuels le 5 juillet 2035 dans une banque privée (les jours sont comptés sur la base de 360 jours par an).

On souhaite en retirer 2 500 € le 9 mai 2039 et 5 300 € le 9 avril 2040.

Combien doit-on déposer sur ce plan d'épargne à l'ouverture ?

Exercice 3.3 : a) Madame Lampin prévoit une rénovation de sa résidence principale durant l'année 2042. Sur un plan d'épargne dont elle estime le rendement annuel moyen à 2,16% annuels, quelle est la somme à placer le 1/01/2034 pour pouvoir financer le coût des travaux estimé à 45 300 € le 1/01/2042 ?

b) Ne disposant pas de cette somme la 1er janvier 2034, elle décide d'alimenter ce plan d'épargne par annuités de 5 150 € versées chaque 1er janvier de 2034 à 2041 inclus. Actualiser le total des annuités versées au 1er janvier 2034.

c) En déduire sans calcul supplémentaire si la valeur acquise avant impôts au 1/01/2042 suffira à financer les travaux.

d) Lors du retrait le 1/01/2042, des prélèvements sociaux à hauteur de 17,2% du montant des intérêts acquis sont déduits. La valeur acquise après impôts suffira-t-elle à financer les travaux ?

Exercice 3.4 : En tant que conseillez financier dans une banque, vous recevez en rendez-vous un jeune diplômé de LP Management du Point de Vente à l'IUT Sénart-Fontainebleau qui désire ouvrir un restaurant et cherche à lever 110 000 €. Vous êtes séduit par la renommée de la formation qu'il a suivie mais vous examinez ses tableaux financiers pour vous faire une idée de la faisabilité de son projet.

Vous recueillez les informations suivantes :

Année	Recettes	Charges	Flux
0	22 180 €	108 561 €	-86 381 €
1	27 372 €	23 584 €	3 788 €
2	32 007 €	24 088 €	7 919 €
3	34 607 €	24 611 €	9 996 €
4	37 337 €	25 153 €	12 184 €
5	40 204 €	65 715 €	-25 511 €
6	43 214 €	26 298 €	16 916 €
7	46 375 €	26 903 €	19 472 €
8	49 694 €	27 530 €	22 164 €
9	53 179 €	28 180 €	24 999 €
10	56 838 €	28 855 €	27 983 €

Les trois premières lignes proviennent de son plan de financement à 3 ans, les suivantes sont le résultat d'une projection à 10 ans se basant sur un taux de croissance à peu près constant et prenant en compte des travaux durant la 5ème année. Etant donnée la conjoncture (taux d'intérêts, croissance du marché, situation sanitaire…) vous évaluez le taux d'actualisation à 3,75%.

Calculez la Valeur Actuelle Nette et commentez la rentabilité attendue du projet. Sur la base de ces informations, émettez-vous un avis favorable à sa demande de prêt ?

Exercice 3.5 : Lequel de ces deux projets vous parait le plus rentable ?

Projet Recto	
Année	Flux
0	-50 000 €
1	-2 295 €
2	10 708 €
3	11 383 €
4	19 214 €
5	18 549 €
6	5 574 €

Projet Verso	
Année	Flux
0	-50 000 €
1	14 318 €
2	12 778 €
3	10 822 €
4	8 473 €
5	5 573 €
6	5 199 €

a) Avec un taux d'actualisation de 5%.

b) Avec un taux d'actualisation de 10%.

Solutions des exercices :

3.1 : 1 591,41 €

3.2 : 6 975,62 €

3.3 : a) 38 181,34 € b) 38 276,71 €

3.4 : 5 308 €

Pour les corrections détaillées, voir le dernier chapitre.

Chapitre 4 - Autres indicateurs de rentabilité

Un indicateur plus parlant : l'Indice de profitabilité

Dans ce chapitre, nous continuerons à fournir des méthodes rigoureuses pour analyser la rentabilité d'un investissement au regard de son ROI (retour sur investissement) sur la durée.

La Valeur Actuelle Nette permet de statuer sur la rentabilité d'un investissement. Mais en tant qu'indicateur sur le ROI, elle n'est pas très clairement lisible et interprétable. D'autre part, elle dépend d'un taux d'actualisation dont les conditions de la détermination ne sont pas claires. C'est pourquoi nous allons aborder dans ce chapitre d'autres indicateurs.

L'Indice de Profitabilité (IP) est le rapport entre les flux de trésorerie générés par l'investissement (actualisés à l'année 0) et le montant de l'investissement.

Formule de calcul de l'Indice de Profitabilité :

$$\boldsymbol{IP = 1 + \frac{VAN}{I_0}}$$

où I_0 représente le montant de l'investissement initial.

L'Indice de Profitabilité donne la somme attendue en ROI (actualisée à l'année 0) par euro (ou autre unité de devise) investi.

Par exemple, $IP = 1{,}25$ signifie que l'on prévoit que chaque euro investi rapportera 1,25 €.

- Si $IP > 1$, alors l'investissement est supposé rentable.
- Si $IP \leq 1$, alors l'investissement est supposé non rentable.

Il est aisé de voir que $IP > 1$ si et seulement si $VAN > 0$.

Exemple 13 : Reprenons le cas de l'exemple 12 (voir chapitre 3), où un investissement de 25 350 € était censé rapporter 2 500 € par an pendant 15 ans. Un taux d'actualisation

de 4% avait été appliqué et nous avions trouvé une Valeur Actuelle Nette de 2 445,97 €.

L'Indice de profitabilité vaut donc :

$$IP = 1 + \frac{2\,445{,}97}{25\,350} = 1{,}10$$

Au tableur :

B4 — f_x =1-B3/E2

	A	B	C	D	E
1	Taux actualisation	4%		Période	Flux
2				0	-25 350 €
3	VAN	2 445,97 €		1	2 500 €
4	IP	1,10 €		2	2 500 €
5				3	2 500 €
6				4	2 500 €
7				5	2 500 €
8				6	2 500 €
9				7	2 500 €
10				8	2 500 €
11				9	2 500 €
12				10	2 500 €
13				11	2 500 €
14				12	2 500 €
15				13	2 500 €
16				14	2 500 €
17				15	2 500 €

<u>Attention</u> : le calcul de l'Indice de Profitabilité nécessite une division par le montant de l'investissement (25 350 €). Or sur la feuille de calcul ci-dessus, ce montant est donné comme un nombre négatif. C'est pour corriger ceci que la formule de tableur figurant dans la barre de formule comprend une soustraction, et non une addition comme la formule mathématique.

De toute manière, la VAN et l'IP doivent délivrer la même conclusion sur la rentabilité du projet. Si l'on trouve des conclusions contradictoires, c'est qu'une erreur a été commise (comme taper + au lieu de – dans la formule de tableur). La VAN ne peut pas dire que le projet est rentable alors que l'IP dirait qu'il ne l'est pas, ou inversement.

Chaque euro investi dans ce projet est censé générer 1,10 €, ce qui confirme une rentabilité du projet relativement faible.

Le Taux de Rentabilité Interne : pourquoi et comment

Exemple 14 : Reprenons les exemples 12 et 13, présentant un projet d'investissement de 25 350 €, censé générer 2 500 € par an de retour sur investissement pendant 15 ans.

Un taux d'actualisation de 4% avait été appliqué, donnant une Valeur Actuelle Nette de 2 445,97 € et un Indice de Profitabilité de 1,10 €.

Ces deux indicateurs dépendant du taux d'actualisation, dont la détermination n'est pas toujours claire, il est intéressant de voir comment ils varient quand on fait varier le taux d'actualisation.

Un taux d'actualisation plus élevé conduira mathématiquement à des valeurs actuelles plus faibles, donc à une VAN et un IP plus bas. Par conséquent, il est plus difficile de considérer un projet comme rentable lorsque le taux d'actualisation est élevé que lorsqu'il est bas.

Ci-après, une simulation tableur du même projet, avec un taux d'actualisation de 5%.

B3 | =VAN(B1;E3:E17)+E2

	A	B	C	D	E
1	Taux actualisation	5%		Période	Flux
2				0	-25 350 €
3	VAN	599,15 €		1	2 500 €
4	IP	1,02 €		2	2 500 €
5				3	2 500 €
6				4	2 500 €
7				5	2 500 €
8				6	2 500 €
9				7	2 500 €
10				8	2 500 €
11				9	2 500 €
12				10	2 500 €
13				11	2 500 €
14				12	2 500 €
15				13	2 500 €
16				14	2 500 €
17				15	2 500 €

On obtient alors une VAN bien plus faible et un projet à peine rentable (chaque euro investi générerait 1,02 €).

Voyons ce qui arrive avec un taux d'actualisation de 6% :

B3 *fx* =VAN(B1;E3:E17)+E2

	A	B	C	D	E
1	Taux actualisation	6%		Période	Flux
2				0	-25 350 €
3	VAN	-1 069,38 €		1	2 500 €
4	IP	0,96 €		2	2 500 €
5				3	2 500 €
6				4	2 500 €
7				5	2 500 €
8				6	2 500 €
9				7	2 500 €
10				8	2 500 €
11				9	2 500 €
12				10	2 500 €
13				11	2 500 €
14				12	2 500 €
15				13	2 500 €
16				14	2 500 €
17				15	2 500 €

Avec un tel taux d'actualisation, le projet serait considéré non rentable, chaque euro investi générant moins d'un euro.

Nous constatons que l'évaluation de la rentabilité d'un projet dépend du taux d'actualisation fixé. Une mésestimation de ce taux peut donc conduire à mal évaluer un projet *(donc à ne pas financer un projet qui aurait été rentable ou pire : à financer un projet non rentable)*. Il peut donc être utile de disposer d'un indicateur qui ne dépend pas du taux d'actualisation. C'est le cas du Taux de Rentabilité Interne.

Petit aparté mathématique : La formule des intérêts composés est une fonction continue du taux appliqué (comme composée de fonctions continues). La VAN, somme de fonctions continues, est donc également une fonction continue du taux d'actualisation. Si deux taux d'actualisation différents donnent des VAN de signes différents, alors, d'après le théorème des valeurs intermédiaires, il existe un taux d'actualisation qui donne une Valeur Actuelle Nette égale à 0.

Le Taux de Rentabilité Interne (TRI) est la valeur du taux d'actualisation pour laquelle la VAN est égale à 0.

Autrement dit, c'est le rendement exact d'un placement rapportant autant que l'investissement envisagé.

Vu sous cet angle, on comprend que plus le TRI est grand, plus l'investissement est estimé rentable.

Le problème du TRI réside dans son calcul.

Petit aparté mathématique : Déterminer le TRI par le calcul reviendrait à trouver les racines d'un polynôme de degré égal à la durée de vie du projet. Or, le théorème d'Abel-Ruffini indique qu'il n'existe pas de méthode algébrique de détermination des racines d'un polynôme de degré supérieur ou égale à 5 (et pour les degrés 3 et 4, la pratique indique que c'est déjà très compliqué !). Il faut donc trouver le TRI en employant des méthodes numériques. La plus utilisée est la méthode de Newton-Raphson, sur laquelle le lecteur peut se documenter s'il le désire. Elle ne sera pas exposée dans cet ouvrage.

Une méthode algébrique est une méthode de détermination d'une valeur exacte alors qu'une méthode numérique est une méthode de détermination d'une valeur approchée.

D'autre part, un polynôme n'ayant pas toujours de racines réelles, le TRI peut tout simplement ne pas exister.

La bonne nouvelle pour nous, est que le tableur fait tout ce travail. Nous pourrons en effet estimer le TRI à l'aide d'approximations successives, en essayant sur notre feuille de calcul des taux d'actualisation permettant de se rapprocher de plus en plus d'une VAN valant 0. Mais nous avons encore mieux : il existe une fonction TRI qui donne immédiatement le Taux de Rentabilité Interne. De plus, elle est très facile d'utilisation.

B6 | =TRI(Tableau1[Flux])

	A	B	C	D	E
1	Taux actualisation	4%		Période	Flux
2				0	-25 350 €
3	VAN	2 445,97 €		1	2 500 €
4	IP	1,10 €		2	2 500 €
5				3	2 500 €
6	TRI	5,35%		4	2 500 €
7				5	2 500 €
8				6	2 500 €
9				7	2 500 €
10				8	2 500 €
11				9	2 500 €
12				10	2 500 €
13				11	2 500 €
14				12	2 500 €
15				13	2 500 €
16				14	2 500 €
17				15	2 500 €

En argument de la fonction TRI, il suffit de sélectionner toute la colonne Flux du tableau des retours sur investissement, y compris le montant de l'investissement (contrairement à VAN où on ne le sélectionnait pas).

Nous trouvons donc pour ce projet un Taux de Rentabilité Interne d'environ 5,35%.

Un TRI positif indique un projet en apparence rentable et un TRI négatif indiquera un projet non rentable. Dans les cas où le TRI n'existe pas, le tableur indiquera une erreur #NOMBRE!. Cependant, dans ces cas, il est facile de voir « à l'œil nu » si le projet est rentable ou non.

Cependant, un TRI trop faible indiquerait une rentabilité pas assez évidente pour que l'investissement en vaille la peine. Voici donc quelques ordres de grandeur de TRI communément exigés en fonction de la nature des projets d'investissement :

- TRI en dessous de 5% : Peu attractif, acceptable seulement en cas de risque quasi nul ou d'objectif stratégique

- TRI entre 5% et 8% : Acceptable pour des projets très sécurisés, de l'immobilier core (biens situés dans des quartiers dynamiques et reconnus) ou des investissements institutionnels à long terme. Peu motivant pour un investisseur privé.
- TRI entre 8% et 12% : Intéressant si le risque est maitrisé et l'entreprise bien établie.
- TRI entre 12% et 15% : Très intéressant, c'est un niveau souvent recherché en private equity (investissement dans une entreprise non cotée avec un projet de développement-revente) ou dans des projets entrepreneuriaux solides.
- TRI au-delà de 15% : Rentabilité excellente, attendue sur des projets risqués, des start-ups ou des marchés émergents. Attention toutefois aux hypothèses trop optimistes.

Avec cette échelle de comparaison, un TRI de 5,35% pour un investissement dans l'expansion d'une PME (achat de machines) paraît un peu faible. Il n'est donc pas certain que ce projet trouve des partenaires investisseurs.

Afin de modéliser plus clairement le rapport entre le taux d'actualisation et les indicateurs de rentabilité, le tableau et le diagramme suivant montrent l'évolution de la VAN et de l'IP en fonction de taux d'actualisation.

Taux d'act.	VAN	IP
1%	9 312,63 €	1,36736218
2%	6 773,16 €	1,26718575
3%	4 494,84 €	1,17731115
4%	2 445,97 €	1,09648791
5%	599,15 €	1,02363492
6%	-1 069,38 €	0,95781548
7%	-2 580,21 €	0,89821637
8%	-3 951,30 €	0,84413005
9%	-5 198,28 €	0,79493969
10%	-6 334,80 €	0,75010646
11%	-7 372,83 €	0,70915874
12%	-8 322,84 €	0,67168289
13%	-9 194,05 €	0,63731547
14%	-9 994,58 €	0,60573649
15%	-10 731,57 €	0,57666372

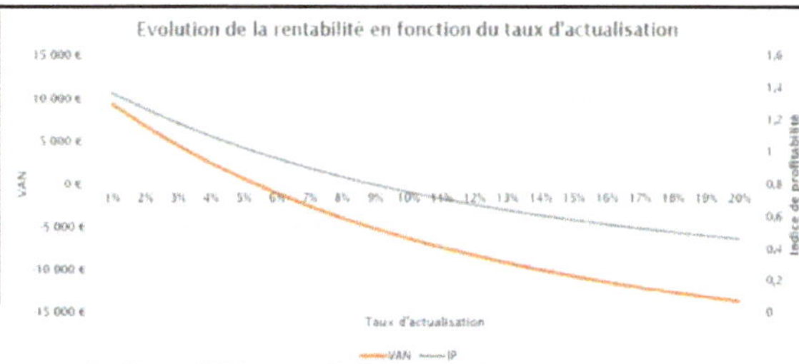

On voit bien ainsi la décroissance de l'hypothèse de rentabilité en fonction du taux d'actualisation. On constate aussi que pour un taux d'actualisation à 5,35%, la VAN est à 0 et l'IP vaut 1.

Chapitre 4 : À vous de jouer

Exercice 4.1 : Vous étudiez un projet de création d'entreprise avec un investissement initial de 86 381 € l'année 0, puis des rendements variables détaillés dans le tableau ci-contre. En appliquant un taux d'actualisation de 3,75%, on trouve une VAN de 5 308 € (voir exercice 3.5)

a) Calculer et interpréter l'indice de profitabilité dans ce cas.

b) Représentez graphiquement l'évolution de la VAN en fonction du taux d'actualisation. Estimer et interpréter le taux de rendement interne sur 10 ans. Evaluer la pertinence de l'investissement.

Exercice 4.2 : a) Calculer et interpréter les indices de profitabilité des deux projets Recto et Verso, avec un taux d'actualisation de 5%.

Projet Recto	
Année	**Flux**
0	-50 000 €
1	-2 295 €
2	10 708 €
3	11 383 €
4	19 214 €
5	18 549 €
6	5 574 €

Projet Verso	
Année	**Flux**
0	-50 000 €
1	14 318 €
2	12 778 €
3	10 822 €
4	8 473 €
5	5 573 €
6	5 199 €

Rappel :

$\mathrm{VAN}_{\mathrm{Recto}} = 1\,860{,}26$ €

et $\mathrm{VAN}_{\mathrm{Verso}} = -208{,}46$ € *(voir exercice 3.5).*

b) Recommencer avec un taux d'actualisation de 10%.

Rappel : $\mathrm{VAN}_{\mathrm{Recto}} = -6\,897{,}29$ € *et* $\mathrm{VAN}_{\mathrm{Verso}} = -6\,110{,}31$ €.

c) On ne sait pas quel taux d'actualisation choisir. Suggérer une méthode pour comparer les deux projets Recto et Verso et indiquer lequel semble préférable.

Exercice 4.3 : Une banque accompagne la création d'une entreprise. Voici les prévisions des flux de trésorerie à trois ans.

Année	Charges	Recettes	Flux
0	80 000,00 €	32 000,00 €	
1	40 000,00 €	34 000,00 €	
2	40 800,00 €	35 000,00 €	

a) Compléter la dernière colonne.

b) Au-delà de la troisième année, le conseiller financier table sur une augmentation des charges indexée sur une inflation de 2% annuels. L'entrepreneur, lui, table sur un taux de croissance régulière de 10% par an pour ses recettes.

En programmant le calcul au tableur sur suffisamment d'années, estimer le nombre d'années qu'il faudra à l'entreprise avoir des indicateurs de rentabilité favorables.

Exercice 4.4 : Le Ministère du Budget et des Comptes Publics reçoit deux propositions de plans d'investissement :

Le Plan du Ministère de la Transition Ecologique (MTE), consistant à investir 250 millions d'euros à l'année 0, pour espérer des entrées de 102 millions d'euros par an à chacune des années 1 à 3.

Le Plan du Secrétariat d'Etat à l'Economie Solidaire (SEES), consistant à investir 300 millions d'Euros à l'année 0, pour espérer une entrée de 150 millions d'euros à l'année 1 et une entrée de 200 millions d'euros à l'année 2.

Les durées de vie des projets étant différentes, on ne peut comparer leurs indicateurs respectifs calculés tels quels. Pour comparer leurs indicateurs, on simule la reconduction de chaque projet autant de fois que nécessaire pour obtenir deux projets fictifs ayant la même durée de vie.

a) Combien de fois au minimum va-t-il falloir simuler la reconduction de chaque projet jusqu'à obtenir des durées de vie identiques ?

b) Calculer la VAN et l'IP de chaque projet pour un taux d'actualisation de 5%. Que remarque-t-on ?

c) Modéliser ces deux projets sur la même feuille de calcul, puis dresser un tableau à trois colonnes, permettant de calculer la VAN du projet MTE et la VAN du projet SEES en fonction de différents taux d'actualisation (de 1% à 13%).

d) Faire un tableau semblable pour l'IP.

e) Calculer le TRI de chaque projet.

f) Pour quelles valeurs du taux d'actualisation le projet MTE est-il préférable au projet SEES d'après la VAN ? d'après l'IP ?

g) Ces deux projets sont mutuellement exclusifs (ils ne peuvent être menés tous les deux en même temps). En fonction de la conjoncture actuelle, lequel de ces deux projets conseilleriez-vous au Ministre du Budget d'inscrire à la prochaine loi de finance ?

Solutions des exercices :

4.1 : a) 1,06 € b) 4,62%

4.2 : a) 1,037 € ; 0,996 € b) 0,862 € ; 0,878 €

4.3 : a) −48 000 € ; −6 000 € ; −5 800 € b) 10 ans

4.4 : a) MTE : 2 reconductions, SEES : 3 reconductions b) MTE : 69,41 M€ ; 1,28 € SEES : 79 M€ ; 1,26 € e) MTE : 10,83% SEES : 10,39%

Pour les corrections détaillées, voir le dernier chapitre.

Chapitre 5 - Calculer une rente et une retraite complémentaire

Principe de la retraite complémentaire

Une annuité reçue est également appelée une rente alors qu'une annuité payée est également appelée un terme.

Dans ce chapitre, nous allons simuler un versement de rente, du type d'une liquidation d'un plan d'épargne retraite complémentaire (nous ne nous intéresserons pas au calcul de la retraite du régime général ou des régimes spécifiques).

Le principe est le suivant : durant sa période d'activité, un client cotise à un plan d'épargne retraite complémentaire. Les fonds placés génèrent des intérêts jusqu'à la liquidation de ce plan. Dans la pratique, les fonds sont en général placés sur des unités de compte (en actions ou obligations), le rendement du plan dépend donc des performances de ces unités de compte et peut même être négatif en cas de forte baisse de la bourse. Les établissements financiers sont censés optimiser les unités de compte pour garantir le meilleur rendement possible au client. C'est ainsi qu'elles se différencient par rapport à la concurrence.

A la liquidation du plan d'épargne (en général, au moment du départ en retraite), le client doit choisir entre :

- Le versement d'un capital correspondant à la valeur acquise de son plan à la date de liquidation
- Ou bien une rente périodique (mensuelle, trimestrielle, annuelle) qui lui sera versée à vie
- Ou bien un mélange des deux (versement d'un pourcentage en capital et d'un pourcentage sous forme de rente)

Dans le cas où la liquidation est effectuée en capital, le calcul de la valeur acquise effectué dans le chapitre 2 donne la valeur de ce capital.

Nous allons calculer le montant de la rente dans le cas où la liquidation est effectuée à 100% sous forme de rente.

On dit qu'une rente est **certaine** si le nombre de termes de cette rente est connu (si on sait à l'avance combien d'annuités vont être versées).

On dit qu'une rente est **temporaire** si le nombre de termes de cette rente est fini.

On dit qu'une rente est **perpétuelle** lorsqu'elle n'est pas temporaire.

Par exemple, le versement d'une pension de retraite est une rente perpétuelle du point de vue du retraité mais temporaire du point de vue de la caisse de retraite.

On dit qu'une rente est **viagère** si elle est versée jusqu'au décès du bénéficiaire.

Calcul de rente certaine

Le principe fondamental du calcul de rente est le suivant : l'actualisation du montant des rentes perçues doit être égale à l'actualisation du montant des sommes cotisées (le tout à la date d'origine, par exemple la date d'ouverture du plan d'épargne).

Dans les exemples suivants, nous négligerons les éventuels frais de gestion et nous ne traiterons pas la fiscalité sur la rente, qui est intégrée à la déclaration de revenus du bénéficiaire.

Les valeurs numériques à connaitre pour être à même de calculer le montant d'une rente sont les suivantes :

- C : Le capital placé (actualisé à la date d'origine)
- t : le rendement annuel moyen estimé du plan d'épargne
- d : le nombre d'années entre l'année suivant le placement et le versement de la première annuité
- n : le nombre d'annuités versées au bénéficiaire à compter de la liquidation

Remarque sur le paramètre d : Nous l'avons vu lors du calcul de la Valeur Actuelle Nette au chapitre 3 : un investissement réalisé à l'année 0 est censé générer un retour sur investissement à l'année 1, donc l'année d'après. Selon ce principe, un capital placé sur une épargne retraite en 2032 devrait générer une rente en 2033. Mais si le départ effectif à la retraite et la liquidation de l'épargne interviennent uniquement en 2045, alors la rente a été différée de 12 ans (entre 2033 et 2045). Ce sont ces 12 ans qui représentent le paramètre d.

La formule qui permet de calculer le montant de la rente est la suivante :

Formule de calcul de rente :

$$\boldsymbol{Rente} = \frac{\boldsymbol{C \times t}}{((\boldsymbol{1+t})^{(-d-n)} \times [(\boldsymbol{1+t})^{n} - \boldsymbol{1}])}$$

Les deux couples de parenthèses en noir sont inutiles d'un point de vue mathématique mais doivent être saisies au tableur pour garantir la justesse du résultat.

<u>Exemple 15</u> : Maxime place 35 000 € le 1er janvier 2032 sur un plan d'épargne retraite dont on estimera le rendement annuel moyen à 2%. Il aimerait liquider ce plan en touchant pendant sa retraite une rente chaque 1er janvier à partir de l'année 2045 et jusqu'à 2064 inclus, ce qui fait 20 annuités.

Quel est le montant de la rente annuelle qu'il peut espérer toucher ?

Ce cas est relativement simple, car la quasi-totalité des paramètres nécessaires se trouvent dans son énoncé :

C = 35 000 € (capital placé)

t = 0,02 (rendement annuel moyen estimé)

d = 12 (investissement réalisé en 2032, donc rente espérée en 2033 mais effective seulement en 2045, donc 12 ans de décalage entre 2033 et 2045)

n = 20 annuités perçues par le bénéficiaire

On applique donc la formule de calcul à ces valeurs :

$$Rente = \frac{35\,000 \times 0{,}02}{((1+0{,}02)^{(-12-20)} \times [(1+0.02)^{20} - 1])} = 2\,714{,}65\text{ €}$$

Les parenthèses rouges sont inutiles dans le calcul mathématique mais indispensables à saisir au tableur.

Maxime touchera donc 20 rentes annuelles de 2 714,65 €.

Le rendement du plan d'épargne retraite étant évalué à la fin de chaque année, cette somme n'est qu'une estimation, basée sur un hypothétique rendement moyen de 2%. Dans la réalité, le taux moyen pourra être inférieur ou supérieur.

C'est pourquoi nous nous affranchirons de la rigueur mathématique en estimant le montant d'une rente mensuelle à partir d'une division par 12.

$$\frac{2\,714{,}65}{12} = 226{,}22 \text{ €}$$

Maxime peut estimer, si le rendement est conforme à ses attentes, une retraite complémentaire de 226,22 € par mois pendant 20 ans.

L'exemple 15 (cas de Maxime) est simplifié à outrance pour permettre un calcul immédiat et facile. La réalité du terrain est bien différente :

- Dans la réalité, les clients alimentent en général leurs plans d'épargne retraite par annuités, en y versant une partie de leurs revenus chaque mois durant toute leur carrière professionnelle. Ils ne versent pas la totalité de leurs cotisations en une seule fois comme Maxime.
- Dans la réalité, les clients ne demandent pas de liquider leur épargne sous forme de rente certaine (avec 20 annuités décidées à l'avance), mais sous forme de rente viagère (ils veulent toucher une rente jusqu'à la fin de leurs jours).

Nous allons donc dans le paragraphe suivant étudier un autre exemple plus conforme à ce qui se pratique d'habitude.

Calcul de rente viagère

Lorsque le plan d'épargne retraite est alimenté progressivement, nous nous ramenons à un versement unique en actualisant l'ensemble des versements à une date antérieure. Pour éviter les calculs compliqués en intérêts simples et composés, nous allons faire l'approximation de regrouper par année les cotisations et d'actualiser chaque cotisation annuelle à la date d'ouverture.

D'autre part, le nombre d'annuités versées au bénéficiaire après liquidation est inconnu, la date de décès du bénéficiaire n'étant pas prévisible. C'est pourquoi le nombre d'annuités nécessaire au calcul de la rente est estimé sur la base de l'espérance de vie du bénéficiaire à l'âge de la liquidation.

Le document de référence est la table de mortalité TGF05 éditée par l'INSEE et disponible sur leur site Internet. Le document donne les espérances de vie en fonction des âges. Il contient plusieurs tables : pour les hommes, les femmes, pour l'ensemble de la population et comportant un tri suivant le niveau de revenus des personnes. La table de mortalité applicable est celle des femmes, sur l'ensemble de la population, même si le bénéficiaire de la rente est un homme, afin d'éviter les inégalités de calcul de rentes entre les hommes et les femmes. En voici un extrait :

Niveau de vie en vingtile	Ensemble		
INDICATEUR	Quotient de mortalité, pour 100 000	Survie à l'âge x	Espérance de vie à l'âge x
Âge			
54	254	96 935	32,9
55	275	96 689	32,0
56	298	96 423	31,0
57	324	96 136	30,1
58	352	95 825	29,2
59	384	95 487	28,3
60	416	95 121	27,4
61	452	94 725	26,6
62	490	94 297	25,7
63	536	93 835	24,8
64	581	93 331	23,9
65	625	92 789	23,1
66	666	92 209	22,2

67	714	91 595	21,4
68	776	90 940	20,5
69	842	90 235	19,7
70	912	89 475	18,9

Dans la pratique, les assureurs utilisent des tables de mortalité régulièrement mises à jour, validées par les autorités de contrôle et pouvant différer selon la nature du produit et les hypothèses retenues. Afin d'expliciter les mécanismes financiers, nous nous baserons ici sur une table de mortalité de référence fournie par l'INSEE, dans un but strictement pédagogique.

La ligne surlignée en vert indique que l'on accordera une espérance de vie de 24,8 ans (arrondie au supérieur à 25 ans) à une personne liquidant son épargne retraite à l'âge de 63 ans. On calculera donc le montant de sa rente avec un nombre d'annuités de $n = 25$.

Exemple 16 : Alicia, née le 13 mai 1980, effectue des versements de 200 € mensuels sur un Plan d'Epargne Retraite dont on estimera le rendement annuel moyen à 1,85%, depuis le mois de mars 2017. Elle prend sa retraite le 1er août 2042 et choisit de liquider immédiatement son PER sous forme de rente viagère trimestrielle.

Quelle somme va-t-elle toucher chaque trimestre jusqu'à la fin de ses jours ?

Comme dans l'exemple précédent, nous devons déterminer C, t, d et n afin d'appliquer la formule du calcul de rente. Nous avons tout de suite la valeur de t, qui vaut 0,018 5.

Calcul de d : nous allons actualiser les versements d'Alicia à l'année d'ouverture de son PER, soit 2017. Quand on investit en 2017, on doit normalement liquider en 2018. Alicia liquidant en 2042, il y a donc un décalage de $2042 - 2018 = 24$ ans. Donc $d = 24$.

Calcul de n : Née le 13 mai 1980, Alicia sera âgée de 62 ans au moment de son départ en retraite le 1er août 2042. La table de mortalité ci-dessus indique pour cet âge une espérance de vie de 25,7 ans. Nous arrondissons au supérieur et prenons $n = 26$.

Calcul de C : nous devons actualiser toutes les sommes versées à une date choisie, par exemple, la date d'ouverture du PER, en 2017. Pour plus de simplicité, nous ferons l'approximation de regrouper les annuités en versements annuels, ce qui nous permettra d'actualiser en intérêts composés. En 2017, Alicia a versé dix mensualités de 200 €, soit 2 000 €. De 2018 à 2041, elle a versé 12 mensualités de 200 €, soit 2 400 € par an. En 2042, elle n'a cotisé que jusqu'à juillet, puis est partie en retraite. Elle a donc versé 7 mensualités de 200 €, soit 1 400 €. Le tableau d'actualisation donne :

	A	B	C	D	E	F	G
1	Rendement	1,85%		Année	Opération	Durée	Valeur actuelle
2				2017	2000	0	2 000,00 €
3				2018	2400	-1	2 356,41 €
4				2019	2400	-2	2 313,60 €
5				2020	2400	-3	2 271,58 €
6				2021	2400	-4	2 230,32 €
7				2022	2400	-5	2 189,81 €
8				2023	2400	-6	2 150,03 €
9				2024	2400	-7	2 110,98 €
10				2025	2400	-8	2 072,64 €
11				2026	2400	-9	2 034,99 €
12				2027	2400	-10	1 998,02 €
13				2028	2400	-11	1 961,73 €
14				2029	2400	-12	1 926,10 €
15				2030	2400	-13	1 891,11 €
16				2031	2400	-14	1 856,76 €
17				2032	2400	-15	1 823,04 €
18				2033	2400	-16	1 789,92 €
19				2034	2400	-17	1 757,41 €
20				2035	2400	-18	1 725,49 €
21				2036	2400	-19	1 694,15 €
22				2037	2400	-20	1 663,38 €
23				2038	2400	-21	1 633,16 €
24				2039	2400	-22	1 603,50 €
25				2040	2400	-23	1 574,37 €
26				2041	2400	-24	1 545,78 €
27				2042	1400	-25	885,32 €
28				**Total**			49 059,60 €

Les versements d'Alicia sur son plan d'épargne retraite sont donc équivalents à un versement unique de 49 059,60 € effectué en 2017. Nous prendrons donc $C = 49\,059{,}60$.

Connaissant à présent les valeurs de C, t d et n, nous pouvons les substituer dans la formule de calcul de la rente :

$$Rente\ annuelle = \frac{49\,059{,}60 \times 0{,}018\,5}{((1 + 0{,}018\,5)^{(-24-26)} \times [(1 + 0.018\,5)^{26} - 1])}$$
$$= 3\,717\ €$$

Attention : la formule donne une estimation de la rente annuelle. Pour estimer la rente trimestrielle, on divise la rente annuelle par 4. *(Il y a quatre trimestres dans une année.)*

$$Rente\ trimestrielle = \frac{3\,717}{4} = 929{,}25\ €$$

Alicia peut donc prévoir une rente viagère de 929,25 € par trimestre.

Dans les faits, le bénéficiaire de la rente peut ne pas atteindre son espérance de vie, comme il peut la dépasser.

Dans le cas où il dépasse son espérance de vie, il continuera à toucher sa rente viagère normalement jusqu'à son décès. Il sera donc gagnant par rapport à ce qu'il a cotisé car l'actualisation de ses rentes perçues sera supérieure à l'actualisation des montants cotisés.

Dans le cas où il n'atteint pas son espérance de vie, le fonds d'épargne est gagnant car l'actualisation des rentes perçues par le bénéficiaire sera inférieure à l'actualisation des montants cotisés. Une partie du capital cotisé aura donc été investi à fonds perdus. Le bénéficiaire peut cependant choisir, de son vivant, de faire bénéficier l'un de ses héritiers d'une pension de réversion, qui lui permettra de toucher tout ou partie de la rente après le décès du bénéficiaire. Cette option diminue d'autant le montant de la rente viagère (le montant de la pension de réversion dépend en effet de l'âge de l'héritier bénéficiaire). Les plans d'épargne retraite peuvent également être associés à d'autres produits bancaires payants, de type Garantie Complémentaire Décès Sérénité, qui, en cas de décès de l'épargnant avant la liquidation de la rente, reverse aux bénéficiaires un capital égal à la totalité des versements bruts effectués par l'adhérent jusqu'à son décès, jusqu'à un certain plafond.

Chapitre 5 : À vous de jouer

Exercice 5.1 : Agathe verse 57 000 € sur un plan d'épargne défiscalisé rémunéré à un taux annuel de 1,3% le 1er janvier 2023. Les dix années suivantes, elle retire une somme constante de ce plan d'épargne, si bien qu'au terme de la dernière année, le montant au crédit du plan est de 0 €.

Combien a-t-elle retiré chaque année ? A combien se montent les intérêts acquis ? Vérifier la réponse en dressant le tableau d'actualisation.

Exercice 5.2 : Exercice poème (vous n'êtes pas obligés de répondre en vers)

Pour son avenir bien préparer,
Voici ce que conseille André :
Sur un PERCO tout beau tout frais
Avec 2% d'intérêts
Placez 45 000 euros
Le 1er janvier 2030,
Et pour toucher une belle rente
Vous liquiderez le PERCO
Au 1.1.2043.
Très chers lecteurs et épargnants,
Pendant 192 mois
Combien toucherez-vous d'argent ?

Exercice 5.3 : Combien faut-il placer le 1er janvier 2022 sur un plan d'épargne à 1,4% annuels pour pouvoir retirer 15 annuités de 1 000 € chaque premier janvier à compter du 1er janvier 2032 ? Quels sont alors les intérêts acquis ?

Exercice 5.4 : Cathie alimente un Plan Epargne Retraite rémunéré à 1,75% depuis 2010 en y versant 2 000 € par an. Elle prévoit d'effectuer le dernier versement en 2034, puis de le liquider en touchant 20 rentes annuelles à partir de 2035.

Quel sera le montant de chaque rente ? A combien se monteront les intérêts acquis ?

<u>Exercice 5.5</u> : a) En contrepartie d'un placement de 70 000 € en 2032 sur un PER à un rendement annuel moyen estimé à 0,9%, quelle rente viagère semestrielle Victoire peut-elle espérer à compter du 1er semestre 2033 si elle est âgée de 54 ans à cette date ?

b) Si Victoire vit jusqu'à 90 ans, à combien se monteront ses intérêts acquis le jour de son décès ?

c) D'après l'option que Victoire a choisie, en cas de décès anticipé, ses trois enfants se partageront le reliquat de la valeur acquise du PER au moment du décès. Si Victoire décède le jour de la liquidation de son PER, combien touchera chaque héritier ?

d) En dressant un tableau approprié, construire au tableur un graphique montrant l'évolution de la rente semestrielle et des intérêts acquis (en supposant que le nombre d'annuités réel est celui estimé) en fonction de l'âge de premier versement (de 50 à 70 ans). Commenter ce graphique.

<u>Exercice 5.6</u> : Maëlys Martin souscrit à un PERP immédiatement après son entrée dans la fonction publique le 1er octobre 2020 et y verse chaque mois 100 €. Sur la base des précédents rendements des placements en Unités de Compte, elle espère un rendement annuel moyen de 3%. Elle prévoit de prendre sa retraite le 1er septembre de l'année

de ses 67 ans et de liquider immédiatement son PERP sous forme de rente mensuelle viagère.

Quel sera alors le montant de sa rente, si le rendement du PERP est à la hauteur de ses espérances ?

Solutions des exercices :
5.1 : 6 115,44 €   4 154,40 €
5.2 : 350,27 €
5.3 : 11 863,94 €   3 136,06 €
5.4 : 1 852,07 €   12 041,40 €
5.5 : a) 1 230,62 €   b) 28 604,64 €   c) 23 543,33 €
5.6 : 405,65 €
Pour les corrections détaillées, voir le dernier chapitre.

Chapitre 6 - Rembourser ses emprunts

Généralités sur le crédit

Que ce soit un crédit immobilier ou un crédit à la consommation, la plupart des citoyens ont recours au crédit au moins une fois dans leur vie. On peut déduire des données disponibles une estimation d'entre 70% et 80% des Français contractant un crédit sur l'ensemble du cycle de vie (INSEE, 2024) (MOUILLART, 2025).

Alors que l'épargne sert à construire des projets à long terme (j'épargne maintenant pour pouvoir me payer un tour du monde dans cinq ans), le recours au crédit permet de concrétiser un projet à brève échéance. D'un point de vue financier, l'épargne est en apparence préférable car elle fait percevoir des intérêts à l'épargnant (comme nous l'avons vu dans tous les chapitres précédents) alors que le crédit fait payer des intérêts à l'emprunteur. Cependant, si nous devions attendre d'avoir suffisamment épargné pour acheter notre maison, une grande partie des Français risquent de ne pas pouvoir être propriétaires de leur résidence principale avant l'âge de 60 ans. De même, si nous devions attendre d'avoir suffisamment d'argent pour créer notre entreprise, nous risquerions de ne pas pouvoir le faire avant l'âge de la retraite. D'autre part, peut-être les fonds levés en contractant un prêt pourront-ils permettre de créer suffisamment de richesse pour compenser le coût de ce prêt (par exemple en générant des loyers pour un investissement dans la pierre, ou bien des bénéfices pour les entrepreneurs). L'utilité du crédit dans la société actuelle est donc indéniable même si le fait de ne pas être endetté procure un sentiment de sécurité naturel.

Nous allons ici traiter de la manière dont un crédit est remboursé sous deux angles :

- Comment construire le tableau d'amortissement (l'échéancier de remboursement du crédit) ?
- Comment calculer le montant total des intérêts payés par l'emprunteur, c'est-à-dire le coût total du crédit ?

Le principe est le suivant : un organisme financier (le prêteur) prête une somme d'argent à un emprunteur (personne physique ou morale), qui doit la lui rembourser par annuités (intérêt et capital) en respectant un échéancier prédéfini.

Quatre données sont indispensables pour pouvoir simuler le remboursement d'un crédit :

- Le capital emprunté
- Le taux d'intérêts appliqué
- La durée du remboursement
- Le mode de remboursement

Le taux d'intérêt sur lequel les organismes financiers communiquent s'appelle le TAEG (Taux Annuel Effectif Global). Ils ont l'obligation de le faire depuis le 12 mai 2010 pour les crédits à la consommation (Directive européenne 2008/48/CE du 23 avril 2008) et depuis le 1er octobre 2016 pour les crédits immobiliers (Directive 2014/17/UE sur le crédit immobilier, ordonnance n°2016-351 du 25 mars 2016). Voir également : (Code de la consommation, 2026). Ce taux se décompose en plusieurs parties qui ont chacune une fonction différente :

- Le taux nominal qui représente la rémunération du prêteur en contrepartie du service fourni (voir chapitre 1 : Principe de l'intérêt).

- Les frais de dossier (que les organismes financiers peuvent avoir tendance à faire augmenter pour compenser leur faible marge lorsque les taux d'intérêts sont trop bas).
- Les frais de garantie (hypothèque ou caution)
- Le cas échéant, les frais d'intermédiation (courtage)
- Eventuellement l'assurance emprunteur dans les cas où elle est exigée contractuellement par le prêteur et si l'emprunteur ne contracte pas sa propre assurance indépendamment du prêt

La détermination du taux nominal est influencée par les taux directeurs de la Banque Centrale Européenne (le taux de refinancement, le taux de facilité du dépôt, le taux de prêt marginal) et plafonnés par le taux d'usure, calculé et publié par la Banque de France, qui correspond à 1,33 × la moyenne des TAEG pratiqués sur le trimestre précédent.

Pour un crédit immobilier, le taux nominal représente en général de 70% à 85% du TAEG, les frais et garanties de 5% à 15% et l'assurance de 10% à 25% lorsqu'elle est incluse au TAEG (Calcul TAEG 2026 : formule actuarielle R314-4 + taux usure | Simulateur, 2026).

Cette source donne également la formule pratiquée par les établissements financiers pour le calcul du TAEG, qui est la solution d'une équation obtenue par des méthodes numériques.

Pour un crédit à la consommation, le taux nominal pèse en général environ 60% à 80% du TAEG, voire parfois moins (TAEG, taux débiteur, TAEA... : définitions, différences et utilité, 2024).

Le TAEG et la durée doivent être calibrés de manière à éviter à l'emprunteur une situation de surendettement. Un emprunteur est considéré surendetté si son taux d'endettement est supérieur à 35%, selon une décision du

Haut Conseil de Stabilité Financière, juridiquement contraignante depuis le 1er janvier 2022 (Ministère de l'Economie et des Finances, 2025). Cette même décision plafonne la durée de remboursement d'un crédit à 25 ans.

Le taux d'endettement d'un emprunteur est le rapport entre le total des mensualités payées en remboursement de crédits et le montant de ses revenus mensuels.

Par exemple, si un emprunteur gagne 3 500 € par mois et rembourse 1 000 € par mois sur ses crédits, son taux d'endettement est de :

$$\frac{1\,000}{3\,500} \approx 0{,}286$$

soit environ 28,6%.

Cet emprunteur ne sera donc pas considéré surendetté.

S'il n'est pas possible de fixer une durée et un TAEG qui ne mettent pas l'emprunteur en situation de surendettement, alors le crédit sera refusé (sauf dérogations exceptionnelles).

Concrètement, les modalités d'un crédit sont le fruit d'une négociation entre l'établissement prêteur et le client emprunteur, qui peut faire jouer la concurrence en consultant plusieurs établissements financiers, ainsi qu'en demandant des clauses telles que le remboursement anticipé sans frais ou la renégociation sans frais (voir chapitre 7). Si le prêteur et l'emprunteur valident les modalités du crédit, alors un contrat de prêt est transmis à toutes les parties. L'emprunteur doit le signer à l'expiration d'un délai de réflexion censé limiter le recours au crédit d'impulsion (il s'agit de s'engager pour plusieurs années). Ce délai se monte à 10 jours calendaires pleins à compter du lendemain de la réception de l'offre de prêt, selon l'article L313-34 du Code de la Consommation pour les crédits immobiliers. Pour les crédits à la consommation, il n'y a pas de délai de réflexion mais un délai de rétractation de 14 jours calendaires.

Une fois le contrat de prêt signé, les fonds sont débloqués à la période 0 et la première mensualité du remboursement est en général prélevée à la période 1 (selon le principe d'investissement/retour sur investissement vu aux chapitres 3 et 4). Par exemple, si les fonds sont versés à l'emprunteur en mars 2029, la première mensualité lui sera prélevée en avril 2029.

Calculs préliminaires

Nous allons traiter le cas le plus courant d'un crédit remboursé par mensualités.

Chaque mensualité prélevée à l'emprunteur en remboursement de son crédit se décompose en deux parties :

- Une partie affectée au remboursement du capital emprunté, appelée amortissement
- Une partie affectée au paiement des intérêts

La répartition entre l'amortissement et les intérêts varie durant la période de remboursement. Par exemple, si à la période 1 l'emprunteur paie une mensualité de 500 €, dont 300 € d'amortissement et 200 € d'intérêts, alors peut-être qu'à la période 2, son annuité de 500 € se répartira en 301 € d'amortissement et 199 € d'intérêts. En effet, il est naturel que plus le capital restant dû baisse, plus les intérêts à payer baissent également.

Afin que l'emprunteur aie la visibilité nécessaire sur les intérêts payés et le capital amorti chaque mois, on inclut obligatoirement au contrat de prêt un tableau d'amortissement qui est un long tableau détaillant mois après mois le montant des intérêts payés, le montant du capital amorti et le montant de la mensualité. Nous détaillerons la construction du tableau d'amortissement et sa modélisation sur tableur par la suite.

Cela peut permettre à l'emprunteur de bénéficier de certains avantages fiscaux, tel le crédit d'impôts accordé aux primo-accédants à la propriété en fonction des intérêts de leur prêt durant les premières années du remboursement.

La construction du tableau d'amortissement respecte donc un principe fondamental :

$$\textbf{Intérêts} + \textbf{Amortissement} = \textbf{Annuité}$$

Les intérêts appliqués à la somme restant due seront donc calculés sur la base d'un mois, ce qui implique l'utilisation de la formule des intérêts simples (voir chapitre 1) :

$$Intérêts = \frac{Taux}{annuel} \times Capital\ restant\ dû \times \frac{1}{12}$$
$$= Capital\ restant\ dû \times \frac{Taux\ annuel}{12}$$

Le nombre $\frac{Taux\ annuel}{12}$ sera appelé abusivement taux mensuel, même si mathématiquement, le taux mensuel équivalent à un taux annuel ne se calcule pas ainsi. De la même manière, pour un remboursement par annuités trimestrielles, on calculera un taux trimestriel de $\frac{Taux\ annuel}{4}$ (car il y a 4 trimestres dans une année), et pour un remboursement par annuités semestrielles, on calculera un taux semestriel de $\frac{Taux\ annuel}{2}$.

Dans le cas d'un remboursement mensuel, la formule de calcul du montant des intérêts de chaque mensualité se simplifie donc en :

$$\textbf{Intérêts} = \textbf{Capital restant dû} \times \textbf{taux mensuel}$$

La durée est le nombre d'annuités payées par l'emprunteur pour procéder au remboursement du crédit.

Par exemple, si l'emprunteur rembourse par mensualités sur une période de 18 ans, la durée sera de $18 \times 12 = 216$ mensualités.

Remarque importante : ce que nous montrerons par la suite permettra à l'emprunteur d'évaluer précisément le coût de ses crédits sans compliquer les calculs, mais ne correspond pas exactement aux pratiques des banques. En effet, celles-ci mettent en avant le TAEG par obligation légale et pour fournir au client une information plus lisible, mais utilisent le taux nominal comme base de calcul d'intérêts. L'assurance du prêt fait l'objet d'une ligne de calcul séparée et ajoutée à chaque échéance, et les frais de dossiers sont réglés en un prélèvement unique. Dans cet ouvrage, de manière à évaluer plus facilement le coût d'un crédit en prenant tous les frais en compte, nous commettrons l'abus d'utiliser le TAEG comme taux annuel servant de base au calcul.

Dans toute la suite, on utilisera les notations suivantes :

- C : capital emprunté
- n : durée de remboursement en nombre d'annuités
- t : taux périodique (taux mensuel dans le cas d'un remboursement par mensualités)

Nous étudierons trois modes de remboursement d'emprunt :

- Le remboursement par annuités constantes
- Le remboursement à amortissement constant
- Le remboursement in fine

Règle fondamentale du remboursement d'emprunts : L'actualisation à la date de l'emprunt de toutes les annuités versées pour le remboursement (avec un taux d'actualisation égal au TAEG) est égale au capital emprunté.

Voir chapitre 3 pour plus d'informations sur l'actualisation, qui s'avère être une notion absolument fondamentale des calculs financiers.

Cette règle va conditionner tous les calculs à venir.

Rembourser un emprunt par annuités constantes

Le principe est le suivant : pendant toute la période de remboursement, l'emprunteur est prélevé de la même annuité à chaque période.

Pour être à même de dresser le tableau d'amortissement, il faut donc calculer le montant de cette annuité constante qui permettra, à l'issue de la période de remboursement, d'avoir remboursé l'intégralité de la somme due et payé les intérêts.

Le calcul de l'annuité constante est donné par la formule suivante :

Formule de l'annuité constante (notée a) :

$$\boldsymbol{a = \frac{t \times (1+t)^n}{(1+t)^n - 1} \times C}$$

avec les notations définies à la page précédente.

Au tableur, nous utiliserons la fonction préprogrammée VPM qui effectue ce calcul.

Exemple 17 : Pour financer l'achat de sa résidence principale, on emprunte 250 000 €. La banque fait une proposition de prêt remboursable par mensualités constantes sur 25 ans avec un TAEG de 1,8%.

Commençons par calculer les variables utilisées dans la formule ci-dessus :

Capital : $C = 250\ 000$ €

Durée : $n = 25 \times 12 = 300$ mensualités

Taux mensuel : $t = \frac{0,018}{12} = 0,001\,5$

Appliquons la formule de l'annuité constante à ces valeurs :

$$a = \frac{0,001\,5 \times (1 + 0,001\,5)^{300}}{(1 + 0,001\,5)^{300} - 1} \times 250\,000 = 1\,035,46\text{ €}$$

L'emprunteur remboursera donc son prêt en versant 300 mensualités de 1 035,46 €.

Au tableur, comme mentionné ci-dessus, on utilise la fonction VPM :

B8 | fx =-VPM(B6;B5;B1)

	A	B	C
1	Capital	250 000 €	
2	Durée	25 ans	
3	TAEG	1,80%	
4			
5	Durée (mois)	300 mois	
6	Taux mensuel	0,0015	
7			
8	Annuité	1 035,46 €	

La durée en mois (cellule B5) a été calculée en multipliant par 12 la durée en années (cellule B2). Le taux mensuel (cellule B6) a été calculé en divisant par 12 le TAEG (cellule B3).

Syntaxe de la fonction VPM : En premier argument, on indique le taux mensuel. Le deuxième argument est la durée en mois et le dernier argument est le capital emprunté. Le tableur retourne une valeur négative pour la fonction VPM, car il s'agit d'un décaissement pour l'emprunteur. Afin d'obtenir une valeur positive, nous ajoutons un signe – devant la fonction.

<u>Important</u> : La formule de calcul appliquée par la fonction VPM est celle donnée ci-dessus. Elle donne en

général un résultat avec une infinité de chiffres après la virgule. Or, les annuités payées par le client sont bien évidemment arrondies au centime. Ces erreurs d'arrondis cumulés sur une période de plusieurs années s'accumulent et provoquent un décalage dans le remboursement, que l'on corrigera à la dernière annuité. Pour prendre en compte ce décalage, nous utiliserons la fonction ARRONDI du tableur, afin d'arrondir l'annuité à deux chiffres après la virgule et de ne pas utiliser de décimales masquées après les centimes. Ceci garantira un compte rendu exact du remboursement du client.

Voici la formule corrigée au tableur :

B8 | fx | =ARRONDI(-VPM(B6;B5;B1);2)

	A	B	C	D
1	Capital	250 000 €		
2	Durée	25 ans		
3	TAEG	1,80%		
4				
5	Durée (mois)	300 mois		
6	Taux mensuel	0,0015		
7				
8	Annuité	1 035,46 €		

On reconnait bien la fonction -VPM donnée précédemment à l'intérieur de la fonction ARRONDI.

Le second argument de la fonction ARRONDI (le ;2) représente le nombre de chiffres à laisser après la virgule lors de l'arrondi. Ici, nous laissons deux chiffres après la virgule pour un remboursement au centime près.

A première vue, rien n'a changé mais pour le tableur, la valeur en cellule B8 est à présent une valeur exacte et non plus une valeur approchée dont les décimales suivant la deuxième ont été masquées.

Pour vous en convaincre, utilisez les boutons  *et*  *permettant d'augmenter et diminuer le nombre de décimales affichées dans la cellule. Observez la différence entre le calcul avec –VPM(et le calcul avec ARRONDI(–VPM(.*

Une fois l'annuité constante calculée, on peut dresser le tableau d'amortissement. Celui que nous utiliserons ici comportera cinq colonnes et 300 lignes (autant que d'annuités). Les cinq colonnes seront :

- Numéro de période (de 1 à 300)
- Restant dû au début de la période
- Montant des intérêts payés sur la période
- Montant de l'amortissement du capital emprunté sur la période
- Montant de l'annuité prélevée sur la période

Le montant de l'annuité sera toujours le même : les 1 035,46 € calculés par la fonction VPM, à part sur la dernière ligne du tableau où nous effectuerons une correction d'arrondis.

Comme mentionné précédemment, les intérêts payés sur chaque période seront calculés par la formule :

$$Intérêts = Capital\ restant\ dû \times taux\ mensuel$$

Nous avons vu précédemment le principe fondamental :

$$Intérêts + Amortissement = Annuité$$

L'amortissement sera donc obtenu en effectuant :

$$Amortissement = Annuité - Intérêts$$

Attention : Le restant dû de la période suivante s'obtient en effectuant le calcul :

$$Restant\ dû\ suivant = Restant\ dû\ précédent - Amortissement\ précédent$$

En effet, seul l'amortissement à vocation à être déduit du capital restant à rembourser. Les intérêts sont payés en sus et ne se déduisent pas du capital.

Pour la première ligne du tableau, le premier restant dû est évidemment égal au capital emprunté, soit 250 000 €.

Calcul des intérêts de la première période :

$$250\,000 \times 0{,}001\,5 = 375\ €$$

Calcul de l'amortissement de la première période :

$$1\,035{,}46 - 375 = 660{,}46\ €$$

Calcul du restant dû de la deuxième période :

$$250\,000 - 660{,}46 = 249\,339{,}54\ €$$

Le client ne devra donc plus que 249 339,54 € à son créancier au début de la deuxième période et appliquera les mêmes calculs d'intérêts et d'amortissement à ce capital restant dû, et ainsi de suite jusqu'à la 300ème et dernière période.

Voici les huit premières lignes du tableau d'amortissement. Le tableau complet est disponible en Annexe 1 : Tableau d'amortissement (remboursement par annuités constantes).

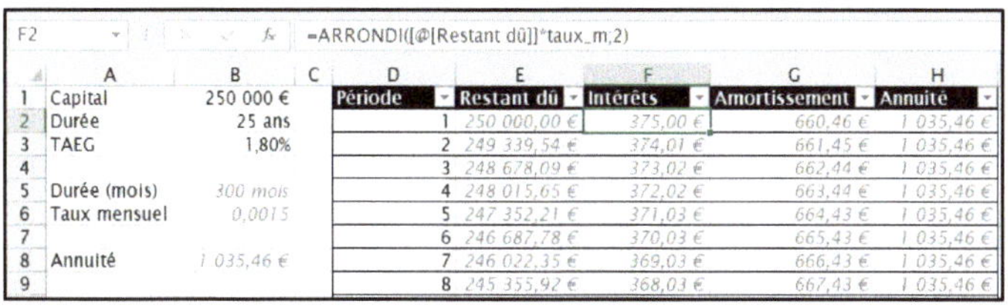
F2 =ARRONDI([@[Restant dû]]*taux_m;2)

	A	B	C	D	E	F	G	H
1	Capital	250 000 €		Période	Restant dû	Intérêts	Amortissement	Annuité
2	Durée	25 ans		1	250 000,00 €	375,00 €	660,46 €	1 035,46 €
3	TAEG	1,80%		2	249 339,54 €	374,01 €	661,45 €	1 035,46 €
4				3	248 678,09 €	373,02 €	662,44 €	1 035,46 €
5	Durée (mois)	300 mois		4	248 015,65 €	372,02 €	663,44 €	1 035,46 €
6	Taux mensuel	0,0015		5	247 352,21 €	371,03 €	664,43 €	1 035,46 €
7				6	246 687,78 €	370,03 €	665,43 €	1 035,46 €
8	Annuité	1 035,46 €		7	246 022,35 €	369,03 €	666,43 €	1 035,46 €
9				8	245 355,92 €	368,03 €	667,43 €	1 035,46 €

Il est absolument indispensable de mettre le tableau d'amortissement sous forme de tableau à l'aide du bouton Mettre sous forme de tableau *comme expliqué dans le préambule de cet ouvrage.*

Il est possible que le tableur ne vous laisse pas faire les calculs ligne par ligne dans le tableau, mais étende automatiquement chaque calcul saisi à toutes les lignes du tableau. Vous devez désactiver cette option sinon le tableau d'amortissement ne pourra pas se remplir correctement. Pour cela, allez dans les options du tableur, cliquez sur Vérification, Options de correction automatique, Mise en forme automatique au cours de la frappe, et décochez la case Formule de remplissage dans les colonnes pour créer des colonnes calculées, comme ci-dessous :

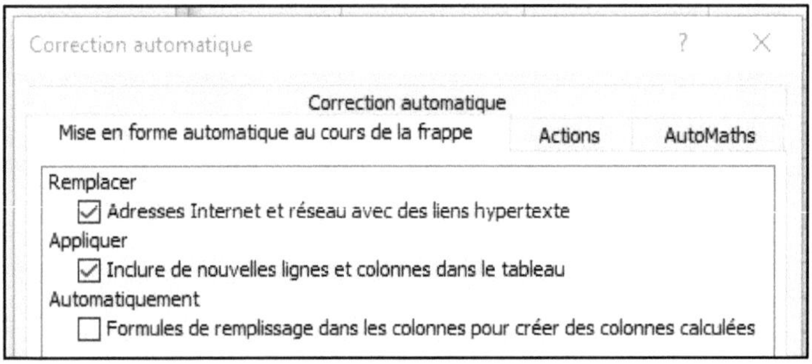

Afin de ne pas avoir à saisir 300 lignes de calcul à la main, il est essentiel de connaitre les techniques de saisie automatique du tableur, comme le double-clic sur la poignée de recopie permettant d'étendre les calculs sur toutes les cellules situées en dessous. (La poignée de recopie est le petit carré vert figurant en bas à droite de la cellule F2 sélectionnée sur la figure ci-dessus.)

Le taux mensuel et le montant de l'annuité étant utilisés à chacune des lignes du tableau d'amortissement, ces cellules doivent être nommées, comme expliqué dans le préambule. Ici, nous avons nommé taux_m le contenu de la cellule B6 et annuite le contenu de la cellule B8.

Le résultat de la multiplication donnant le montant des intérêts pouvant avoir plus de deux chiffres après la virgule, il faut donc appliquer la fonction ARRONDI au calcul des intérêts, comme indiqué sur la barre de formule ci-dessus.

Nous constatons que les intérêts diminuent avec le temps, puisque le capital restant dû diminue, ce qui est parfaitement normal. Cependant, comme l'annuité reste constante, la diminution du montant des intérêts est compensée par une augmentation du montant de l'amortissement. Ceci conduit à dire que, selon ce mode de remboursement, un emprunt est plus rapidement remboursé vers la fin qu'au début.

Voici maintenant les dernières lignes du tableau d'amortissement.

Période	Restant dû	Intérêts	Amortissement	Annuité
294	7 206,05 €	10,81 €	1 024,65 €	1 035,46 €
295	6 181,40 €	9,27 €	1 026,19 €	1 035,46 €
296	5 155,21 €	7,73 €	1 027,73 €	1 035,46 €
297	4 127,48 €	6,19 €	1 029,27 €	1 035,46 €
298	3 098,21 €	4,65 €	1 030,81 €	1 035,46 €
299	2 067,40 €	3,10 €	1 032,36 €	1 035,46 €
300	1 035,04 €	1,55 €	1 033,91 €	1 035,46 €

Nous y constatons une anomalie : A la période 300, le restant dû est différent du montant de l'amortissement. Or comme il s'agit de la dernière annuité, le montant à amortir doit exactement être égal au capital restant dû. Cette anomalie est due aux arrondis que nous avons pratiqués pour travailler jusqu'au centime et pas au-delà.

Nous allons donc utiliser la ligne de la période 300 pour corriger les arrondis. Nous allons « à la main » fixer l'amortissement numéro 300 égal au restant dû numéro 300. Puis, afin que l'annuité corresponde aux intérêts et à l'amortissement, nous allons recalculer l'annuité 300 comme somme des intérêts et de l'amortissement. Puis, nous allons afficher la ligne des totaux de ce tableau (voir Utilisation du tableur).

Le total de la colonne Amortissement doit nous donner le capital emprunté.

Le total de la colonne Intérêts nous donne le coût de ce crédit.

Voici la fin du tableau d'amortissement avec les arrondis corrigés et les totaux affichés :

Période	Restant dû	Intérêts	Amortissement	Annuité
294	7 206,05 €	10,81 €	1 024,65 €	1 035,46 €
295	6 181,40 €	9,27 €	1 026,19 €	1 035,46 €
296	5 155,21 €	7,73 €	1 027,73 €	1 035,46 €
297	4 127,48 €	6,19 €	1 029,27 €	1 035,46 €
298	3 098,21 €	4,65 €	1 030,81 €	1 035,46 €
299	2 067,40 €	3,10 €	1 032,36 €	1 035,46 €
300	1 035,04 €	1,55 €	1 035,04 €	1 036,59 €
Total		60 639,13 €	250 000,00 €	

Nous obtenons bien un total des amortissements égal au capital emprunté, attestant que celui-ci est intégralement et exactement remboursé.

La dernière annuité est légèrement différente des précédentes, étant données les corrections d'arrondis effectuées.

Nous constatons donc que le crédit coûtera 60 639,13 € d'intérêts à l'emprunteur sur l'ensemble des 25 ans. Ce coût du crédit doit figurer dans l'offre de prêt. C'est également la différence entre le total des annuités et le capital emprunté.

Rembourser un emprunt à amortissement constant

Dans ce mode de remboursement, les annuités prélevées à l'emprunteur varient au cours de la période. Ce qui reste constant, c'est le montant figurant dans la colonne Amortissement, c'est-à-dire la partie de l'annuité qui sert à rembourser le capital emprunté, qui va rester la même sur toute la période de remboursement.

Ce mode de remboursement est souvent utilisé en Allemagne alors que le remboursement par annuités constantes est plus souvent utilisé en France.

Dans le cadre d'un tel remboursement, ce qu'il faut d'abord calculer, c'est le montant de l'amortissement constant. Le calcul de celui-ci est très simple : le capital emprunté est en effet à répartir équitablement entre toutes les annuités. L'amortissement constant est donc obtenu par une simple division :

Formule de calcul de l'amortissement constant :

$$\textbf{Amortissement contant} = \frac{\textbf{Capital emprunté}}{\textbf{Nombre d'annuités}}$$

et en reprenant les notations définies précédemment :

$$A = \frac{C}{n}$$

Après ce calcul, il est possible de construire le tableau d'amortissement. Les colonnes sont les mêmes que précédemment.

- Le calcul de la colonne Intérêts ne change pas

  $$Intérêts = Restant\ dû \times Taux\ mensuel$$

- L'amortissement sera constant et égale à la valeur que nous venons de trouver sur toutes les lignes du tableau sauf la dernière
- L'annuité sera tout simplement la somme des intérêts et de l'amortissement :

  $$Annuité = Intérêts + Amortissement$$

- Le premier restant dû est égal au capital emprunté. Les suivants se calculeront comme précédemment à l'aide du calcul :

  $$Restant\ dû\ suivant = Restant\ dû\ précédent - Amortissement\ précédent$$

<u>Exemple 18</u> : Nous reprenons les données de l'exemple 17 : un emprunt de 250 000 € sur 25 ans avec un TAEG de 1,8%, mais nous remboursons cette fois à amortissement constant.

Comme précédemment, la durée sera de $n = 25 \times 12 = 300$ mois et le taux mensuel sera de $t = \frac{0{,}018}{12} = 0{,}001\,5$.

Le montant de l'amortissement constant est donné par la formule :

$$A = \frac{250\,000}{300} = 833{,}33\ €$$

Calcul des intérêts de la période 1 : $250\,000 \times 0{,}001\,5 = 375$ €

Calcul de l'annuité de la période 1 : $375 + 833{,}33 = 1\,208{,}33$ €

Calcul du restant dû de la période 2 : $250\,000 - 833{,}33 = 249\,166{,}67$ €

et l'on continue d'appliquer ces calculs ligne par ligne jusqu'à la 300ème et dernière ligne.

Voici le haut du tableau d'amortissement obtenu. *Le tableau d'amortissement intégral est consultable en Annexe 2 : Tableau d'amortissement (remboursement à amortissement constant)*

amortiss... | =ARRONDI(B1/B5;2)

	A	B	C	D	E	F	G	H
1	Capital	250 000 €		**Période**	**Restant dû**	**Intérêts**	**Amortissement**	**Annuité**
2	Durée	25 ans		1	250 000,00 €	375,00 €	833,33 €	1 208,33 €
3	TAEG	1,80%		2	249 166,67 €	373,75 €	833,33 €	1 207,08 €
4				3	248 333,34 €	372,50 €	833,33 €	1 205,83 €
5	Durée (mois)	300 mois		4	247 500,01 €	371,25 €	833,33 €	1 204,58 €
6	Taux mensuel	0,0015		5	246 666,68 €	370,00 €	833,33 €	1 203,33 €
7				6	245 833,35 €	368,75 €	833,33 €	1 202,08 €
8	Amortissement	833,33 €		7	245 000,02 €	367,50 €	833,33 €	1 200,83 €
9				8	244 166,69 €	366,25 €	833,33 €	1 199,58 €

Ici, on a appliqué la fonction ARRONDI au calcul de l'amortissement constant et l'on a nommé « amortissement » la cellule B8 contenant le montant de l'amortissement constant, comme l'on peut le voir sur la capture d'écran ci-dessus.

On remarque que le montant des mensualités baisse. En effet, les intérêts baissent à mesure que le capital restant dû décroit, ce qui entraine une baisse progressive du montant des annuités. Cependant, les premières annuités sont beaucoup plus élevées que lors d'un remboursement par annuités constantes. Il est donc naturel de se demander si ces deux modes de remboursement ont le même coût total ou si l'un d'eux est plus cher que l'autre. Pour le savoir, rendons-nous au bas du tableau d'amortissement, corrigeons les arrondis à la dernière ligne et affichons la ligne des totaux pour connaitre le coût total du crédit à amortissement constant.

Dernières lignes du tableau d'amortissement avant la correction des arrondis :

Période	Restant dû	Intérêts	Amortissement	Annuité
294	5 834,31 €	8,75 €	833,33 €	842,08 €
295	5 000,98 €	7,50 €	833,33 €	840,83 €
296	4 167,65 €	6,25 €	833,33 €	839,58 €
297	3 334,32 €	5,00 €	833,33 €	838,33 €
298	2 500,99 €	3,75 €	833,33 €	837,08 €
299	1 667,66 €	2,50 €	833,33 €	835,83 €
300	834,33 €	1,25 €	833,33 €	834,58 €

On corrige l'amortissement de la période 300 comme précédemment, en le fixant égal au dernier restant-dû. Puis l'on affiche la ligne des totaux du tableau (voir Utilisation du tableur) et l'on affiche le total des amortissements qui doit être exactement égal au capital emprunté et le total des intérêts qui donne le coût total du crédit :

On trouve ici un coût total de 56 437,50 €,

Période	Restant dû	Intérêts	Amortissement	Annuité
294	5 834,31 €	8,75 €	833,33 €	842,08 €
295	5 000,98 €	7,50 €	833,33 €	840,83 €
296	4 167,65 €	6,25 €	833,33 €	839,58 €
297	3 334,32 €	5,00 €	833,33 €	838,33 €
298	2 500,99 €	3,75 €	833,33 €	837,08 €
299	1 667,66 €	2,50 €	833,33 €	835,83 €
300	834,33 €	1,25 €	834,33 €	835,58 €
Total		56 437,50 €	250 000,00 €	

sensiblement inférieur au coût total que nous avions trouvé

avec le remboursement par annuités constantes. On aurait pu s'en douter : les premières mensualités sont élevées et le restant dû baisse rapidement au début, ce qui entraine une baisse plus rapide du montant des intérêts proportionnels.

Pour autant, le remboursement à amortissement constant est-il préférable au remboursement par annuités constantes si l'on veut faire des économies sur le coût total du crédit ? Pas nécessairement. En effet, on peut imaginer que l'emprunteur ayant les moyens de régler une première annuité de 1 208,33 €, pourra également se permettre de régler une telle somme pour toutes ses annuités, ce qui lui permettra de réduire la durée de remboursement et de réaliser une économie bien plus importante sur le coût total de son crédit.

On peut en effet vérifier (je vous le laisse en exercice) qu'en remboursant par annuités constantes sur 21 ans au lieu de 25, la mensualité constante se monterait à 1 192,08 € et le coût total du crédit tomberait à 50 405,02 €.

☛ L'épargnant qui désire réaliser une économie maximale sur le coût total de son crédit demandera plutôt de rembourser par annuités constantes sur la durée la plus courte possible et avec l'annuité la plus élevée possible qui ne le met pas en situation de surendettement.

☛ La valeur ajoutée du remboursement à amortissement constant réside plutôt dans la baisse progressive des annuités qui est de nature à compenser partiellement la baisse de pouvoir d'achat due à l'inflation.

Rembourser un emprunt in fine

Le principe du remboursement in fine est le suivant : pendant toute la période de remboursement, on ne paie que les intérêts de l'emprunt, sans rembourser le capital emprunté.

Le capital emprunté est remboursé dans son intégralité avec la dernière annuité.

D'un point de vue calculatoire, ce mode de remboursement est le plus facile à simuler. On peut même construire immédiatement le tableau d'amortissement. La colonne Amortissement ne comportera que des 0, sauf à la dernière ligne où elle devra contenir le capital emprunté.

Les annuités, ne comprenant que les intérêts, seront donc très basses durant toute la période, sauf la dernière annuité qui sera très élevée :

Période	Restant dû	Intérêts	Amortissement	Annuité
1	250 000,00 €	375,00 €	0,00 €	375,00 €
2	250 000,00 €	375,00 €	0,00 €	375,00 €
3	250 000,00 €	375,00 €	0,00 €	375,00 €
⋮	⋮	⋮	⋮	⋮
299	250 000,00 €	375,00 €	0,00 €	375,00 €
300	250 000,00 €	375,00 €	250 000,00 €	250 375,00 €
Total		112 500,00 €	250 0,00 €	

Opter pour un tel mode de remboursement comporte un risque : on constate que le coût total de l'emprunt remboursé in fine est près de deux fois plus élevé que dans les autres modes de remboursement.

☛ Il faut avoir prévu le fait de rembourser le capital en une fois avec la dernière annuité, sous peine de s'exposer à des poursuites judiciaires sévères si l'on ne le peut pas.

Alors pourquoi ce mode de remboursement existe-t-il et dans quels cas est-il utilisé ?

- Premier exemple : le **prêt relais**. Un client, propriétaire de son habitation principale, désire déménager. Il projette d'acheter une maison qui lui convient et qu'il a déjà repérée. Comme il ne dispose pas des fonds lui permettant de la payer comptant, il doit vendre son habitation actuelle pour pouvoir acheter la nouvelle. Mais s'il la vend immédiatement, il se retrouve sans logement le temps de prendre possession des nouveaux lieux. Il peut également ne pas trouver immédiatement d'acheteur, au risque que la maison qu'il désire acquérir soit vendue à quelqu'un d'autre entretemps. Pour lui éviter de se retrouver dans l'une de ces situations, sa banque peut dans ce cas lui consentir un prêt relais, lui avançant immédiatement les fonds nécessaires à l'achat de sa nouvelle maison. Ce prêt sera remboursé in fine, le capital étant amorti dans sa totalité aussitôt l'ancien logement vendu.

Les autres exemples reposent sur un principe fondamental de la finance : « Tant que je n'ai pas remboursé la somme empruntée, elle reste en ma possession et je peux donc la faire fructifier et en disposer. Une fois remboursée, je ne pourrai plus la faire fructifier. »

- Deuxième exemple : on pourrait imaginer un montage financier sur le modèle suivant : au lieu de rembourser mon emprunt en payant des mensualités de 1 035,46 €, je le rembourse in fine et ne paie que des mensualités de 375 €. Quant aux 1 035,46 – 375 = 660,46 € mensuels que je ne paie pas, je les place de manière qu'ils me rapportent des intérêts, ou bien je les utilise pour créer de la richesse (en entreprenant, par exemple). Si j'ai effectué de bons placements ou dégagé des bénéfices conséquents, j'aurai de quoi payer ma dernière annuité, et j'aurai peut-être même compensé (voire plus) le surcoût du crédit par rapport aux autres modes de remboursement.

Il est évident que le montage ci-dessus comporte un risque que l'emprunteur devra peut-être, le cas échéant, assumer.

- Troisième exemple : la dette des entreprises ou des Etats. Une entreprise ou un Etat lève des fonds auprès de banques d'affaires ou de banques centrales. Ces fonds lui permettent de fonctionner (construire des routes, des infrastructures, payer ses fonctionnaires, créer de la richesse…). Le remboursement in fine permet alors d'optimiser son budget de fonctionnement et d'éviter de consacrer une trop grosse part de ses charges au remboursement de sa dette. Une fois le prêt arrivé à échéance, il est toujours possible de contracter un nouvel emprunt in fine pour rembourser l'ancien, *ce que le simple citoyen, n'étant pas éternel, ne peut pas se permettre de faire sur le long terme*.

Pour faire baisser le montant de sa dette, un Etat a le choix (si ses finances le lui permettent) d'emprunter moins et d'utiliser une partie de sa trésorerie pour rembourser ses anciens emprunts. D'autre part, à une période de très faibles taux d'intérêts (comme vers la fin des années 2010 avant la pandémie de COVID 19), certains Etats bénéficiant de taux d'intérêts extrêmement faibles voire négatifs, ont pu faire le choix d'emprunter sans besoin immédiat à ces taux très bas, de manière à ne pas avoir à le faire plus tard à des taux plus élevés. C'est ce que l'on appelle un **effet d'aubaine** (comme lorsque nous voyons au supermarché une promotion sur l'achat de trois paquets de lessive et que nous les achetons pour en profiter, même si nous n'en avons pas un besoin immédiat).

☛ C'est pourquoi raisonner sur le seul montant de la dette pour porter un jugement sur la situation économique d'un pays est bien trop simpliste. Des facteurs comme sa capacité à emprunter, les taux d'intérêts auxquels il lève des fonds, sa notation sur les marchés fournissent des indicateurs plus complets et pertinents. Enfin, la bonne santé économique d'un Etat ne se mesure pas qu'à l'aune de son endettement. Son évaluation nécessite une analyse complexe prenant en compte bien d'autres facteurs (l'inflation comparée à celle des autres pays, le taux de chômage, de protection sociale, les recettes fiscales, l'attractivité…). Il y a donc lieu de se méfier des jugements à sens unique ou à l'emporte-pièce sur ces questions cruciales, notamment en période électorale.

Chapitre 6 : À vous de jouer

<u>Exercice 6.1</u> : a) Pour chacun des trois extraits de tableaux d'amortissement ci-dessous, dire s'il s'agit :

- D'un remboursement d'emprunt à annuité constante,
- D'un remboursement d'emprunt à amortissement constant,
- D'un remboursement d'emprunt in-fine.

		Tableau 1		
Période	Restant dû	Intérêts	Amortissement	Annuité
1	70 000,00 €	157,50 €	486,11 €	643,61 €
2	69 513,89 €	156,41 €	486,11 €	642,52 €
3	69 027,78 €	155,31 €	486,11 €	641,42 €
⋮	⋮	⋮	⋮	⋮
144	486,27 €	1,09 €	486,27 €	487,36 €

		Tableau 2		
Période	Restant dû	Intérêts	Amortissement	Annuité
1	70 000,00 €	157,50 €	412,15 €	569,65 €
2	69 587,85 €	156,57 €	413,08 €	569,65 €
3	69 174,77 €	155,64 €	414,01 €	569,65 €
⋮	⋮	⋮	⋮	⋮
144	567,96 €	1,28 €	567,96 €	569,24 €

Tableau 3				
Période	Restant dû	Intérêts	Amortissement	Annuité
1	70 000,00 €	157,50 €	0,00 €	157,50 €
2	70 000,00 €	157,50 €	0,00 €	157,50 €
3	70 000,00 €	157,50 €	0,00 €	157,50 €
⋮	⋮	⋮	⋮	⋮
144	70 000,00 €	157,50 €	70 000,00 €	70 157,50 €

b) Donner la durée de l'emprunt et le TAEG communs aux trois tableaux, sachant que le remboursement se fait par mensualités.

c) Faire correspondre les trois coûts de l'emprunt ci-dessous aux trois tableaux d'amortissement du a).

22 680 € ; 11 418,84 € ; 12 029,19 €

<u>Exercice 6.2</u> : Vous étudiez une proposition de crédit à la consommation de 10 000 € remboursable par mensualités constantes sur 4 ans, à un T.A.E.G de 3,6%.

a) Présenter son tableau d'amortissement et calculez le coût total du crédit.

b) Construire un graphique en colonnes empilées montrant la répartition amortissement/intérêts par période et le montant de l'annuité.

<u>Exercice 6.3</u> : Mêmes questions que l'exercice 6.2 avec un remboursement à amortissement constant.

<u>Exercice 6.4</u> : Pour le même emprunt qu'aux exercices 6.2 et 6.3, modéliser un remboursement in-fine. Pourquoi n'est-il pas pertinent de réaliser le graphique dans ce cas ?

Exercice 6.5 : a) Pour un emprunt remboursé par annuités constantes, le coût total est-il plus élevé, moins élevé ou le même si l'on rembourse par mensualités ou par versements annuels ? Expliquer pourquoi. (On pourra faire une simulation au tableur avec des valeurs de son choix mais l'explication devra être générale).

b) Même question pour un emprunt remboursé à amortissement constant.

c) Même question pour un emprunt remboursé in fine.

Exercice 6.6 : On cherche à lever 500 000 € pour financer une création d'entreprise. Voici trois offres de prêt provenant de trois banques différentes.

Banque Superficielle du Commerce Relatif	**Banque Nationale de la Relation Fluctuante**	**Crédit d'Investissement Approximatif**
Durée : 17 ans TAEG : 2,8% Mode : Annuités fixes Fréquence des remboursements : trimestrielle	Durée : 22 ans TAEG : 2,5% Mode : Amortissement constant Fréquence des remboursements : semestrielle	Durée : 15 ans TAEG : 1,8% Mode : In fine Fréquence des remboursements : annuelle

a) Laquelle de ces trois offres aura la préférence d'un prospect cherchant à minimiser le coût de son emprunt ?

b) Laquelle de ces trois offres aura la préférence d'un prospect cherchant à disposer durablement de la plus grande quantité de fonds possible ?

Solutions des exercices :
6.1 : b) 12 ans ; 2,7%
6.2 : 752,21 €
6.3 : 735,12 €

6.4 : 1 440 €

Pour les corrections détaillées, voir le dernier chapitre.

Chapitre 7 - Modification en cours de crédit

Généralités

Dans le chapitre 6, nous avons étudié le remboursement standard d'un emprunt, tel que le stipule le contrat de prêt signé à l'origine. Dans ce chapitre, nous verrons tout ce qui peut modifier ou altérer ce remboursement durant la période du crédit :

- Le remboursement anticipé d'un crédit
- Le remboursement différé ou le report d'échéances
- La renégociation de crédit
- Le lissage du prêt à taux 0 et du prêt immobilier

Les mécanismes de sortie du surendettement par le biais de modifications des modalités de remboursement d'un ou plusieurs crédits seront, eux, abordés au chapitre 8.

Rembourser un emprunt par anticipation

Un emprunteur peut décider de consacrer une partie des fonds dont il dispose au remboursement anticipé de son emprunt, afin d'économiser le paiement d'intérêts sur les mensualités futures. Il peut alors :

- Soit effectuer un **remboursement anticipé total**, c'est-à-dire verser en une fois au prêteur le solde de ce qu'il lui doit et clôturer le prêt,
- Soit effectuer un **remboursement anticipé partiel**, c'est-à-dire verser en une fois au prêteur une partie du solde, de manière à diminuer ses mensualités restantes ou diminuer la durée de remboursement.

☛ On peut s'imaginer un cas où l'emprunteur aurait des recettes inattendues et importantes (héritage, gain à la loterie) et les utiliserait pour solder son crédit. Ce n'est pas forcément le cas. En effet, si je reçois 50 000 €, ai-je intérêt à les utiliser pour solder mon crédit, ou bien à les placer afin qu'ils génèrent des intérêts ? Solder son crédit n'est pas toujours la solution la plus rentable en cas de gain imprévu. Cependant, un remboursement anticipé peut également avoir pour cause des situations beaucoup moins réjouissantes. Par exemple, un particulier doit faire face à une perte de revenus qui le met en difficulté pour rembourser son crédit (à la suite d'une perte d'emploi, de la faillite de son commerce, du paiement de pensions alimentaires importantes…). Il peut, pour éviter de se retrouver en défaut de paiement, décider de casser son épargne et solder immédiatement ses crédits, de manière à ne plus avoir de mensualités à payer et pouvoir s'adapter plus aisément à sa nouvelle situation.

Du point de vue du prêteur, un remboursement anticipé de la somme due implique un manque à gagner : en effet, celui-ci ne touchera pas les intérêts qu'il aurait dû toucher sur les mensualités restantes. Ce n'est donc en général pas une bonne nouvelle pour lui. Même si le Code de la Consommation stipule que l'emprunteur « peut toujours, à son initiative, rembourser par anticipation, en partie ou en totalité » son crédit immobilier, il existe des freins au remboursement anticipé qui ont pour but de préserver les intérêts du prêteur sans nuire aux droits de l'emprunteur.

- Concernant les prêts immobiliers, le contrat de prêt peut prévoir l'interdiction d'un remboursement anticipé égal ou inférieur à 10% de montant initial prêté, sauf s'il s'agit de son solde. (Code de la Consommation - Art. L313-47 et suivants, 2017)

- Le contrat de prêt peut également prévoir le paiement d'une Indemnité de Remboursement Anticipé (IRA) par l'emprunteur, en compensation du manque à gagner subi par le prêteur. Le montant de cette indemnité est toutefois encadré par la loi. Pour un crédit immobilier, elle ne peut excéder la valeur de six mois d'intérêts sur le capital remboursé au taux moyen du prêt, ni 3% du capital restant dû avant le remboursement. Par ailleurs, il y a exonération d'IRA en cas de changement du lieu d'activité professionnelle de l'emprunteur ou de son conjoint, de cessation forcée de son activité professionnelle ou de décès de l'emprunteur ou de son conjoint (Ministère de l'Economie et des Finances, 2025). Pour un crédit à la consommation une IRA est exigible *(mais pas forcément exigée)* pour un remboursement anticipé d'un montant supérieur à 10 000 € sur une période totale de 12 mois. Elle est plafonnée à 0,5% du capital emprunté si le remboursement anticipé a lieu moins d'un an avant la fin du contrat et à 1% du capital emprunté s'il reste plus d'un an avant la fin de contrat. D'autre part, l'IRA ne peut en aucun cas excéder le montant total des intérêts restant dus par l'emprunteur (Service Public, 2024).

A noter : le Code de la Consommation ne différencie pas le calcul de l'IRA pour un remboursement anticipé total et pour un remboursement anticipé partiel. On aurait pu penser que dans le cas d'un remboursement anticipé partiel, le manque à gagner subi par le prêteur étant moindre, l'IRA pourrait être réduite. Ce n'est apparemment pas le cas.

☛ L'emprunteur peut négocier avec le prêteur l'exonération totale ou partielle d'IRA avant la signature du contrat de prêt. Pensez à le demander.

Exemple 19 : Remboursement anticipé total. Vous empruntez 100 000 € sur 25 ans dans le cadre d'un crédit immobilier. Vous remboursez par mensualités constantes à un TAEG de 3,3%. A compter de la 187ème mensualité, vous désirez solder votre emprunt en remboursant la totalité du restant dû en un seul versement.

Quels sont les plafonds d'IRA applicables ?

Quelle économie le remboursement anticipé fait-il réaliser à l'emprunteur ?

Pour les déterminer, il faut dresser le tableau d'amortissement de l'emprunt (voir chapitre 6 : Chapitre 6 – Rembourser ses emprunts) et y consulter le restant dû de la période 187.

Période	Restant dû	Intérêts	Amortissement	Annuité
1	100 000,00 €	275,00 €	214,96 €	489,96 €
2	99 785,04 €	274,41 €	215,55 €	489,96 €
3	99 569,49 €	273,82 €	216,14 €	489,96 €
⋮	⋮	⋮	⋮	⋮
187	47 892,11 €	131,70 €	358,26 €	489,96 €
⋮	⋮	⋮	⋮	⋮
299	976,66 €	2,69 €	487,27 €	489,96 €
300	489,39 €	1,35 €	489,39 €	490,74 €

A la période 187, le restant dû est de 47 892,11 € et les intérêts se montent à 131,70 €.

6 mois d'intérêts donnent un plafond de :

$$6 \times 131,70 = 790,20 \text{ €}.$$

3% du capital restant dû donnent un plafond de :

$$0,03 \times 47\,892,11 = 1\,436,77 \text{ €}$$

Le plus petit des deux plafonds s'applique donc l'IRA est plafonnée à 790,20 €. Pour clôturer son crédit après la période 187, l'emprunteur devra donc s'acquitter au maximum de 47 892,11 + 790,20 = 48 682,31 €.

L'économie réalisée sur le paiement des intérêts (le manque à gagner pour le prêteur) est la somme des intérêts postérieurs à la période 186, de laquelle on retranche l'IRA. Pour connaitre cette somme facilement, il suffit de sélectionner sur le tableur toutes les cellules contenant les intérêts de la période 187 et au-delà. La somme s'affiche alors en bas à droite de la fenêtre du tableur, comme ci-dessous :

Période	Restant dû	Intérêts	Amortissement	Annuité	I	J
186	48 249,38 €	132,69 €	357,27 €	489,96 €		
187	47 892,11 €	131,70 €	358,26 €	489,96 €		
188	47 533,85 €	130,72 €	359,24 €	489,96 €		
189	47 174,61 €	129,73 €	360,23 €	489,96 €		
190	46 814,38 €	128,74 €	361,22 €	489,96 €		
191	46 453,16 €	127,75 €	362,21 €	489,96 €		
192	46 090,95 €	126,75 €	363,21 €	489,96 €		
193	45 727,74 €	125,75 €	364,21 €	489,96 €		
194	45 363,53 €	124,75 €	365,21 €	489,96 €		
195	44 998,32 €	123,75 €	366,21 €	489,96 €		
196	44 632,11 €	122,74 €	367,22 €	489,96 €		
197	44 264,89 €	121,73 €	368,23 €	489,96 €		
198	43 896,66 €	120,72 €	369,24 €	489,96 €		
199	43 527,42 €	119,70 €	370,26 €	489,96 €		
200	43 157,16 €	118,68 €	371,28 €	489,96 €		
201	42 785,88 €	117,66 €	372,30 €	489,96 €		
202	42 413,58 €	116,64 €	373,32 €	489,96 €		
203	42 040,26 €	115,61 €	374,35 €	489,96 €		
204	41 665,91 €	114,58 €	375,38 €	489,96 €		
205	41 290,53 €	113,55 €	376,41 €	489,96 €		
206	40 914,12 €	112,51 €	377,45 €	489,96 €		
207	40 536,67 €	111,48 €	378,48 €	489,96 €		
208	40 158,19 €	110,44 €	379,52 €	489,96 €		
209	39 778,67 €	109,39 €	380,57 €	489,96 €		

Moyenne : 69,86 € Nb (non vides) : 114 Somme : 7 964,11 €

La somme des intérêts postérieurs au remboursement anticipé est de 7 964,11 €. L'emprunteur aura donc réalisé une économie minimale de 7 964,11 − 790,20 = 7 173,91 € en effectuant ce remboursement anticipé.

Exemple 20 : Remboursement anticipé partiel. Reprenons les mêmes données que dans l'exemple 19 (Capital emprunté de 100 000 €, durée de 25 ans et TAEG de 3,3%). Cette fois, l'emprunteur désire effectuer un remboursement anticipé partiel de 20 000 €, puis continuer à rembourser le reste en faisant baisser le montant de ses mensualités.

Décrire le processus de remboursement à partir de la période 187 et calculer l'économie réalisée.

Le tableau d'amortissement initial est le même que précédemment. L'IRA sera plafonnée à 790,20 € comme calculé dans l'exemple 19. Le restant dû de la période 187 est de 47 892,11 €.

La nouvelle mensualité sera à calculer sur la base d'un nouveau restant dû de 47 892,11 − 20 000 = 27 892,11 € (on déduit le montant du remboursement anticipé), d'une durée de 300 − 186 = 114 mensualités restantes et d'un TAEG de 3,3%. On la détermine par la formule donnée au chapitre 6 ou par la fonction VPM au tableur. On trouve une mensualité de 285,35 €.

On réalise alors un second tableau d'amortissement à côté du premier, pour les périodes 187 et suivantes, dont voici un extrait :

Période	Restant dû	Intérêts	Amortissement	Annuité
187	27 892,11 €	76,70 €	208,65 €	285,35 + 790,20 = 1 075,55 €
188	27 683,46 €	76,13 €	209,22 €	285,35 €
⋮	⋮	⋮	⋮	⋮
299	568,78 €	1,56 €	283,79 €	285,35 €
300	284,99 €	0,78 €	284,99 €	285,77 €
Total		4 638,21 €	27 892,11 €	

L'IRA est payable en totalité avec la première annuité post-remboursement. On l'a donc ajoutée l'IRA à la 187 mensualité.

L'économie réalisée par le client est donc égale au total des intérêts initialement prévus pour les périodes 187 et suivantes (nous avons vu qu'il se montait à 7 964,11 € dans l'exemple 19) moins les 4 638,21 € d'intérêts payés à la suite du remboursement partiel, moins les 790,20 d'IRA.

7 964,11 – 4 638,21 – 790,20 = 2 535,70 €

Exemple 21 : Remboursement anticipé partiel. Reprenons les mêmes données que dans les exemples 19 et 20 (Capital emprunté de 100 000 €, durée de 25 ans et TAEG de 3,3%). Cette fois, l'emprunteur désire effectuer un remboursement anticipé partiel de 20 000 €, puis continuer à rembourser le reste en diminuant la durée de remboursement.

Décrire le processus de remboursement à partir de la période 187 et calculer l'économie réalisée.

Le tableau d'amortissement initial est le même que précédemment. L'IRA sera plafonnée à 790,20 € comme calculé dans l'exemple 19. Le restant dû de la période 187 est de 47 892,11 €.

Il reste donc au client à rembourser 47 892,11 – 20 000 = 27 892,11 € en conservant sa mensualité initiale de 489,96 €. N'ayant pas à recalculer la mensualité, nous pouvons immédiatement construire le nouveau tableau d'amortissement. Celui-ci stipulant le paiement d'une mensualité trop élevée au regard du restant dû qui a baissé de 20 000 €, les montants dans la colonne Restant dû vont baisser trop rapidement et devenir négatifs. Nous supprimerons alors du tableau toutes les lignes comportant un restant dû négatif. Chaque ligne supprimée représente un mois de gagné pour l'emprunteur. On corrigera ensuite les arrondis de la dernière ligne et nous obtiendrons une dernière mensualité, en général très différente des précédentes.

Avant la suppression des dernières lignes :

Période	Restant dû	Intérêts	Amortissement	Annuité
187	27 892,11 €	76,70 €	413,26 €	489,96 + 790,20 = 1 280,16 €
188	27 478,85 €	75,57 €	414,39 €	489,96 €
189	27 064,46 €	74,43 €	415,53 €	489,96 €
⋮	⋮	⋮	⋮	⋮
247	973,91 €	2,68 €	487,28 €	489,96 €
248	486,63 €	1,34 €	488,62 €	489,96 €
249	-1,99 €	-0,01 €	489,97 €	489,96 €
250	-491,96 €	-1,35 €	491,31 €	489,96 €
251	-983,27 €	-2,70 €	492,66 €	489,96 €
252	-1 475,93 €	-4,06 €	494,02 €	489,96 €

Nous supprimons donc toutes les périodes à partir de la période 249. Le client gagne donc 300 – 248 = 52 mois, soit 4 ans et 4 mois.

Le tableau d'amortissement corrigé donne :

Période	Restant dû	Intérêts	Amortissement	Annuité
187	27 892,11 €	76,70 €	413,26 €	489,96 + 790,20 = 1 280,16 €
188	27 478,85 €	75,57 €	414,39 €	489,96 €
189	27 064,46 €	74,43 €	415,53 €	489,96 €
⋮	⋮	⋮	⋮	⋮
247	973,91 €	2,68 €	487,28 €	489,96 €
248	486,63 €	1,34 €	486,63 €	487,97 €
Total		2 483,42 €	27 892,11 €	

L'économie réalisée par l'emprunteur est calculée comme dans l'exemple 20 :

$$7\,964{,}11 - 2\,483{,}42 - 790{,}20 = 4\,690{,}49\ €$$

On constate une économie bien plus importante en réduisant la durée du prêt qu'en réduisant le montant des mensualités. Cela s'explique facilement par le fait que plus le restant dû baisse rapidement, plus les intérêts baissent rapidement (ils sont proportionnels au restant dû). Cependant, si l'emprunteur désire réduire la durée de remboursement, son gain de pouvoir d'achat n'est pas immédiat.

☛ Cela nous montre encore une fois combien la durée de remboursement est un paramètre essentiel du contrat de prêt et doit être soigneusement prise en compte par l'emprunteur lors de la négociation. Nous le constaterons de nouveau par la suite.

Différer son remboursement

L'emprunteur peut négocier avec le prêteur de ne pas commencer à rembourser le capital immédiatement après la signature du contrat de prêt, mais après un délai qu'ils auront défini ensemble. Cette pratique s'appelle le **différé de remboursement**.

Par exemple, une famille louant son habitation principale fait l'acquisition d'un terrain pour y construire son nouveau domicile dont ils seront propriétaires. Cette famille a besoin de lever des fonds immédiatement pour financer l'achat du terrain et la construction de la maison, mais ne peut pas se permettre de cumuler le remboursement d'un crédit immobilier avec le paiement de son loyer. Elle va donc demander à sa banque de disposer immédiatement des fonds, mais de ne commencer à rembourser le capital qu'une fois la construction achevée et le déménagement effectué.

Entretemps, la famille devra choisir l'une des deux pratiques suivantes :

- Le **différé partiel** : pendant toute la période du différé, la famille paie les intérêts du crédit sans rembourser le capital (sur le principe du remboursement in fine), et commence à rembourser le capital une fois terminée la période du différé.
- Le **différé total** : la famille ne rembourse pas le capital et ne paie pas le taux nominal. Elle ne paie chaque mois que les frais de dossier et l'assurance du crédit. Dans ce cas, les intérêts non payés s'ajoutent au capital restant dû et génèrent des intérêts supplémentaires.

Important : Le différé implique le recalcul de la mensualité sur une période plus courte à son échéance. Il n'implique pas l'allongement de la durée de remboursement. Par exemple, un contrat de prêt sur 20 ans avec un différé de 12 mois implique que le capital emprunté devra être amorti en 19 ans et pas que la durée de remboursement sera de 21 ans.

Cette opération implique que l'emprunteur devra, d'une manière ou d'une autre, payer des intérêts sur la totalité du capital emprunté durant toute la période de différé. Demander un différé augmente donc le coût de l'emprunt et peut donc être considéré comme un service payant proposé par le prêteur. Nous allons voir comment évaluer le coût de ce service.

Un remboursement in fine correspond à un différé partiel de toute la durée du contrat.

Exemple 22 : Pour un prêt de 200 000 € sur 20 ans avec un TAEG de 1,5%, remboursable par mensualités constantes, on souhaite un différé partiel de 12 mois.

Dresser le tableau d'amortissement sans différé, le tableau d'amortissement avec différé et calculer le coût du différé.

Le tableau d'amortissement sans différé est dressé comme au chapitre 6 : Chapitre 6 – Rembourser ses emprunts.

Durée en mois : $20 \times 12 = 240$ mois

Taux mensuel : $\frac{0{,}015}{12} = 0{,}001\ 25$

On trouve un tableau dont voici les premières et les dernières lignes :

Période	Restant dû	Intérêts	Amortissement	Annuité
1	200 000,00 €	250,00 €	715,09 €	965,09 €
2	199 284,91 €	249,11 €	715,98 €	965,09 €
3	198 568,93 €	248,21 €	716,88 €	965,09 €
⋮	⋮	⋮	⋮	⋮
239	1 926,75 €	2,41 €	962,68 €	965,09 €
240	964,07 €	1,21 €	964,07 €	965,28 €
Total		31 621,79 €	200 000,00 €	

Sans différé, le crédit a un coût total de 31 621,79 €.

Le tableau d'amortissement avec différé comportera 12 premières lignes sur le modèle du remboursement in fine : avec un amortissement égal à 0 € et une annuité égale au montant des intérêts. A partir de la ligne 13, l'annuité devra être recalculée sur la base des $240 - 12 = 228$ mois restants pour s'ajuster à un remboursement du capital sur 19 ans au lieu de 20 ans. Voici les premières et dernières lignes du tableau d'amortissement obtenu :

Période	Restant dû	Intérêts	Amortissement	Annuité
1	200 000,00 €	250,00 €	0,00 €	250,00 €
2	200 000,00 €	250,00 €	0,00 €	250,00 €
3	200 000,00 €	250,00 €	0,00 €	250,00 €
⋮	⋮	⋮	⋮	⋮
11	200 000,00 €	250,00 €	0,00 €	250,00 €
12	200 000,00 €	250,00 €	0,00 €	250,00 €
13	200 000,00 €	250,00 €	758,67 €	1 008,67 €
14	199 241,33 €	249,05 €	759,62 €	1 008,67 €
⋮	⋮	⋮	⋮	⋮
239	2 012,70 €	2,52 €	1 006,15 €	1 008,67 €
240	1 006,55 €	1,26 €	1 006,55 €	1 007,81 €
Total		32 975,90 €	200 000,00 €	

Au tableur :

annuite | =ARRONDI(-VPM(B6;B5-B8;B1);2)

	A	B	C	D	E	F	G	H
1	Capital	200 000 €		Période	Restant dû	Intérêts	Amortissement	Annuité
2	Durée	20 ans		1	200 000,00 €	250,00 €	0,00 €	250,00 €
3	TAEG	1,50%		2	200 000,00 €	250,00 €	0,00 €	250,00 €
4				3	200 000,00 €	250,00 €	0,00 €	250,00 €
5	Durée (mois)	240 mois		4	200 000,00 €	250,00 €	0,00 €	250,00 €
6	Taux mensuel	0,00125		5	200 000,00 €	250,00 €	0,00 €	250,00 €
7				6	200 000,00 €	250,00 €	0,00 €	250,00 €
8	Différé	12 mois		7	200 000,00 €	250,00 €	0,00 €	250,00 €
9	Annuité	1 008,67 €		8	200 000,00 €	250,00 €	0,00 €	250,00 €

On remarque dans la formule de calcul de l'annuité l'argument représentant la durée : B5-B8. On retranche la durée du différé à la durée totale pour obtenir la durée de l'amortissement du capital.

Le coût total du crédit avec différé est de 32 975,90 €.

Le coût du différé est donc la différence entre les deux coûts totaux obtenus :

$$32\,975{,}90 - 31\,621{,}79 = 1\,354{,}11 \text{ €}$$

[Exemple 23](#) : Reprendre l'exemple 22 avec un différé total au lieu du différé partiel, le taux nominal étant fixé à 1,2%.

Avec un différé total, l'emprunteur ne paiera que les frais de dossier et l'assurance du prêt pendant les 12 premiers mois, ceux-ci se montant à 1,5% − 1,2% = 0,3% du restant dû. Les 1,2% du restant dû non payés s'ajouteront au restant dû de la période suivante et génèreront des intérêts supplémentaires.

Le tableau d'amortissement du remboursement différé devra donc comporter deux colonnes Intérêt : une concernant les 0,3% payés et une autre concernant les 1,2% non payés.

Jusqu'à la période 13, les intérêts au taux nominal s'ajouteront au restant dû, tandis que les frais et l'assurance seront payés par l'emprunteur. Le restant dû de la période 13 comprendra donc le capital emprunté et les intérêts non payés pendant les 12 premières périodes. L'annuité prélevée à partir de la période 13 sera donc calculée sur la base de ce restant dû et des 240 − 12 = 228 périodes restantes. On voit sur le tableau ci-dessous que le capital à amortir est monté à 202 413,24 € au total.

Voici le début de la modélisation au tableur :

annuite | =ARRONDI(-VPM(B8;B7-B12;E14);2)

	A	B	C	D	E	F	G	H	I
1	Capital	200 000 €		Période	Restant dû	Intérêts (nominal)	Frais et assurance	Amortissemen	Annuité
2	Durée	20 ans		1	200 000,00 €	200,00 €	50,00 €	0,00 €	50,00 €
3	TAEG	1,50%		2	200 200,00 €	200,20 €	50,05 €	0,00 €	50,05 €
4	Taux nominal	1,20%		3	200 400,20 €	200,40 €	50,10 €	0,00 €	50,10 €
5	Taux frais assurance	0,30%		4	200 600,60 €	200,60 €	50,15 €	0,00 €	50,15 €
6				5	200 801,20 €	200,80 €	50,20 €	0,00 €	50,20 €
7	Durée (mois)	240 mois		6	201 002,00 €	201,00 €	50,25 €	0,00 €	50,25 €
8	Taux mensuel	0,00125		7	201 203,00 €	201,20 €	50,30 €	0,00 €	50,30 €
9	Taux nominal mensuel	0,001		8	201 404,20 €	201,40 €	50,35 €	0,00 €	50,35 €
10	Taux assurance frais mensuel	0,00025		9	201 605,60 €	201,61 €	50,40 €	0,00 €	50,40 €
11				10	201 807,21 €	201,81 €	50,45 €	0,00 €	50,45 €
12	Différé	12 mois		11	202 009,02 €	202,01 €	50,50 €	0,00 €	50,50 €
13	Annuité	1 020,84 €		12	202 211,03 €	202,21 €	50,55 €	0,00 €	50,55 €
14				13	202 413,24 €	202,41 €	50,60 €	767,83 €	1 020,84 €
15				14	201 645,41 €	201,65 €	50,41 €	768,78 €	1 020,84 €
16				15	200 876,63 €	200,88 €	50,22 €	769,74 €	1 020,84 €

et voici les dernières lignes :

Période	Restant dû	Intérêts (nominal)	Frais et assurance	Amortissement	Annuité
235	6 097,68 €	6,10 €	1,52 €	1 013,22 €	1 020,84 €
236	5 084,46 €	5,08 €	1,27 €	1 014,49 €	1 020,84 €
237	4 069,97 €	4,07 €	1,02 €	1 015,75 €	1 020,84 €
238	3 054,22 €	3,05 €	0,76 €	1 017,03 €	1 020,84 €
239	2 037,19 €	2,04 €	0,51 €	1 018,29 €	1 020,84 €
240	1 018,90 €	1,02 €	0,25 €	1 018,90 €	1 020,17 €
Total		26 683,33 €	6 670,82 €	202 413,24 €	

Le coût total du crédit vaut donc la somme des intérêts au taux nominal et des frais de gestion et d'assurance, soit :

26 683,33 + 6 670,82 = 33 354,15 €

Le surcout du différé total par rapport à un remboursement standard est de :

33 354,15 – 31 621,79 = 1 732,36 €

(Voir exemple 22 pour le coût d'un remboursement standard.)

Pour rappel, le surcoût d'un différé partiel était de 1 354,11 €.

Comme on s'y attendait, le différé total est bien plus onéreux pour l'emprunteur que le différé partiel.

Gérer des difficultés financières : le report d'échéances

En cas de difficultés financières passagères l'empêchant pour un temps de régler les mensualités de son prêt, l'emprunteur a la possibilité de solliciter un report d'échéances auprès de sa banque en cours de remboursement. Il s'agit de la suspension temporaire du remboursement du capital, le temps d'assainir sa situation financière.

Contrairement au différé, prévu à l'origine, le report d'échéances fait l'objet d'un avenant en cours de contrat. Il implique en général l'allongement de la durée de remboursement du crédit. En effet, un recalcul de la mensualité sur la durée restante impliquerait une augmentation de celle-ci pour un client qui est déjà en difficulté financière. Dans de rares cas, on peut néanmoins obtenir un report d'échéances sans allongement de la durée et avec recalcul de la mensualité.

☛ La meilleure option est à établir avec votre conseiller financier.

Comme le différé, le report d'échéances peut être partiel (paiement uniquement des intérêts pendant la durée du report) ou total (paiement uniquement des frais de gestion et d'assurance pendant la durée du report, les intérêts non payés s'ajoutant au restant dû et générant des intérêts supplémentaires).

Les modalités du report d'échéances sont donc multiples (partiel/total, avec/sans allongement de la durée). Le principe de la modélisation est semblable à celui du différé partiel ou total vu ci-dessus, nous n'allons donc pas détailler ici d'exemples. Cependant, vous trouverez dans les annexes 3 à 6 plusieurs exemples de tableaux d'amortissement avec report d'échéances. Concernant le coût du report, les mêmes causes produiront les mêmes effets : plus le remboursement du capital et le paiement des intérêts seront décalés, plus le coût augmentera. Un report partiel coûte donc moins cher qu'un report total et un report sans allongement de durée coûte moins cher qu'un report avec allongement de durée.

Le report d'échéances est cependant une solution préférable au rééchelonnement ou au regroupement de crédits, vus plus loin, qui constitueront un dernier recours en cas de difficultés sérieuses et durables.

Renégocier son crédit

Il arrive, lors de la durée du contrat de prêt, que l'emprunteur constate que les taux d'intérêts du marché ont baissé et sont beaucoup plus avantageux que le taux d'intérêts appliqué à son crédit. Il peut donc s'adresser à son conseiller financier pour négocier une baisse de son taux d'intérêts afin de s'aligner avec les taux du marché.

En théorie, le conseiller financier n'a aucune obligation d'accéder à une telle demande. Le contrat de prêt a en effet été signé par l'emprunteur qui doit respecter son engagement. Cependant, l'emprunteur a un levier pour convaincre le prêteur de renégocier. En effet, en cas de refus, il peut tout simplement changer de banque. Il s'adressera alors à un établissement concurrent et se mettra d'accord avec lui pour qu'il rachète son crédit : la banque concurrente procède alors à un remboursement anticipé total du crédit en cours et met en place un nouveau crédit avec un taux conforme à ceux du marché. Les éventuels IRA seront ajoutés au capital de ce nouveau crédit. La première banque aura alors perdu un client.

Voilà pourquoi les banques accèdent en général aux demandes de renégociation de crédit, sauf si elles sont trop proches de la fin du contrat de prêt.

Les conseillers financiers profitent souvent de cette occasion pour effectuer un rebond commercial et essayer de placer au client un ou plusieurs produits bancaires, présentés comme une contrepartie au geste que fait la banque en acceptant de renégocier (ouverture de livret, assurance auto...).

De plus, le contrat de prêt peut prévoir des frais de renégociation qui seront facturés au client en même temps que la première mensualité. Ces frais peuvent prendre la forme d'un forfait ou d'un pourcentage du restant dû, plafonné ou non, suivant les pratiques des banques (MoneyVox, 2025).

L'exonération des frais de renégociation est à discuter avant la signature du contrat de prêt d'origine.

Le but de la renégociation est une baisse du taux nominal (donc du TAEG). Les modalités de cette baisse sont à définir entre le prêteur et l'emprunteur :

- Soit cette baisse se traduira par une baisse immédiate des mensualités payées par l'emprunteur
- Soit cette baisse se traduira par une réduction de la durée du crédit

Une fois les modalités de la renégociation définies, un avenant au contrat de prêt est édité et doit être signé par toutes les parties.

Dans les deux cas, la renégociation et la baisse de TAEG se traduit par une économie réalisée par l'emprunteur (et un manque à gagner pour le prêteur). C'est cette économie que nous allons calculer en comparant les coûts de crédit avant et après la renégociation.

Exemple 24 : Renégociation sur le montant de la mensualité : Un particulier emprunte 100 000 € remboursables sur 25 ans. Il rembourse par mensualités constantes avec un TAEG de 3,3%. Il renégocie son crédit et obtient une baisse du TAEG à 2,1% à compter de la période 187. La banque prélève des frais de renégociation se montant à 1% du restant dû.

Construire le tableau d'amortissement inclus à l'avenant au contrat de prêt.

Calculer l'économie réalisée par l'emprunteur lors de cette renégociation.

Construisons d'abord le tableau d'amortissement initial, comme nous l'avons fait au chapitre 6.

Durée : $25 \times 12 = 300$ mois

Taux mensuel : $\frac{0,033}{12} = 0,002\ 75$

Premières et dernières lignes du tableau d'amortissement :

Période	Restant dû	Intérêts	Amortissement	Annuité
1	100 000,00 €	275,00 €	214,96 €	489,96 €
2	99 785,04 €	274,41 €	215,55 €	489,96 €
3	99 569,49 €	273,82 €	216,14 €	489,96 €
⋮	⋮	⋮	⋮	⋮
187	47 892,11 €	131,70 €	358,26 €	489,96 €
⋮	⋮	⋮	⋮	⋮
299	976,66 €	2,69 €	487,27 €	489,96 €
300	489,39 €	1,35 €	489,39 €	490,74 €
Total		46 988,78 €	100 000,00 €	

Le restant dû de la période 187 vaut 47 892,11 €

Calcul des frais de renégociation : 1% du restant dû : $0,01 \times 47\ 892,11 = 478,92$ €

186 périodes sont écoulées, il reste $300 - 186 = 114$ périodes sur lesquelles le nouveau taux est applicable.

Nous calculons donc l'annuité post-renégociation sur la base d'un restant dû de 47 892,11 €, d'une durée de 114 mois et d'un nouveau TAEG de 2,1% dont on a calculé le taux mensuel correspondant.

La fonction VPM du tableur ou la formule de calcul donnée au chapitre 6 donne une nouvelle mensualité de 463,77 €, soit une économie d'un peu plus de 26 € par mois par rapport à l'ancienne mensualité.

On construit à présent le tableau d'amortissement dans lequel la renégociation apparaitra. Afin de mieux comparer les deux tableaux, on commencera le nouveau tableau d'amortissement à la période 1 (ce n'est pas le cas dans l'avenant au contrat de prêt). Les 186 premières lignes du nouveau tableau seront donc identiques aux 186 premières lignes de l'ancien. A partir de la période 187, on appliquera le nouveau taux d'intérêt mensuel et la nouvelle annuité.

On obtient les valeurs suivantes :

Période	Restant dû	Intérêts	Amortissement	Annuité
1	100 000,00 €	275,00 €	214,96 €	489,96 €
2	99 785,04 €	274,41 €	215,55 €	489,96 €
3	99 569,49 €	273,82 €	216,14 €	489,96 €
⋮	⋮	⋮	⋮	⋮
186	48 249,38 €	132,69 €	357,27 €	489,96 €
187	47 892,11 €	83,81 €	379,96 €	942,69 €
⋮	⋮	⋮	⋮	⋮
299	925,19 €	1,62 €	462,15 €	463,77 €
300	463,04 €	0,81 €	463,04 €	463,85 €
Total		44 002,42 €	100 000,00 €	

Le montant de la mensualité 187 est la somme de l'annuité recalculée (463,77 €) et des frais de renégociation de 478,92 €. A partir de la mensualité 188, les annuités reviennent à 463,77 €.

On observe la brusque baisse des intérêts et la brusque hausse des amortissements entre les périodes 186 et 187, due à l'application du nouveau TAEG.

Modélisation au tableur :

annuite2 =ARRONDI(-VPM(taux_m2;B14;B16);2)

	A	B	C	D	E	F	G	H
1	Capital	100 000 €		Période	Restant dû	Intérêts	Amortissemen	Annuité
2	Durée	25 ans		1	100 000,00 €	275,00 €	214,96 €	489,96 €
3	TAEG	3,30%		2	99 785,04 €	274,41 €	215,55 €	489,96 €
4				3	99 569,49 €	273,82 €	216,14 €	489,96 €
5	Durée (mois)	300 mois		4	99 353,35 €	273,22 €	216,74 €	489,96 €
6	Taux mensuel	0,00275		5	99 136,61 €	272,63 €	217,33 €	489,96 €
7				6	98 919,28 €	272,03 €	217,93 €	489,96 €
8	Annuité	489,96 €		7	98 701,35 €	271,43 €	218,53 €	489,96 €
9				8	98 482,82 €	270,83 €	219,13 €	489,96 €
10	TAEG 2	2,10%		9	98 263,69 €	270,23 €	219,73 €	489,96 €
11	Période renégo	187		10	98 043,96 €	269,62 €	220,34 €	489,96 €
12				11	97 823,62 €	269,01 €	220,95 €	489,96 €
13	Taux mensuel 2	0,00175		12	97 602,67 €	268,41 €	221,55 €	489,96 €
14	Périodes restantes	114 mois		13	97 381,12 €	267,80 €	222,16 €	489,96 €
15				14	97 158,96 €	267,19 €	222,77 €	489,96 €
16	Restant dû 187	47 892,11 €		15	96 936,19 €	266,57 €	223,39 €	489,96 €
17				16	96 712,80 €	265,96 €	224,00 €	489,96 €
18	Frais de renégo	478,92 €		17	96 488,80 €	265,34 €	224,62 €	489,96 €
19				18	96 264,18 €	264,73 €	225,23 €	489,96 €
20	Annuité renégo	463,77 €		19	96 038,95 €	264,11 €	225,85 €	489,96 €

Attention : L'économie réalisée par le client n'est pas la différence entre les coûts des deux crédits. Il faut en effet également déduire les frais de renégociation qu'il a payés.

L'économie réalisée par l'emprunteur à la suite de la renégociation se monte à :

$$46\,988{,}78 - 44\,002{,}42 - 478{,}92 = 2\,507{,}44\ €$$

Exemple 25 : Pour le même emprunt et la même renégociation qu'à l'exemple 24, on agit maintenant sur la durée du crédit et non plus sur le montant de la mensualité.

On rappelle qu'on emprunte 100 000 € sur une durée de 25 ans et que l'on a renégocié une baisse du TAEG de 3,3% à 2,1%, avec des frais de renégociation se montant à 1% du restant dû. La renégociation prend effet à la période 187.

Le tableau d'amortissement du contrat à l'origine est le même que celui de l'exemple 24. Il donne un restant dû de 47 892,11 € à la période 187 et des frais de renégociation de 478,92 €.

Pour le tableau d'amortissement post-renégociation, la mensualité ne change pas, mais comme le taux d'intérêts appliqué baisse, le montant des intérêts va brusquement baisser à la période 187 et le montant de l'amortissement va donc brusquement augmenter. L'annuité ne correspondant pas au nouveau TAEG, le restant dû va diminuer « trop vite » de ligne en ligne et va devenir négatif avant la fin du tableau d'amortissement. Il suffira de supprimer toutes les lignes au restant dû négatif et de corriger les arrondis à la dernière ligne de restant dû positif, comme vu au chapitre 6 pour obtenir le nouveau tableau d'amortissement.

Chaque ligne supprimée représente un mois de remboursement en moins pour l'emprunteur.

Avant la suppression des lignes au restant dû négatif :

Période	Restant dû	Intérêts	Amortissement	Annuité
1	100 000,00 €	275,00 €	214,96 €	489,96 €
2	99 785,04 €	274,41 €	215,55 €	489,96 €
3	99 569,49 €	273,82 €	216,14 €	489,96 €
⋮	⋮	⋮	⋮	⋮
186	48 249,38 €	132,69 €	357,27 €	489,96 €
187	47 892,11 €	83,81 €	406,15 €	489,96 €
⋮	⋮	⋮	⋮	⋮
294	144,96 €	0,25 €	489,71 €	489,96 €
295	-344,75 €	-0,60 €	490,56 €	489,96 €
296	-835,31 €	-1,46 €	491,42 €	489,96 €
⋮	⋮	⋮	⋮	⋮

On supprime donc du tableau les lignes 295 et suivantes. L'emprunteur gagne donc 6 mois. On corrige la ligne 294 et on ajoute la ligne des totaux pour évaluer le coût total :

Période	Restant dû	Intérêts	Amortissement	Annuité
1	100 000,00 €	275,00 €	214,96 €	489,96 €
2	99 785,04 €	274,41 €	215,55 €	489,96 €
3	99 569,49 €	273,82 €	216,14 €	489,96 €
⋮	⋮	⋮	⋮	⋮
186	48 249,38 €	132,69 €	357,27 €	489,96 €
187	47 892,11 €	83,81 €	406,15 €	968,88 €
⋮	⋮	⋮	⋮	⋮
293	633,81 €	1,11 €	488,85 €	489,96 €
294	144,96 €	0,25 €	144,96 €	145,21 €
Total		43 703,49 €	100 000,00 €	

La mensualité numéro 187 , de 968,88 € , est la somme de la mensualité habituelle de 489,96 € et des frais de renégociation de 478,92 €.

Comme à l'exemple 24, l'économie réalisée par le client est la différence entre le coût total avec renégociation et le coût total sans renégociation, à laquelle on retranche les frais de renégociation. Ici, elle se monte à :

$$46\,988{,}78 - 43\,703{,}49 - 478{,}92 = 2\,806{,}37\ €$$

On constate que l'économie réalisée en réduisant la durée est supérieure à celle réalisée en réduisant les mensualités. En effet, pour un même restant dû, les mensualités plus hautes réduisent davantage le capital à rembourser et les intérêts à payer.

En revanche, l'avantage de la réduction de la durée ne se fait sentir qu'à la fin du contrat, alors que la réduction de la mensualité provoque un gain de pouvoir d'achat immédiat.

Lisser un prêt immobilier et un prêt à taux zéro

Sous certaines conditions, une personne contractant un crédit immobilier peut être éligible au Prêt à Taux Zéro (PTZ). En ce cas, elle est autorisée à emprunter une partie des fonds dont elle a besoin dans le cadre d'un prêt sans intérêts (et le reste dans le cadre d'un prêt immobilier classique).

Les conditions d'éligibilité au PTZ évoluent fréquemment. Elles dépendent des ressources de l'emprunteur, du fait qu'il soit ou non primo-accédant à la propriété (qu'il achète son premier logement ou non), de la commune dans laquelle il acquiert son bien immobilier, et sont différentes s'il achète un logement neuf ou ancien. Toutes les informations actualisées sur le PTZ sont consultables sur https://www.service-public.gouv.fr/particuliers/vosdroits/F10871.

Le taux zéro signifie que l'emprunteur ne paie pas d'intérêts ni de frais de dossier. Il rembourse exactement le montant qu'il a emprunté. Le prêteur perçoit des intérêts sur ce prêt, qui sont pris en charge par l'Etat.

Le prêt à taux zéro date de 1995 (décret n° 95-1064) sous l'impulsion de Pierre-André PERISSOL, ministre du logement. Il est à l'origine un outil d'aide à l'accession à la propriété pour les ménages modestes. (BETTINI, 2023) Il a donc été conçu comme un levier d'aide sociale et pas comme un crédit bancaire classique. Pour cette raison, il a été conçu avec un différé au départ et sur une longue durée (plus longue que celle du crédit immobilier auquel il est rattaché). Cela permettait aux ménages de prélever des mensualités réduites au début de leur contrat et d'étaler une partie de leurs remboursements dans le temps sans faire augmenter le coût du crédit. Nicolas SARKOZY l'a ensuite fortement fait évoluer dans le cadre des mesures de relance après la crise économique de 2008, en étendant fortement le dispositif, puis en créant le PTZ+, qui a ensuite connu d'autres évolutions par la suite.

Cependant, le fait que le remboursement du PTZ soit différé par rapport au remboursement du crédit immobilier provoque des changements de paliers de remboursement et nuit à la clarté dont a besoin l'emprunteur pour gérer ses finances aisément. Observons le diagramme suivant :

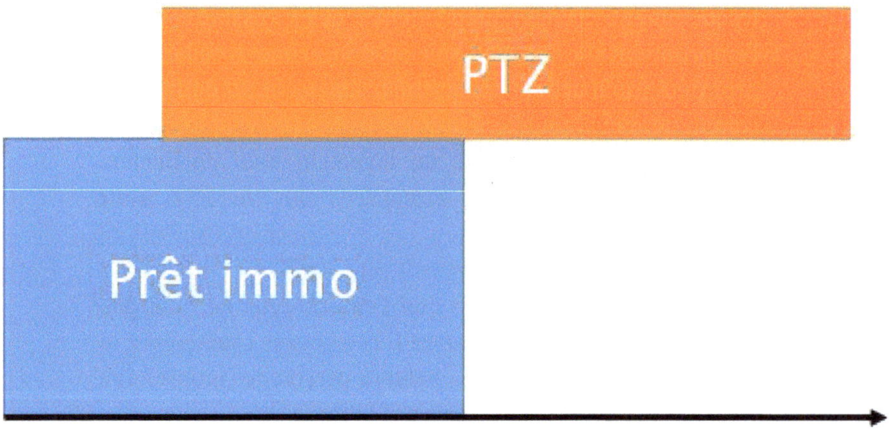

L'axe horizontal représente le temps et la hauteur de chaque rectangle représente le montant de l'annuité du prêt concerné. Nous distinguons sur ce diagramme trois étapes :

- Dans un premier temps, l'emprunteur ne rembourse que le prêt immobilier, ce qui lui occasionne une mensualité modérément élevée
- Une fois le différé du PTZ terminé, l'emprunteur cumule le remboursement des deux prêts, ce qui fait augmenter son taux d'endettement

- Une fois le prêt immobilier principal intégralement remboursé, il ne reste que les annuités réduites du PTZ à rembourser jusqu'à son terme.

Le fait que les mensualités changent pendant la période de remboursement peut occasionner une situation de surendettement du client sur la période où la mensualité est maximale, ou bien tout simplement importuner le client qui préfèrera payer des mensualités fixes tout au long de la période de remboursement, quel que soit le prêt. C'est pourquoi a été mis au point le principe du lissage, qui permet d'harmoniser le remboursement du PTZ autour de celui du prêt immobilier, de manière à garantir des mensualités constantes sur toute la durée, de la manière suivante :

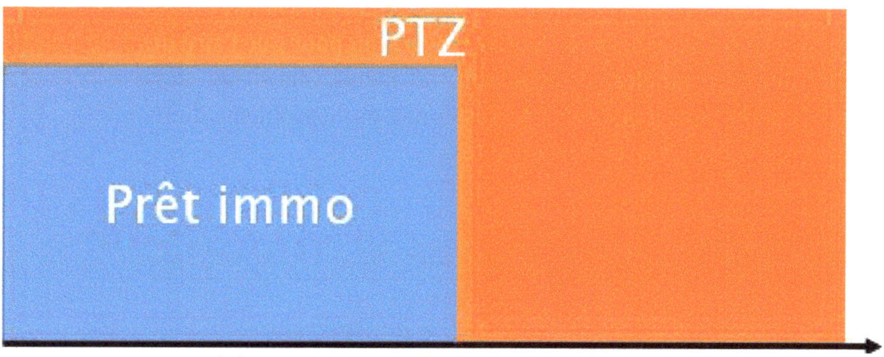

Il faut imaginer que dans ce diagramme, la surface orange représentant le montant total à rembourser à taux zéro est égale à celle du précédent diagramme. Elle est juste réarrangée autrement. Selon ce dispositif, il n'y a plus de différé et les prêts sont remboursés en deux étapes :

- D'abord, l'emprunteur cumule son prêt immobilier avec une petite mensualité du prêt à taux zéro. Cette petite mensualité du PTZ est appelée le palier 1.
- Une fois le crédit immobilier intégralement payé, l'emprunteur remboursera ce qui reste du PTZ en

payant une annuité égale au cumul du palier 1 et de l'ancienne annuité du prêt immobilier. On appellera cette annuité le palier 2.

Sur ces deux étapes, on voit que la mensualité payée par le client reste constante.

Nous allons voir comment calculer les montants du palier 1 et du palier 2.

Pour le palier 2, c'est facile : une fois le palier 1 calculé, il suffira de lui ajouter le montant de la mensualité du crédit immobilier. On peut le constater aisément sur le diagramme ci-dessus.

Le palier 1 est la solution d'un petit problème géométrique du niveau lycée : quelle doit être la hauteur du petit rectangle orange au-dessus du bleu pour que l'aire des deux rectangles orange soit la même dans les deux diagrammes ci-dessus ? La résolution de ce problème donne les formules de calcul suivantes :

Formules des deux paliers :

$$palier_1 = \frac{(capital_{PTZ} - (durée_{PTZ} - durée_{IMMO}) \times annuité_{IMMO})}{durée_{PTZ}}$$

$$palier_2 = palier_1 + anuité_{IMMO}$$

Les parenthèses noires sont inutiles du point de vue mathématiques mais indispensables à saisir au tableur.

Les quatre données nécessaires au calcul des deux paliers sont donc :

- Le capital emprunté à taux zéro ($capital_{PTZ}$)
- La durée (en nombre d'annuités) du prêt à taux zéro ($durée_{PTZ}$)
- La durée (en nombre d'annuités) du prêt immobilier ($durée_{IMMO}$)

- Le montant de l'annuité du prêt immobilier ($annuité_{IMMO}$)

<u>Exemple 26</u> : Pour financer son logement, un client emprunte 198 800 € sur 20 ans à un TAEG de 3,21%, ainsi que 101 200 € à taux zéro sur 25 ans. Il demande à lisser les deux prêts.

Construire le tableau d'amortissement du prêt immobilier principal.

Quels sont les montants des deux paliers ?

Pour calculer les montants des paliers, il nous manque l'annuité du prêt immobilier.

Nous la trouvons comme nous l'avons fait au chapitre 6, lors de la construction du tableau d'amortissement, à l'aide de la formule de calcul ou de la fonction VPM du tableur.

Durée du prêt immobilier : $20 \times 12 = 240$ mois

Taux mensuel du prêt immobilier : $\frac{0{,}032\,1}{12} = 0{,}002\,675$

annuite | f_x | =ARRONDI(-VPM(B7;B6;B2);2)

	A	B	C	D	E	F	G	H
1	PRÊT IMMO			Période	Restant dû	Intérêts	Amortissement	Annuité
2	Capital	198 800 €		1	198 800,00 €	531,79 €	591,77 €	1 123,56 €
3	Durée	20 ans		2	198 208,23 €	530,21 €	593,35 €	1 123,56 €
4	TAEG	3,21%		3	197 614,88 €	528,62 €	594,94 €	1 123,56 €
5				4	197 019,94 €	527,03 €	596,53 €	1 123,56 €
6	Durée (mois)	240 mois		5	196 423,41 €	525,43 €	598,13 €	1 123,56 €
7	Taux mensuel	0,002675		6	195 825,28 €	523,83 €	599,73 €	1 123,56 €
8				7	195 225,55 €	522,23 €	601,33 €	1 123,56 €
9	Annuité	1 123,56 €		8	194 624,22 €	520,62 €	602,94 €	1 123,56 €

Nous avons à présent toutes les données nécessaires au calcul des deux paliers de remboursement du PTZ :

$$capital_{PTZ} = 101\,200 \text{ €}$$

$$duree_{PTZ} = 25 \times 12 = 300 \text{ mois}$$

$$duree_{IMMO} = 20 \times 12 = 240 \text{ mois}$$

$$annuite_{IMMO} = 1\,123{,}56 \text{ €}$$

$$palier_1 = \frac{101\,200 - (300 - 240) \times 1\,123{,}56}{300} = 112{,}62 \text{ €}$$

$$palier_2 = 112{,}62 + 1\,123{,}56 = 1\,236{,}18 \text{ €}$$

Au tableur :

B17 =ARRONDI((B12-(B15-B6)*annuite)/B15;2)

	A	B	C	D	E	F	G	H
1	**PRÊT IMMO**			Période	Restant dû	Intérêts	Amortissement	Annuité
2	Capital	198 800 €		1	198 800,00 €	531,79 €	591,77 €	1 123,56 €
3	Durée	20 ans		2	198 208,23 €	530,21 €	593,35 €	1 123,56 €
4	TAEG	3,21%		3	197 614,88 €	528,62 €	594,94 €	1 123,56 €
5				4	197 019,94 €	527,03 €	596,53 €	1 123,56 €
6	Durée (mois)	240 mois		5	196 423,41 €	525,43 €	598,13 €	1 123,56 €
7	Taux mensuel	0,002675		6	195 825,28 €	523,83 €	599,73 €	1 123,56 €
8				7	195 225,55 €	522,23 €	601,33 €	1 123,56 €
9	Annuité	1 123,56 €		8	194 624,22 €	520,62 €	602,94 €	1 123,56 €
10				9	194 021,28 €	519,01 €	604,55 €	1 123,56 €
11	**PTZ**			10	193 416,73 €	517,39 €	606,17 €	1 123,56 €
12	Capital	101 200 €		11	192 810,56 €	515,77 €	607,79 €	1 123,56 €
13	Durée	25 ans		12	192 202,77 €	514,14 €	609,42 €	1 123,56 €
14				13	191 593,35 €	512,51 €	611,05 €	1 123,56 €
15	Durée (mois)	300 mois		14	190 982,30 €	510,88 €	612,68 €	1 123,56 €
16				15	190 369,62 €	509,24 €	614,32 €	1 123,56 €
17	Palier 1	112,62 €		16	189 755,30 €	507,60 €	615,96 €	1 123,56 €
18	Palier 2	1 236,18 €		17	189 139,34 €	505,95 €	617,61 €	1 123,56 €

On peut vérifier dans la barre de formule que l'on reconnait bien la formule du palier 1 au format tableur. Il convient d'ajouter la fonction ARRONDI de manière à arrêter le calcul au centime.

Le client paiera donc sur une durée de 25 ans :

D'abord une annuité de 112,62 € pour le PTZ et en même temps une annuité de 1 123,56 € pour le prêt principal, soit 1 236,18 € au total

Ensuite la même annuité de 1 236,18 €, consacrée uniquement au prêt à taux zéro.

Le PTZ étant gratuit pour l'emprunteur, le coût total de l'opération est le coût du prêt immobilier. On vérifiera au tableur qu'il est de 70 852,93 €.

Chapitre 7 : À vous de jouer

Dans les exercices 7.1 à 7.3, on renégocie avec effet à la période 151 un prêt immobilier d'un montant de 150 000 € à un T.A.E.G. de 2,4% sur 25 ans, remboursable par mensualités. Le T.A.E.G. renégocié est de 1,2%. Des frais de renégociation fixes de 700 € sont appliqués. On demande dans chaque cas le tableau d'amortissement de l'avenant au contrat de prêt, le coût total du crédit renégocié et l'économie réalisée par l'emprunteur grâce à la renégociation.

Exercice 7.1 : Le prêt est remboursé par mensualités constantes. Renégocier en agissant sur le montant de la mensualité.

Exercice 7.2 : Le prêt est remboursé par mensualités constantes. Renégocier en agissant sur la durée du crédit.

Exercice 7.3 : Le prêt est remboursé à amortissement constant. Renégocier en agissant sur le montant de la mensualité.

Les exercices 7.4 et 7.5 concernent un crédit à la consommation souscrit pour une somme de 30 000 € remboursable par mensualités constantes sur 6 ans à un T.A.E.G. de 3,24 %.

Exercice 7.4 : Après avoir gagné à la loterie, le client désire solder le crédit après la 27ème mensualité. Son contrat de prêt prévoir le versement d'une IRA égale à 1% du restant dû dans ce cas.

a) Quelle somme faudra-t-il verser pour solder le crédit ?

b) Quelle économie aura été réalisée par l'emprunteur en soldant le crédit par anticipation ?

c) Après quelle mensualité aurait-il fallu solder son crédit pour ne pas payer d'IRA ?

Exercice 7.5 : Le client de l'exercice 7.4, pour ne pas payer d'IRA, désire verser un remboursement anticipé partiel de 10 000 € avec la 27ème mensualité.

a) Quelle économie sur le coût total du crédit cette opération entrainera-t-elle si le remboursement anticipé diminue la durée du crédit ?

b) Quelle économie sur le coût total du crédit cette opération entrainera-t-elle si le remboursement anticipé diminue le montant de la mensualité ?

c) Avec quelle somme et à quelle période le client pourra-il solder son crédit par anticipation le plus tôt possible sans payer d'IRA dans les deux cas précédents ?

Exercice 7.6 : Apolline réalise un investissement locatif en achetant un F2 dans un immeuble en construction. A cet effet, elle emprunte 100 000 € à un TAEG de 1,26% sur 15 ans, mais demande un différé partiel de 18 mois afin que la construction se termine et qu'elle puisse percevoir des loyers avant de commencer à rembourser. Elle rembourse par mensualités à amortissement constant.

a) Calculer le surcoût du crédit dû au différé.

*b) Représenter sur un même graphique la courbe de l'évolution des intérêts par période avec et sans différé. En déduire que le surcoût dû au différé peut être approché par la formule : $Surcoût \approx \frac{1}{2} \times Capital \times Taux \times Différé$.

Exercice 7.7 : James rembourse par mensualités constantes un emprunt immobilier de 240 000 € sur 24 ans à un T.A.E.G. de 1,8%.

Ayant à gérer un divorce onéreux, il a du mal à payer son crédit et demande donc un report d'échéances partiel de 12 mois avec augmentation de la durée de remboursement. Ce report est accepté et débute à la 203ème période.

a) Quel sera le montant de sa mensualité pendant la période du report ?

b) Calculer le surcoût dû au report d'échéances.

Exercice 7.8 : Avec un prêt immobilier de 96 000 € sur 20 ans, à un TAEG de 2,4%, remboursé par mensualités constantes, on lisse un PTZ de 64 000 € sur 25 ans.

a) Calculer le montant du palier 1 et le montant du palier 2 du PTZ. Préciser le nombre d'annuités correspondant à chaque palier.

b) Construire les deux tableaux d'amortissement. Quel est le coût total de l'opération ?

Exercice 7.9 : La famille Lamy (2 adultes, 2 enfants) aimerait faire l'acquisition de sa première résidence principale. Son choix se porte sur l'annonce ci-contre, tirée d'un site de vente entre particuliers.

Larchant (77760)
4 pièces (3 chambres) 100 m²
165 000 €
Agréable maison familiale en bon état, travaux à prévoir
Charmante maison de 80 m² sur deux niveaux

Les dispositions législatives ci-dessous reprennent les données de la dernière loi de finances à la date du 22 avril 2026. La législation est susceptible d'avoir évolué depuis. Les informations actualisées sont consultables sur https://www.service-public.gouv.fr/particuliers/vosdroits/F10871.

a) Conditions liées au futur logement : Les communes de France ont été catégorisées par zone, suivant leur taux de pression. Pour avoir droit au PTZ pour une acquisition dans l'ancien, il faut que le logement à acquérir soit situé en zone B2 ou C. La ville de Larchant (à proximité de Nemours) se situe en zone B2.

Le zonage des villes est consultable sur le site : www.service-public.fr/simulateur/calcul/zonage-abc.

b) Conditions de revenus : La somme des revenus fiscaux de référence des foyers fiscaux occupant le logement ne doit pas dépasser un plafond, fonction de la zone et du nombre d'occupants (voir tableau ci-contre, actualisé à 2026). Avec un RFR de 50 000 € , vérifier si la famille Lamy est éligible au PTZ.

Nombre d'occupants du logement	Zone B2	Zone C
1	31 500 €	28 500 €
2	47 250 €	42 750 €
3	58 700 €	51 300 €
4	66 150 €	59 850 €
5	75 600 €	68 400 €
6	85 050 €	76 950 €
7	94 500 €	85 500 €
À partir de 8	103 950 €	94 050 €

La famille Lamy étant primo-accédante, les conditions d'habitation sont satisfaites.

c) Le montant du PTZ ne peut excéder 40% du montant de l'opération immobilière. *Ce pourcentage dépend de la tranche de revenus de la famille Lamy et a été calculé avec les données de l'année 2026.* Les travaux, chiffrées à 55 000 €, doivent représenter au moins 25% du coût total. Si la famille Lamy achète sans apport personnel, quelle sera la répartition des sommes à emprunter en prêt immobilier classique et à taux zéro ?

d) La famille Lamy peut bénéficier d'un PTZ sur 20 ans avec un différé de 5 ans. Elle contracte en outre un prêt immobilier qu'elle rembourse par mensualités constantes sur 15 ans à un T.A.E.G de 1,5%. Vérifier que son taux d'endettement ne dépassera pas 35%. (Elle n'a pas d'autre crédit en cours.)

e) Dresser le tableau d'amortissement du prêt immobilier et le tableau d'amortissement du PTZ (avec lissage).

f) Quelle économie le PTZ a-t-elle fait réaliser à la famille Lamy (par rapport à la situation où elle aurait emprunté la totalité à un TAEG de 1,5% sur 15 ans) ?

Solutions des exercices :

7.1 : 43 330,77 € ; 6 287,50 €

7.2 : 42 822,05 € ; 6 796,22 €

7.3 : 40 187,50 € ; 4 962,50 €

7.4 : a) 19 620,74 € b) 1 035,96 € c) 50

7.5 : a) 945,64 € b) 633,31 € c) Période 39 ; 4 592,10 € ; 7 226,76 €

7.6 : a) 945,05 €

7.7 : a) 124,19 € b) 1 490,28 €

7.8 : a) 112,53 € ; 616,57 € b) 24 970,55 €

7.9 : c) P. Immo : 132 000 € ; PTZ : 88 000 € f) 10 325,95 €

Pour les corrections détaillées, voir le dernier chapitre.

Chapitre 8 - Sortir du surendettement

Généralités

Une personne qui contracte un crédit s'engage dans un processus de remboursement long et qui dure parfois plus d'une décennie. Durant cette période, elle n'est pas à l'abri de rencontrer des problèmes, parfois graves, qui affectent sa capacité à rembourser. Nous allons exposer dans ce chapitre quelques leviers qui permettent à un emprunteur dans la difficulté de faire face à son obligation de solvabilité.

Nous avons déjà, au chapitre 7, évoqué le report d'échéances, qui permet de faire face à des difficultés passagères en interrompant temporairement le remboursement du capital, voire d'une partie des intérêts, moyennant un allongement de la durée de remboursement ou une augmentation des mensualités futures. Nous avons vu que ce report d'échéances entrainait pour l'emprunteur un surcoût modéré par rapport au coût total du crédit. Ce dispositif ne permet cependant pas de dépasser la durée totale de 25 ans fixée par le HCSF.

Si l'emprunteur rencontre des difficultés plus importantes, il peut envisager, entre autres trois dispositifs que nous allons évoquer ici :

- Le rééchelonnement de crédit
- Le rachat de crédit
- Le regroupement de crédits

Nous verrons que tous ces dispositifs ont les points communs suivants :

- Aucun cadeau n'est fait à l'emprunteur, qui devra rembourser l'intégralité de son capital

- Tous les dispositifs de sortie du surendettement exposés ici impliquent une augmentation, parfois très forte, du montant des intérêts payés par l'emprunteur.

☛ Même si personne n'est jamais à l'abri d'un coup dur, il est donc important de gérer ses finances en évitant, dans la mesure du possible, d'engager des dépenses ou crédits qui pourraient nous mettre en situation de surendettement.

Nous ferons l'abus de considérer surendettée une personne devant payer des mensualités pour un montant supérieur à 35% de ses revenus, les établissements financiers n'accordant en général pas (sauf dérogations limitées) un crédit qui mettrait un emprunteur dans cette situation. Dans les faits, un débiteur ne parvenant plus à honorer ses dettes est déclaré en **surendettement** après avoir saisi la commission de surendettement qui aura constaté sa situation financière.

Rééchelonner son crédit

Le client ayant un contrat de prêt d'une durée inférieure à 25 ans peut demander à allonger la durée de remboursement dans la limite des 25 ans autorisés, de manière à faire baisser le montant de ses mensualités.

La durée, en s'allongeant, fera mécaniquement augmenter le montant des intérêts. C'est donc une opération payante pour l'emprunteur.

Le rééchelonnement peut éventuellement s'accompagner d'une modification du TAEG (à négocier avec le prêteur), mais ce n'est pas automatique, surtout si les taux du marché sont sur une tendance haussière.

Juridiquement, le rééchelonnement ne constitue pas un remplacement de l'ancien crédit par un nouveau, mais une modification du crédit existant. Un avenant au contrat de prêt actuel est édité, et non un nouveau contrat de prêt. C'est pourquoi la limite de durée totale de 25 ans ne peut être dépassée. Un crédit souscrit sur une durée de 25 ans ne peut donc pas être rééchelonné.

Exemple 27 : Après avoir contracté un crédit pour un montant de 180 000 €, remboursable par mensualités constantes sur 18 ans à un TAEG de 3,6%, l'emprunteur demande un rééchelonnement de son crédit à partir de la 121ème mensualité. Les revenus mensuels de son foyer sont chiffrés à 2 850 €.

Trouver la durée minimale de rééchelonnement et calculer pour cette durée le surcoût du rééchelonnement pour l'emprunteur.

On construit d'abord le tableau d'amortissement du prêt sans rééchelonnement.

Période	Restant dû	Intérêts	Amortissement	Annuité
1	180 000,00 €	540,00 €	593,50 €	1 133,50 €
2	179 406,50 €	538,22 €	595,28 €	1 133,50 €
⋮	⋮	⋮	⋮	⋮
215	2 256,18 €	6,77 €	1 126,73 €	1 133,50 €
216	1 129,45 €	3,39 €	1 129,45 €	1 132,84 €
Total		64 835,34 €	180 000,00 €	

annuite | =ARRONDI(-VPM(B6;B5;B1);2)

	A	B	C	D	E	F	G	H
1	Capital	180 000 €		Période	Restant dû	Intérêts	Amortissement	Annuité
2	Durée	18 ans		1	180 000,00 €	540,00 €	593,50 €	1 133,50 €
3	TAEG	3,60%		2	179 406,50 €	538,22 €	595,28 €	1 133,50 €
4				3	178 811,22 €	536,43 €	597,07 €	1 133,50 €
5	Durée (mois)	216 mois		4	178 214,15 €	534,64 €	598,86 €	1 133,50 €
6	Taux mensuel	0,003		5	177 615,29 €	532,85 €	600,65 €	1 133,50 €
7				6	177 014,64 €	531,04 €	602,46 €	1 133,50 €
8	Annuité	1 133,50 €		7	176 412,18 €	529,24 €	604,26 €	1 133,50 €

Ensuite, on calcule le seuil maximal de l'annuité, qui est égal à 35% des revenus de l'emprunteur : 0,35 × 2850 = 998 €. Nous allons donc allonger la durée de remboursement de manière que l'annuité passe sous ce seuil.

Pour le recalcul de l'annuité à compter de la période 121, nous relevons dans le tableau d'amortissement le restant dû de la période 121, qui est de 94 425,73 €. Nous saisissons au tableur une durée de remboursement de ce restant dû (au hasard) puis nous calculons l'annuité correspondante à l'aide de la fonction VPM.

annuite2 | =ARRONDI(-VPM(taux_m;B18;B14);2)

	A	B	C	D	E
1	Capital	180 000 €		Période	Restant
2	Durée	18 ans		1	180 000
3	TAEG	3,60%		2	179 406
4				3	178 811
5	Durée (mois)	216 mois		4	178 214
6	Taux mensuel	0,003		5	177 615
7				6	177 014
8	Annuité	1 133,50 €		7	176 412
9				8	175 807
10	Revenus	2 850 €		9	175 201
11	Seuil	998 €		10	174 593
12				11	173 984
13	Période rééchelonnement	121		12	173 372
14	Restant dû 121	94 425,73 €		13	172 759
15				14	172 144
16	Durée rééchelonnement	10 ans		15	171 527
17				16	170 908
18	Durée (mois)	120 mois		17	170 287
19	Durée totale	240 mois		18	169 664
20				19	169 040
21	Annuité rééchelonnée	938,17 €		20	168 413

En augmentant ou diminuant progressivement cette durée, on trouve que la plus petite durée donnant une annuité inférieure au seuil d'endettement est de 10 ans (après l'annuité 121).

Le lecteur pourra vérifier qu'avec une durée de 9 ans, on obtient une annuité de 1 024,89 €, ce qui dépasse le seuil de 998 € autorisé.

La durée totale du crédit rééchelonné sera donc des 120 premiers mois déjà passés, plus les 10 ans (120 autres mois) de rééchelonnement, soit 240 mois.

On construit le tableau d'amortissement du crédit rééchelonné. Il comportera donc 240 lignes et les 120 premières lignes seront identiques à celles du premier tableau. A partir de la période 121, la mensualité baissera à 938,17 €.

Période	Restant dû	Intérêts	Amortissement	Annuité
1	180 000,00 €	540,00 €	593,50 €	1 133,50 €
2	179 406,50 €	538,22 €	595,28 €	1 133,50 €
⋮	⋮	⋮	⋮	⋮
120	95 273,41 €	285,82 €	847,68 €	1 133,50 €
121	94 425,73 €	283,28 €	654,89 €	938,17 €
⋮	⋮	⋮	⋮	⋮
239	1 867,41 €	5,60 €	932,57 €	938,17 €
240	934,84 €	2,80 €	934,84 €	937,64 €
Total		68 599,87 €	180 000,00 €	

Le coût total du crédit est passé de 64 835,34 € sans rééchelonnement à 68 599,87 € après rééchelonnement.

Le surcoût pour l'emprunteur est donc de
68 599,87 − 64 835,34 = 3 764,53 €.

Faire racheter son crédit par un autre créancier

Le rachat de crédit doit être sollicité auprès d'un autre établissement financier que celui chez lequel on détient déjà son crédit. Une banque ne peut pas racheter son propre crédit.

Il existe une procédure appelée novation, qui peut s'apparenter plus ou moins à un rachat de crédit par sa propre banque. Elle est rarement utilisée et ne diffère pas, du point de vue du calcul, du rééchelonnement. Elle est définie juridiquement dans le Code Civil (Livre III, Section 3, Articles 1329 à 1335, 2016).

Plus clairement, le rachat de crédit implique que l'emprunteur change de banque.

Le processus est le suivant :

- La nouvelle banque du client effectue un remboursement anticipé total du crédit auprès de son ancienne banque.
- Elle signe avec l'emprunteur un nouveau contrat de prêt portant sur le restant dû à la date du rachat, éventuellement augmenté des IRA.

Contrairement au rééchelonnement, le rachat de crédit est un nouveau contrat, et pas une modification de l'ancien qui est résilié. Ceci implique entre autres que la limite de durée de 25 ans est remise à zéro. L'emprunteur peut donc allonger sa durée de remboursement davantage que s'il avait rééchelonné.

Les banques feront cependant attention lors du rachat à ce qu'il ait une réelle valeur ajoutée et permettront difficilement à un contrat de prêt de durer après le 75ème anniversaire de l'emprunteur. Le rachat de crédit est donc en général un pis-aller, pas une commodité. Cependant, c'est cette possibilité de rachat d'un crédit par un concurrent qui convainc en général les banques d'accepter une demande de renégociation de TAEG dans un contexte de baisse des taux (voir chapitre 7).

Du point de vue de la modélisation le rachat de crédit se calcule exactement de la même manière que le rééchelonnement, il est donc inutile de donner un exemple supplémentaire ici. Le lecteur reprendra l'exemple 27 en remplaçant le mot « rééchelonnement » par le mot « rachat » et en considérant que le TAEG reste inchangé. Au cas où celui-ci changerait, il n'est pas difficile de baser le calcul de la nouvelle mensualité sur le nouveau TAEG.

Regrouper ses crédits

Certains organismes financiers lancent des campagnes de communication du type « Regroupez vos crédits et faites baisser vos mensualités ». Le regroupement de crédits est en effet un levier de sortie du surendettement. Mais il a un coût, parfois très élevé, que les ménages ne soupçonnent pas toujours. Nous allons le modéliser ici.

Le contexte est le suivant : un ménage, détenant plusieurs crédits, se retrouve dans la difficulté pour les rembourser à la suite d'évènements imprévus. Leur banque (ou une autre banque) leur propose le montage suivant :

- La banque effectue un remboursement anticipé intégral de tous les crédits du ménage
- Ensuite, elle va proposer au débiteur une offre de prêt unique sur le restant dû total.
- Si les remboursements anticipés donnent lieu à des IRA, elles seront ajoutées au restant dû.

Le regroupement de crédits est en fait un rachat de plusieurs crédits à la fois, à ceci près qu'il peut être effectué par la même banque qui détient un ou plusieurs des anciens crédits. Il implique la clôture des crédits précédents et l'édition d'un nouveau contrat de prêt, ce qui permet d'allonger fortement la durée de remboursement, comme vu pour le rachat d'un seul crédit au paragraphe précédent.

Exemple 28 : À la suite d'un licenciement, la famille Galipeau se retrouve dans la difficulté pour rembourser ses différents crédits (prêt immobilier et crédit auto). Elle s'adresse donc à un organisme financier afin que celui-ci rachète et regroupe ses crédits pour en diminuer les échéances. Les deux prêts sont remboursés par mensualités constantes. L'organisme financier propose un regroupement à compter du 01/09/2032 à un TAEG de 2,43%.

Les revenus mensuels nets du foyer sont évalués à 2 700 €.

Les données numériques des deux prêts sont les suivantes :

Prêt immobilier	**Crédit auto**
Capital emprunté : 200 000 €	**Capital emprunté : 30 000 €**
TAEG : 1,5%	**TAEG : 2,7%**
Durée : 20 ans	**Durée : 6 ans**
Date 1er prélèvement : 1/03/2025	**Date 1er prélèvement : 1/07/2029**

Trouver la durée minimale du regroupement et calculer pour cette durée le surcoût payé par la famille Galipeau.

Nous allons commencer par modéliser les deux prêts originaux. Cependant, afin d'identifier les restants dus à la date du 1er septembre 2032, nous allons ajouter une colonne « Date » aux tableaux d'amortissement.

Pour le prêt immobilier :

Durée : $20 \times 12 = 240$ mois

Taux mensuel : $\frac{0{,}015}{12} = 0{,}001\ 25$

Annuité : $\frac{0{,}001\ 25 \times (1+0.001\ 25)^{240}}{(1+0.001\ 25)^{240}-1} \times 200\ 000 = 965{,}09$ €

ou fonction VPM

Période	Date	Restant dû	Intérêts	Amortissement	Annuité
1	01/03/2025	200 000,00 €	250,00 €	715,09 €	965,09 €
2	01/04/2025	199 284,91 €	249,11 €	715,98 €	965,09 €
3	01/05/2025	198 568,93 €	248,21 €	716,88 €	965,09 €
⋮	⋮	⋮	⋮	⋮	⋮
91	01/09/2032	131 927,04 €	164,91 €	800,18 €	965,09 €
⋮	⋮	⋮	⋮	⋮	⋮
239	01/01/2045	1 926,75 €	2,41 €	962,68 €	965,09 €
240	01/02/2045	964,07 €	1,21 €	964,07 €	965,28 €
Total			31 621,79 €	200 000,00 €	

Pour le crédit auto :

Durée : $6 \times 12 = 72$ mois

Taux mensuel : $\frac{0{,}027}{12} = 0{,}002\ 25$

Annuité : $\frac{0{,}002\ 25 \times (1+0.002\ 25)^{72}}{(1+0.002\ 25)^{72}-1} \times 30\ 000 = 451{,}80$ € ou fonction VPM

On place le deuxième tableau d'amortissement à droite du premier, en les séparant par une colonne vide.

Période	Date	Restant dû	Intérêts	Amortissement	Annuité
1	01/07/2029	30 000,00 €	67,50 €	384,30 €	451,80 €
2	01/08/2029	29 615,70 €	66,64 €	385,16 €	451,80 €
3	01/09/2029	29 230,54 €	65,77 €	386,03 €	451,80 €
⋮	⋮	⋮	⋮	⋮	⋮
39	01/09/2032	14 771,99 €	33,24 €	418,56 €	451,80 €
⋮	⋮	⋮	⋮	⋮	⋮
71	01/05/2035	900,19 €	2,03 €	449,77 €	451,80 €

72	01/06/2035	450,42 €	1,01 €	450,42 €	451,43 €
Total			2 529,23 €	30 000,00 €	

On calcule ensuite le seuil maximal pour la mensualité du regroupement de crédits :

35% de 2 700 € : 0,35 × 2 700 = 945 €

Le capital de départ du regroupement de crédits sera la somme des deux restant dus du 1er septembre 2032 : 131 927,04 + 14 771,99 = 146 699,03 €

Dans ce cas, il y a exonération d'IRA pour cause de licenciement.

On saisit au tableur une durée au hasard, puis on calcule les paramètres mensuels et le montant de l'annuité avec VPM. Si l'annuité dépasse le seuil de 945 euros, il faut saisir une durée plus grande, sinon une durée moins grande jusqu'à trouver la plus petite durée donnant une annuité inférieure ou égale au seuil. En procédant ainsi par tâtonnements, on trouve une durée minimale de 16 ans, qui donne une mensualité de 922,95 €.

Ci-après la colonne des paramètres au tableur :

annuite_regr | =ARRONDI(-VPM(B30;B29;B25);2)

	A	B	C	D	E
1	**PRÊT IMMO**			**Période**	**Date**
2	Capital	200 000 €		1	01/03/2025
3	Durée	20 ans		2	01/04/2025
4	TAEG	1,50%		3	01/05/2025
5				4	01/06/2025
6	Durée (mois)	*240 mois*		5	01/07/2025
7	Taux mensuel	*0,00125*		6	01/08/2025
8				7	01/09/2025
9	Annuité	*965,09 €*		8	01/10/2025
10				9	01/11/2025
11	**CREDIT AUTO**			10	01/12/2025
12	Capital	30 000 €		11	01/01/2026
13	Durée	6 ans		12	01/02/2026
14	TAEG	2,70%		13	01/03/2026
15				14	01/04/2026
16	Durée (mois)	*72 mois*		15	01/05/2026
17	Taux mensuel	*0,00225*		16	01/06/2026
18				17	01/07/2026
19	Annuité	*451,80 €*		18	01/08/2026
20				19	01/09/2026
21	**REGROUPEMENT**			20	01/10/2026
22	Revenus mensuels	2 700 €		21	01/11/2026
23	Seuil	*945 €*		22	01/12/2026
24				23	01/01/2027
25	Capital	*146 699,03 €*		24	01/02/2027
26	Durée	16 ans		25	01/03/2027
27	TAEG	2,43%		26	01/04/2027
28				27	01/05/2027
29	Durée (mois)	*192 mois*		28	01/06/2027
30	Taux mensuel	*0,002025*		29	01/07/2027
31				30	01/08/2027
32	Annuité	*922,95 €*		31	01/09/2027

On dresse alors le troisième tableau d'amortissement (celui du regroupement) à droite du deuxième, en les séparant par une colonne vide.

Période	Date	Restant dû	Intérêts	Amortissement	Annuité
1	01/09/2032	146 699,03 €	297,07 €	625,88 €	922,95 €
2	01/10/2032	146 073,15 €	295,80 €	627,15 €	922,95 €
3	01/11/2032	145 446,00 €	294,53 €	628,42 €	922,95 €
⋮	⋮	⋮	⋮	⋮	⋮
191	01/07/2048	1 841,40 €	3,73 €	919,22 €	922,95 €
192	01/08/2048	922,18 €	1,87 €	922,18 €	924,05 €
Total			30 508,47 €	146 699,03 €	

Quelques constatations à ce stade :

- *Avant le regroupement de crédits, la famille Galipeau devait s'acquitter de mensualités pour un total de* 965,09 + 451,80 = 1 416,89 €*, ce qui représentait environ 52,5% de leurs 2 700 € de revenus mensuels. Ils étaient donc dans une situation financière intenable.*
- *À la suite du regroupement de crédits, la famille ne paye plus qu'une mensualité de 922,95 €, soit 34,1% de leurs revenus mensuels. Ils sont donc bien sortis du surendettement.*
- *Cependant, la famille est à présent endettée jusqu'en août 2048 alors qu'avant le regroupement, leurs emprunts couraient jusqu'en février 2045.*

Quel a été l'impact sur les intérêts ? Pour le savoir, il faut comparer le coût total du regroupement, qui est de 30 508,47 € avec la somme des intérêts à partir du 1er septembre 2032 pour les deux crédits d'origine. On peut trouver ces sommes suivant la méthode donnée dans l'exemple 19, ou par une formule de calcul au tableur (sélectionner les cellules concernées et utiliser la fonction SOMME ou bien utiliser la fonction SOMME.SI, plus efficace mais plus difficile à manipuler).

Somme des intérêts à partir du 1/09/2032 pour le crédit immobilier : 12 836,65 €

Somme des intérêts à partir du 1/09/2032 pour le crédit auto : 588,84 €

soit 12 836,65 + 588,84 = 13 425,49 € au total.

La somme des intérêts du regroupement de crédit est de 30 580,47 €.

Le surcoût dû au regroupement se monte donc à :

$$30\,580,47 - 13\,425,49 = 17\,154,98 \text{ €}$$

La famille Galipeau aura donc payé plus de 17 000 € pour sortir du surendettement !

Chapitre 8 : À vous de jouer

Exercice 8.1 : La famille Juric est surendettée, ayant à payer les mensualités de son crédit immobilier et de son crédit à la consommation. Peinant à rembourser ses emprunts tout en subvenant à ses besoins, elle envisage de regrouper ses crédits.

Voici le détail de ses crédits :

PRET IMMOBILIER	
Capital	105 000 €
TAEG	1,80%
Durée (années)	15
Date début	01/07/2021
Remboursement :	mensualités constantes

CREDIT CONSO	
Capital	30 000 €
TAEG	3,30%
Durée (années)	6
Date début	01/05/2030
Remboursement :	mensualités constantes

Leur rêve serait de trouver un organisme financier leur permettant de regrouper leurs deux crédits à compter du 1/01/2032 au TAEG de leur prêt immobilier et de solder le restant dû en 6 ans à compter de cette date (le tout en acceptant de les exonérer d'IRA), quitte à signer une garantie hypothécaire.

a) Modéliser le regroupement de crédits au tableur.

b) De combien baisseraient les versements mensuels après le regroupement ?

c) Quel serait le différentiel en termes de coût de l'opération ?

Exercice 8.2 : Malheureusement, la famille Juric n'a pas les moyens de payer les mensualités du regroupement de crédits de la question précédente. De toute manière, il était illusoire de trouver une banque acceptant de regrouper les crédits à un TAEG aussi faible.

a) Les revenus annuels de la famille se montant à 26 400 €.

Calculer le montant maximal de la mensualité qu'elle est capable d'assumer en maintenant leur taux d'endettement sous la barre des 35%.

b) La banque facture à la famille des IRA à hauteur de 1% du restant dû et pratique un TAEG de 2,31%. Quelle est la durée minimale du regroupement permettant de sortir du surendettement ? (en années entières)

c) Quel serait alors le surcoût du regroupement de crédit ?

d) Parmi toutes les solutions s'offrant à la famille Juric, laquelle lui conseilleriez-vous ? (Report d'échéances, rachat de crédit, remboursement anticipé, autre… ?)

Solutions des exercices :

8.1 : b) 293,41 € c) 61,21 €

8.2 : a) 770 € b) 7 ans c) 1 713,78 €

Pour les corrections détaillées, voir le dernier chapitre.

Annexes

Annexe 1 : Tableau d'amortissement (remboursement par annuités constantes)

Période	Restant dû	Intérêts	Amortissement	Annuité
1	250 000,00 €	375,00 €	660,46 €	1 035,46 €
2	249 339,54 €	374,01 €	661,45 €	1 035,46 €
3	248 678,09 €	373,02 €	662,44 €	1 035,46 €
4	248 015,65 €	372,02 €	663,44 €	1 035,46 €
5	247 352,21 €	371,03 €	664,43 €	1 035,46 €
6	246 687,78 €	370,03 €	665,43 €	1 035,46 €
7	246 022,35 €	369,03 €	666,43 €	1 035,46 €
8	245 355,92 €	368,03 €	667,43 €	1 035,46 €
9	244 688,49 €	367,03 €	668,43 €	1 035,46 €
10	244 020,06 €	366,03 €	669,43 €	1 035,46 €
11	243 350,63 €	365,03 €	670,43 €	1 035,46 €
12	242 680,20 €	364,02 €	671,44 €	1 035,46 €
13	242 008,76 €	363,01 €	672,45 €	1 035,46 €
14	241 336,31 €	362,00 €	673,46 €	1 035,46 €
15	240 662,85 €	360,99 €	674,47 €	1 035,46 €
16	239 988,38 €	359,98 €	675,48 €	1 035,46 €
17	239 312,90 €	358,97 €	676,49 €	1 035,46 €
18	238 636,41 €	357,95 €	677,51 €	1 035,46 €
19	237 958,90 €	356,94 €	678,52 €	1 035,46 €
20	237 280,38 €	355,92 €	679,54 €	1 035,46 €
21	236 600,84 €	354,90 €	680,56 €	1 035,46 €
22	235 920,28 €	353,88 €	681,58 €	1 035,46 €
23	235 238,70 €	352,86 €	682,60 €	1 035,46 €
24	234 556,10 €	351,83 €	683,63 €	1 035,46 €

Période	Restant dû	Intérêts	Amortissement	Annuité
25	233 872,47 €	350,81 €	684,65 €	1 035,46 €
26	233 187,82 €	349,78 €	685,68 €	1 035,46 €
27	232 502,14 €	348,75 €	686,71 €	1 035,46 €
28	231 815,43 €	347,72 €	687,74 €	1 035,46 €
29	231 127,69 €	346,69 €	688,77 €	1 035,46 €
30	230 438,92 €	345,66 €	689,80 €	1 035,46 €
31	229 749,12 €	344,62 €	690,84 €	1 035,46 €
32	229 058,28 €	343,59 €	691,87 €	1 035,46 €
33	228 366,41 €	342,55 €	692,91 €	1 035,46 €
34	227 673,50 €	341,51 €	693,95 €	1 035,46 €
35	226 979,55 €	340,47 €	694,99 €	1 035,46 €
36	226 284,56 €	339,43 €	696,03 €	1 035,46 €
37	225 588,53 €	338,38 €	697,08 €	1 035,46 €
38	224 891,45 €	337,34 €	698,12 €	1 035,46 €
39	224 193,33 €	336,29 €	699,17 €	1 035,46 €
40	223 494,16 €	335,24 €	700,22 €	1 035,46 €
41	222 793,94 €	334,19 €	701,27 €	1 035,46 €
42	222 092,67 €	333,14 €	702,32 €	1 035,46 €
43	221 390,35 €	332,09 €	703,37 €	1 035,46 €
44	220 686,98 €	331,03 €	704,43 €	1 035,46 €
45	219 982,55 €	329,97 €	705,49 €	1 035,46 €
46	219 277,06 €	328,92 €	706,54 €	1 035,46 €
47	218 570,52 €	327,86 €	707,60 €	1 035,46 €
48	217 862,92 €	326,79 €	708,67 €	1 035,46 €
49	217 154,25 €	325,73 €	709,73 €	1 035,46 €
50	216 444,52 €	324,67 €	710,79 €	1 035,46 €
51	215 733,73 €	323,60 €	711,86 €	1 035,46 €
52	215 021,87 €	322,53 €	712,93 €	1 035,46 €
53	214 308,94 €	321,46 €	714,00 €	1 035,46 €

Période	Restant dû	Intérêts	Amortissement	Annuité
54	213 594,94 €	320,39 €	715,07 €	1 035,46 €
55	212 879,87 €	319,32 €	716,14 €	1 035,46 €
56	212 163,73 €	318,25 €	717,21 €	1 035,46 €
57	211 446,52 €	317,17 €	718,29 €	1 035,46 €
58	210 728,23 €	316,09 €	719,37 €	1 035,46 €
59	210 008,86 €	315,01 €	720,45 €	1 035,46 €
60	209 288,41 €	313,93 €	721,53 €	1 035,46 €
61	208 566,88 €	312,85 €	722,61 €	1 035,46 €
62	207 844,27 €	311,77 €	723,69 €	1 035,46 €
63	207 120,58 €	310,68 €	724,78 €	1 035,46 €
64	206 395,80 €	309,59 €	725,87 €	1 035,46 €
65	205 669,93 €	308,50 €	726,96 €	1 035,46 €
66	204 942,97 €	307,41 €	728,05 €	1 035,46 €
67	204 214,92 €	306,32 €	729,14 €	1 035,46 €
68	203 485,78 €	305,23 €	730,23 €	1 035,46 €
69	202 755,55 €	304,13 €	731,33 €	1 035,46 €
70	202 024,22 €	303,04 €	732,42 €	1 035,46 €
71	201 291,80 €	301,94 €	733,52 €	1 035,46 €
72	200 558,28 €	300,84 €	734,62 €	1 035,46 €
73	199 823,66 €	299,74 €	735,72 €	1 035,46 €
74	199 087,94 €	298,63 €	736,83 €	1 035,46 €
75	198 351,11 €	297,53 €	737,93 €	1 035,46 €
76	197 613,18 €	296,42 €	739,04 €	1 035,46 €
77	196 874,14 €	295,31 €	740,15 €	1 035,46 €
78	196 133,99 €	294,20 €	741,26 €	1 035,46 €
79	195 392,73 €	293,09 €	742,37 €	1 035,46 €
80	194 650,36 €	291,98 €	743,48 €	1 035,46 €
81	193 906,88 €	290,86 €	744,60 €	1 035,46 €
82	193 162,28 €	289,74 €	745,72 €	1 035,46 €

Période	Restant dû	Intérêts	Amortissement	Annuité
83	192 416,56 €	288,62 €	746,84 €	1 035,46 €
84	191 669,72 €	287,50 €	747,96 €	1 035,46 €
85	190 921,76 €	286,38 €	749,08 €	1 035,46 €
86	190 172,68 €	285,26 €	750,20 €	1 035,46 €
87	189 422,48 €	284,13 €	751,33 €	1 035,46 €
88	188 671,15 €	283,01 €	752,45 €	1 035,46 €
89	187 918,70 €	281,88 €	753,58 €	1 035,46 €
90	187 165,12 €	280,75 €	754,71 €	1 035,46 €
91	186 410,41 €	279,62 €	755,84 €	1 035,46 €
92	185 654,57 €	278,48 €	756,98 €	1 035,46 €
93	184 897,59 €	277,35 €	758,11 €	1 035,46 €
94	184 139,48 €	276,21 €	759,25 €	1 035,46 €
95	183 380,23 €	275,07 €	760,39 €	1 035,46 €
96	182 619,84 €	273,93 €	761,53 €	1 035,46 €
97	181 858,31 €	272,79 €	762,67 €	1 035,46 €
98	181 095,64 €	271,64 €	763,82 €	1 035,46 €
99	180 331,82 €	270,50 €	764,96 €	1 035,46 €
100	179 566,86 €	269,35 €	766,11 €	1 035,46 €
101	178 800,75 €	268,20 €	767,26 €	1 035,46 €
102	178 033,49 €	267,05 €	768,41 €	1 035,46 €
103	177 265,08 €	265,90 €	769,56 €	1 035,46 €
104	176 495,52 €	264,74 €	770,72 €	1 035,46 €
105	175 724,80 €	263,59 €	771,87 €	1 035,46 €
106	174 952,93 €	262,43 €	773,03 €	1 035,46 €
107	174 179,90 €	261,27 €	774,19 €	1 035,46 €
108	173 405,71 €	260,11 €	775,35 €	1 035,46 €
109	172 630,36 €	258,95 €	776,51 €	1 035,46 €
110	171 853,85 €	257,78 €	777,68 €	1 035,46 €
111	171 076,17 €	256,61 €	778,85 €	1 035,46 €

Période	Restant dû	Intérêts	Amortissement	Annuité
112	170 297,32 €	255,45 €	780,01 €	1 035,46 €
113	169 517,31 €	254,28 €	781,18 €	1 035,46 €
114	168 736,13 €	253,10 €	782,36 €	1 035,46 €
115	167 953,77 €	251,93 €	783,53 €	1 035,46 €
116	167 170,24 €	250,76 €	784,70 €	1 035,46 €
117	166 385,54 €	249,58 €	785,88 €	1 035,46 €
118	165 599,66 €	248,40 €	787,06 €	1 035,46 €
119	164 812,60 €	247,22 €	788,24 €	1 035,46 €
120	164 024,36 €	246,04 €	789,42 €	1 035,46 €
121	163 234,94 €	244,85 €	790,61 €	1 035,46 €
122	162 444,33 €	243,67 €	791,79 €	1 035,46 €
123	161 652,54 €	242,48 €	792,98 €	1 035,46 €
124	160 859,56 €	241,29 €	794,17 €	1 035,46 €
125	160 065,39 €	240,10 €	795,36 €	1 035,46 €
126	159 270,03 €	238,91 €	796,55 €	1 035,46 €
127	158 473,48 €	237,71 €	797,75 €	1 035,46 €
128	157 675,73 €	236,51 €	798,95 €	1 035,46 €
129	156 876,78 €	235,32 €	800,14 €	1 035,46 €
130	156 076,64 €	234,11 €	801,35 €	1 035,46 €
131	155 275,29 €	232,91 €	802,55 €	1 035,46 €
132	154 472,74 €	231,71 €	803,75 €	1 035,46 €
133	153 668,99 €	230,50 €	804,96 €	1 035,46 €
134	152 864,03 €	229,30 €	806,16 €	1 035,46 €
135	152 057,87 €	228,09 €	807,37 €	1 035,46 €
136	151 250,50 €	226,88 €	808,58 €	1 035,46 €
137	150 441,92 €	225,66 €	809,80 €	1 035,46 €
138	149 632,12 €	224,45 €	811,01 €	1 035,46 €
139	148 821,11 €	223,23 €	812,23 €	1 035,46 €
140	148 008,88 €	222,01 €	813,45 €	1 035,46 €

Période	Restant dû	Intérêts	Amortissement	Annuité
141	147 195,43 €	220,79 €	814,67 €	1 035,46 €
142	146 380,76 €	219,57 €	815,89 €	1 035,46 €
143	145 564,87 €	218,35 €	817,11 €	1 035,46 €
144	144 747,76 €	217,12 €	818,34 €	1 035,46 €
145	143 929,42 €	215,89 €	819,57 €	1 035,46 €
146	143 109,85 €	214,66 €	820,80 €	1 035,46 €
147	142 289,05 €	213,43 €	822,03 €	1 035,46 €
148	141 467,02 €	212,20 €	823,26 €	1 035,46 €
149	140 643,76 €	210,97 €	824,49 €	1 035,46 €
150	139 819,27 €	209,73 €	825,73 €	1 035,46 €
151	138 993,54 €	208,49 €	826,97 €	1 035,46 €
152	138 166,57 €	207,25 €	828,21 €	1 035,46 €
153	137 338,36 €	206,01 €	829,45 €	1 035,46 €
154	136 508,91 €	204,76 €	830,70 €	1 035,46 €
155	135 678,21 €	203,52 €	831,94 €	1 035,46 €
156	134 846,27 €	202,27 €	833,19 €	1 035,46 €
157	134 013,08 €	201,02 €	834,44 €	1 035,46 €
158	133 178,64 €	199,77 €	835,69 €	1 035,46 €
159	132 342,95 €	198,51 €	836,95 €	1 035,46 €
160	131 506,00 €	197,26 €	838,20 €	1 035,46 €
161	130 667,80 €	196,00 €	839,46 €	1 035,46 €
162	129 828,34 €	194,74 €	840,72 €	1 035,46 €
163	128 987,62 €	193,48 €	841,98 €	1 035,46 €
164	128 145,64 €	192,22 €	843,24 €	1 035,46 €
165	127 302,40 €	190,95 €	844,51 €	1 035,46 €
166	126 457,89 €	189,69 €	845,77 €	1 035,46 €
167	125 612,12 €	188,42 €	847,04 €	1 035,46 €
168	124 765,08 €	187,15 €	848,31 €	1 035,46 €
169	123 916,77 €	185,88 €	849,58 €	1 035,46 €

Période	Restant dû	Intérêts	Amortissement	Annuité
170	123 067,19 €	184,60 €	850,86 €	1 035,46 €
171	122 216,33 €	183,32 €	852,14 €	1 035,46 €
172	121 364,19 €	182,05 €	853,41 €	1 035,46 €
173	120 510,78 €	180,77 €	854,69 €	1 035,46 €
174	119 656,09 €	179,48 €	855,98 €	1 035,46 €
175	118 800,11 €	178,20 €	857,26 €	1 035,46 €
176	117 942,85 €	176,91 €	858,55 €	1 035,46 €
177	117 084,30 €	175,63 €	859,83 €	1 035,46 €
178	116 224,47 €	174,34 €	861,12 €	1 035,46 €
179	115 363,35 €	173,05 €	862,41 €	1 035,46 €
180	114 500,94 €	171,75 €	863,71 €	1 035,46 €
181	113 637,23 €	170,46 €	865,00 €	1 035,46 €
182	112 772,23 €	169,16 €	866,30 €	1 035,46 €
183	111 905,93 €	167,86 €	867,60 €	1 035,46 €
184	111 038,33 €	166,56 €	868,90 €	1 035,46 €
185	110 169,43 €	165,25 €	870,21 €	1 035,46 €
186	109 299,22 €	163,95 €	871,51 €	1 035,46 €
187	108 427,71 €	162,64 €	872,82 €	1 035,46 €
188	107 554,89 €	161,33 €	874,13 €	1 035,46 €
189	106 680,76 €	160,02 €	875,44 €	1 035,46 €
190	105 805,32 €	158,71 €	876,75 €	1 035,46 €
191	104 928,57 €	157,39 €	878,07 €	1 035,46 €
192	104 050,50 €	156,08 €	879,38 €	1 035,46 €
193	103 171,12 €	154,76 €	880,70 €	1 035,46 €
194	102 290,42 €	153,44 €	882,02 €	1 035,46 €
195	101 408,40 €	152,11 €	883,35 €	1 035,46 €
196	100 525,05 €	150,79 €	884,67 €	1 035,46 €
197	99 640,38 €	149,46 €	886,00 €	1 035,46 €
198	98 754,38 €	148,13 €	887,33 €	1 035,46 €

Période	Restant dû	Intérêts	Amortissement	Annuité
199	97 867,05 €	146,80 €	888,66 €	1 035,46 €
200	96 978,39 €	145,47 €	889,99 €	1 035,46 €
201	96 088,40 €	144,13 €	891,33 €	1 035,46 €
202	95 197,07 €	142,80 €	892,66 €	1 035,46 €
203	94 304,41 €	141,46 €	894,00 €	1 035,46 €
204	93 410,41 €	140,12 €	895,34 €	1 035,46 €
205	92 515,07 €	138,77 €	896,69 €	1 035,46 €
206	91 618,38 €	137,43 €	898,03 €	1 035,46 €
207	90 720,35 €	136,08 €	899,38 €	1 035,46 €
208	89 820,97 €	134,73 €	900,73 €	1 035,46 €
209	88 920,24 €	133,38 €	902,08 €	1 035,46 €
210	88 018,16 €	132,03 €	903,43 €	1 035,46 €
211	87 114,73 €	130,67 €	904,79 €	1 035,46 €
212	86 209,94 €	129,31 €	906,15 €	1 035,46 €
213	85 303,79 €	127,96 €	907,50 €	1 035,46 €
214	84 396,29 €	126,59 €	908,87 €	1 035,46 €
215	83 487,42 €	125,23 €	910,23 €	1 035,46 €
216	82 577,19 €	123,87 €	911,59 €	1 035,46 €
217	81 665,60 €	122,50 €	912,96 €	1 035,46 €
218	80 752,64 €	121,13 €	914,33 €	1 035,46 €
219	79 838,31 €	119,76 €	915,70 €	1 035,46 €
220	78 922,61 €	118,38 €	917,08 €	1 035,46 €
221	78 005,53 €	117,01 €	918,45 €	1 035,46 €
222	77 087,08 €	115,63 €	919,83 €	1 035,46 €
223	76 167,25 €	114,25 €	921,21 €	1 035,46 €
224	75 246,04 €	112,87 €	922,59 €	1 035,46 €
225	74 323,45 €	111,49 €	923,97 €	1 035,46 €
226	73 399,48 €	110,10 €	925,36 €	1 035,46 €
227	72 474,12 €	108,71 €	926,75 €	1 035,46 €

Période	Restant dû	Intérêts	Amortissement	Annuité
228	71 547,37 €	107,32 €	928,14 €	1 035,46 €
229	70 619,23 €	105,93 €	929,53 €	1 035,46 €
230	69 689,70 €	104,53 €	930,93 €	1 035,46 €
231	68 758,77 €	103,14 €	932,32 €	1 035,46 €
232	67 826,45 €	101,74 €	933,72 €	1 035,46 €
233	66 892,73 €	100,34 €	935,12 €	1 035,46 €
234	65 957,61 €	98,94 €	936,52 €	1 035,46 €
235	65 021,09 €	97,53 €	937,93 €	1 035,46 €
236	64 083,16 €	96,12 €	939,34 €	1 035,46 €
237	63 143,82 €	94,72 €	940,74 €	1 035,46 €
238	62 203,08 €	93,30 €	942,16 €	1 035,46 €
239	61 260,92 €	91,89 €	943,57 €	1 035,46 €
240	60 317,35 €	90,48 €	944,98 €	1 035,46 €
241	59 372,37 €	89,06 €	946,40 €	1 035,46 €
242	58 425,97 €	87,64 €	947,82 €	1 035,46 €
243	57 478,15 €	86,22 €	949,24 €	1 035,46 €
244	56 528,91 €	84,79 €	950,67 €	1 035,46 €
245	55 578,24 €	83,37 €	952,09 €	1 035,46 €
246	54 626,15 €	81,94 €	953,52 €	1 035,46 €
247	53 672,63 €	80,51 €	954,95 €	1 035,46 €
248	52 717,68 €	79,08 €	956,38 €	1 035,46 €
249	51 761,30 €	77,64 €	957,82 €	1 035,46 €
250	50 803,48 €	76,21 €	959,25 €	1 035,46 €
251	49 844,23 €	74,77 €	960,69 €	1 035,46 €
252	48 883,54 €	73,33 €	962,13 €	1 035,46 €
253	47 921,41 €	71,88 €	963,58 €	1 035,46 €
254	46 957,83 €	70,44 €	965,02 €	1 035,46 €
255	45 992,81 €	68,99 €	966,47 €	1 035,46 €
256	45 026,34 €	67,54 €	967,92 €	1 035,46 €

Période	Restant dû	Intérêts	Amortissement	Annuité
257	44 058,42 €	66,09 €	969,37 €	1 035,46 €
258	43 089,05 €	64,63 €	970,83 €	1 035,46 €
259	42 118,22 €	63,18 €	972,28 €	1 035,46 €
260	41 145,94 €	61,72 €	973,74 €	1 035,46 €
261	40 172,20 €	60,26 €	975,20 €	1 035,46 €
262	39 197,00 €	58,80 €	976,66 €	1 035,46 €
263	38 220,34 €	57,33 €	978,13 €	1 035,46 €
264	37 242,21 €	55,86 €	979,60 €	1 035,46 €
265	36 262,61 €	54,39 €	981,07 €	1 035,46 €
266	35 281,54 €	52,92 €	982,54 €	1 035,46 €
267	34 299,00 €	51,45 €	984,01 €	1 035,46 €
268	33 314,99 €	49,97 €	985,49 €	1 035,46 €
269	32 329,50 €	48,49 €	986,97 €	1 035,46 €
270	31 342,53 €	47,01 €	988,45 €	1 035,46 €
271	30 354,08 €	45,53 €	989,93 €	1 035,46 €
272	29 364,15 €	44,05 €	991,41 €	1 035,46 €
273	28 372,74 €	42,56 €	992,90 €	1 035,46 €
274	27 379,84 €	41,07 €	994,39 €	1 035,46 €
275	26 385,45 €	39,58 €	995,88 €	1 035,46 €
276	25 389,57 €	38,08 €	997,38 €	1 035,46 €
277	24 392,19 €	36,59 €	998,87 €	1 035,46 €
278	23 393,32 €	35,09 €	1 000,37 €	1 035,46 €
279	22 392,95 €	33,59 €	1 001,87 €	1 035,46 €
280	21 391,08 €	32,09 €	1 003,37 €	1 035,46 €
281	20 387,71 €	30,58 €	1 004,88 €	1 035,46 €
282	19 382,83 €	29,07 €	1 006,39 €	1 035,46 €
283	18 376,44 €	27,56 €	1 007,90 €	1 035,46 €
284	17 368,54 €	26,05 €	1 009,41 €	1 035,46 €
285	16 359,13 €	24,54 €	1 010,92 €	1 035,46 €

Période	Restant dû	Intérêts	Amortissement	Annuité
286	15 348,21 €	23,02 €	1 012,44 €	1 035,46 €
287	14 335,77 €	21,50 €	1 013,96 €	1 035,46 €
288	13 321,81 €	19,98 €	1 015,48 €	1 035,46 €
289	12 306,33 €	18,46 €	1 017,00 €	1 035,46 €
290	11 289,33 €	16,93 €	1 018,53 €	1 035,46 €
291	10 270,80 €	15,41 €	1 020,05 €	1 035,46 €
292	9 250,75 €	13,88 €	1 021,58 €	1 035,46 €
293	8 229,17 €	12,34 €	1 023,12 €	1 035,46 €
294	7 206,05 €	10,81 €	1 024,65 €	1 035,46 €
295	6 181,40 €	9,27 €	1 026,19 €	1 035,46 €
296	5 155,21 €	7,73 €	1 027,73 €	1 035,46 €
297	4 127,48 €	6,19 €	1 029,27 €	1 035,46 €
298	3 098,21 €	4,65 €	1 030,81 €	1 035,46 €
299	2 067,40 €	3,10 €	1 032,36 €	1 035,46 €
300	1 035,04 €	1,55 €	1 035,04 €	1 036,59 €
Total		60 639,13 €	250 000,00 €	

Annexe 2 : Tableau d'amortissement (remboursement à amortissement constant)

Période	Restant dû	Intérêts	Amortissement	Annuité
1	250 000,00 €	375,00 €	833,33 €	1 208,33 €
2	249 166,67 €	373,75 €	833,33 €	1 207,08 €
3	248 333,34 €	372,50 €	833,33 €	1 205,83 €
4	247 500,01 €	371,25 €	833,33 €	1 204,58 €
5	246 666,68 €	370,00 €	833,33 €	1 203,33 €
6	245 833,35 €	368,75 €	833,33 €	1 202,08 €
7	245 000,02 €	367,50 €	833,33 €	1 200,83 €
8	244 166,69 €	366,25 €	833,33 €	1 199,58 €
9	243 333,36 €	365,00 €	833,33 €	1 198,33 €
10	242 500,03 €	363,75 €	833,33 €	1 197,08 €
11	241 666,70 €	362,50 €	833,33 €	1 195,83 €
12	240 833,37 €	361,25 €	833,33 €	1 194,58 €
13	240 000,04 €	360,00 €	833,33 €	1 193,33 €
14	239 166,71 €	358,75 €	833,33 €	1 192,08 €
15	238 333,38 €	357,50 €	833,33 €	1 190,83 €
16	237 500,05 €	356,25 €	833,33 €	1 189,58 €
17	236 666,72 €	355,00 €	833,33 €	1 188,33 €
18	235 833,39 €	353,75 €	833,33 €	1 187,08 €
19	235 000,06 €	352,50 €	833,33 €	1 185,83 €
20	234 166,73 €	351,25 €	833,33 €	1 184,58 €
21	233 333,40 €	350,00 €	833,33 €	1 183,33 €
22	232 500,07 €	348,75 €	833,33 €	1 182,08 €
23	231 666,74 €	347,50 €	833,33 €	1 180,83 €
24	230 833,41 €	346,25 €	833,33 €	1 179,58 €
25	230 000,08 €	345,00 €	833,33 €	1 178,33 €
26	229 166,75 €	343,75 €	833,33 €	1 177,08 €

27	228 333,42 €	342,50 €	833,33 €	1 175,83 €
28	227 500,09 €	341,25 €	833,33 €	1 174,58 €
29	226 666,76 €	340,00 €	833,33 €	1 173,33 €
30	225 833,43 €	338,75 €	833,33 €	1 172,08 €
31	225 000,10 €	337,50 €	833,33 €	1 170,83 €
32	224 166,77 €	336,25 €	833,33 €	1 169,58 €
33	223 333,44 €	335,00 €	833,33 €	1 168,33 €
34	222 500,11 €	333,75 €	833,33 €	1 167,08 €
35	221 666,78 €	332,50 €	833,33 €	1 165,83 €
36	220 833,45 €	331,25 €	833,33 €	1 164,58 €
37	220 000,12 €	330,00 €	833,33 €	1 163,33 €
38	219 166,79 €	328,75 €	833,33 €	1 162,08 €
39	218 333,46 €	327,50 €	833,33 €	1 160,83 €
40	217 500,13 €	326,25 €	833,33 €	1 159,58 €
41	216 666,80 €	325,00 €	833,33 €	1 158,33 €
42	215 833,47 €	323,75 €	833,33 €	1 157,08 €
43	215 000,14 €	322,50 €	833,33 €	1 155,83 €
44	214 166,81 €	321,25 €	833,33 €	1 154,58 €
45	213 333,48 €	320,00 €	833,33 €	1 153,33 €
46	212 500,15 €	318,75 €	833,33 €	1 152,08 €
47	211 666,82 €	317,50 €	833,33 €	1 150,83 €
48	210 833,49 €	316,25 €	833,33 €	1 149,58 €
49	210 000,16 €	315,00 €	833,33 €	1 148,33 €
50	209 166,83 €	313,75 €	833,33 €	1 147,08 €
51	208 333,50 €	312,50 €	833,33 €	1 145,83 €
52	207 500,17 €	311,25 €	833,33 €	1 144,58 €
53	206 666,84 €	310,00 €	833,33 €	1 143,33 €
54	205 833,51 €	308,75 €	833,33 €	1 142,08 €
55	205 000,18 €	307,50 €	833,33 €	1 140,83 €
56	204 166,85 €	306,25 €	833,33 €	1 139,58 €

57	203 333,52 €	305,00 €	833,33 €	1 138,33 €
58	202 500,19 €	303,75 €	833,33 €	1 137,08 €
59	201 666,86 €	302,50 €	833,33 €	1 135,83 €
60	200 833,53 €	301,25 €	833,33 €	1 134,58 €
61	200 000,20 €	300,00 €	833,33 €	1 133,33 €
62	199 166,87 €	298,75 €	833,33 €	1 132,08 €
63	198 333,54 €	297,50 €	833,33 €	1 130,83 €
64	197 500,21 €	296,25 €	833,33 €	1 129,58 €
65	196 666,88 €	295,00 €	833,33 €	1 128,33 €
66	195 833,55 €	293,75 €	833,33 €	1 127,08 €
67	195 000,22 €	292,50 €	833,33 €	1 125,83 €
68	194 166,89 €	291,25 €	833,33 €	1 124,58 €
69	193 333,56 €	290,00 €	833,33 €	1 123,33 €
70	192 500,23 €	288,75 €	833,33 €	1 122,08 €
71	191 666,90 €	287,50 €	833,33 €	1 120,83 €
72	190 833,57 €	286,25 €	833,33 €	1 119,58 €
73	190 000,24 €	285,00 €	833,33 €	1 118,33 €
74	189 166,91 €	283,75 €	833,33 €	1 117,08 €
75	188 333,58 €	282,50 €	833,33 €	1 115,83 €
76	187 500,25 €	281,25 €	833,33 €	1 114,58 €
77	186 666,92 €	280,00 €	833,33 €	1 113,33 €
78	185 833,59 €	278,75 €	833,33 €	1 112,08 €
79	185 000,26 €	277,50 €	833,33 €	1 110,83 €
80	184 166,93 €	276,25 €	833,33 €	1 109,58 €
81	183 333,60 €	275,00 €	833,33 €	1 108,33 €
82	182 500,27 €	273,75 €	833,33 €	1 107,08 €
83	181 666,94 €	272,50 €	833,33 €	1 105,83 €
84	180 833,61 €	271,25 €	833,33 €	1 104,58 €
85	180 000,28 €	270,00 €	833,33 €	1 103,33 €
86	179 166,95 €	268,75 €	833,33 €	1 102,08 €

87	178 333,62 €	267,50 €	833,33 €	1 100,83 €
88	177 500,29 €	266,25 €	833,33 €	1 099,58 €
89	176 666,96 €	265,00 €	833,33 €	1 098,33 €
90	175 833,63 €	263,75 €	833,33 €	1 097,08 €
91	175 000,30 €	262,50 €	833,33 €	1 095,83 €
92	174 166,97 €	261,25 €	833,33 €	1 094,58 €
93	173 333,64 €	260,00 €	833,33 €	1 093,33 €
94	172 500,31 €	258,75 €	833,33 €	1 092,08 €
95	171 666,98 €	257,50 €	833,33 €	1 090,83 €
96	170 833,65 €	256,25 €	833,33 €	1 089,58 €
97	170 000,32 €	255,00 €	833,33 €	1 088,33 €
98	169 166,99 €	253,75 €	833,33 €	1 087,08 €
99	168 333,66 €	252,50 €	833,33 €	1 085,83 €
100	167 500,33 €	251,25 €	833,33 €	1 084,58 €
101	166 667,00 €	250,00 €	833,33 €	1 083,33 €
102	165 833,67 €	248,75 €	833,33 €	1 082,08 €
103	165 000,34 €	247,50 €	833,33 €	1 080,83 €
104	164 167,01 €	246,25 €	833,33 €	1 079,58 €
105	163 333,68 €	245,00 €	833,33 €	1 078,33 €
106	162 500,35 €	243,75 €	833,33 €	1 077,08 €
107	161 667,02 €	242,50 €	833,33 €	1 075,83 €
108	160 833,69 €	241,25 €	833,33 €	1 074,58 €
109	160 000,36 €	240,00 €	833,33 €	1 073,33 €
110	159 167,03 €	238,75 €	833,33 €	1 072,08 €
111	158 333,70 €	237,50 €	833,33 €	1 070,83 €
112	157 500,37 €	236,25 €	833,33 €	1 069,58 €
113	156 667,04 €	235,00 €	833,33 €	1 068,33 €
114	155 833,71 €	233,75 €	833,33 €	1 067,08 €
115	155 000,38 €	232,50 €	833,33 €	1 065,83 €
116	154 167,05 €	231,25 €	833,33 €	1 064,58 €

117	153 333,72 €	230,00 €	833,33 €	1 063,33 €
118	152 500,39 €	228,75 €	833,33 €	1 062,08 €
119	151 667,06 €	227,50 €	833,33 €	1 060,83 €
120	150 833,73 €	226,25 €	833,33 €	1 059,58 €
121	150 000,40 €	225,00 €	833,33 €	1 058,33 €
122	149 167,07 €	223,75 €	833,33 €	1 057,08 €
123	148 333,74 €	222,50 €	833,33 €	1 055,83 €
124	147 500,41 €	221,25 €	833,33 €	1 054,58 €
125	146 667,08 €	220,00 €	833,33 €	1 053,33 €
126	145 833,75 €	218,75 €	833,33 €	1 052,08 €
127	145 000,42 €	217,50 €	833,33 €	1 050,83 €
128	144 167,09 €	216,25 €	833,33 €	1 049,58 €
129	143 333,76 €	215,00 €	833,33 €	1 048,33 €
130	142 500,43 €	213,75 €	833,33 €	1 047,08 €
131	141 667,10 €	212,50 €	833,33 €	1 045,83 €
132	140 833,77 €	211,25 €	833,33 €	1 044,58 €
133	140 000,44 €	210,00 €	833,33 €	1 043,33 €
134	139 167,11 €	208,75 €	833,33 €	1 042,08 €
135	138 333,78 €	207,50 €	833,33 €	1 040,83 €
136	137 500,45 €	206,25 €	833,33 €	1 039,58 €
137	136 667,12 €	205,00 €	833,33 €	1 038,33 €
138	135 833,79 €	203,75 €	833,33 €	1 037,08 €
139	135 000,46 €	202,50 €	833,33 €	1 035,83 €
140	134 167,13 €	201,25 €	833,33 €	1 034,58 €
141	133 333,80 €	200,00 €	833,33 €	1 033,33 €
142	132 500,47 €	198,75 €	833,33 €	1 032,08 €
143	131 667,14 €	197,50 €	833,33 €	1 030,83 €
144	130 833,81 €	196,25 €	833,33 €	1 029,58 €
145	130 000,48 €	195,00 €	833,33 €	1 028,33 €
146	129 167,15 €	193,75 €	833,33 €	1 027,08 €

147	128 333,82 €	192,50 €	833,33 €	1 025,83 €
148	127 500,49 €	191,25 €	833,33 €	1 024,58 €
149	126 667,16 €	190,00 €	833,33 €	1 023,33 €
150	125 833,83 €	188,75 €	833,33 €	1 022,08 €
151	125 000,50 €	187,50 €	833,33 €	1 020,83 €
152	124 167,17 €	186,25 €	833,33 €	1 019,58 €
153	123 333,84 €	185,00 €	833,33 €	1 018,33 €
154	122 500,51 €	183,75 €	833,33 €	1 017,08 €
155	121 667,18 €	182,50 €	833,33 €	1 015,83 €
156	120 833,85 €	181,25 €	833,33 €	1 014,58 €
157	120 000,52 €	180,00 €	833,33 €	1 013,33 €
158	119 167,19 €	178,75 €	833,33 €	1 012,08 €
159	118 333,86 €	177,50 €	833,33 €	1 010,83 €
160	117 500,53 €	176,25 €	833,33 €	1 009,58 €
161	116 667,20 €	175,00 €	833,33 €	1 008,33 €
162	115 833,87 €	173,75 €	833,33 €	1 007,08 €
163	115 000,54 €	172,50 €	833,33 €	1 005,83 €
164	114 167,21 €	171,25 €	833,33 €	1 004,58 €
165	113 333,88 €	170,00 €	833,33 €	1 003,33 €
166	112 500,55 €	168,75 €	833,33 €	1 002,08 €
167	111 667,22 €	167,50 €	833,33 €	1 000,83 €
168	110 833,89 €	166,25 €	833,33 €	999,58 €
169	110 000,56 €	165,00 €	833,33 €	998,33 €
170	109 167,23 €	163,75 €	833,33 €	997,08 €
171	108 333,90 €	162,50 €	833,33 €	995,83 €
172	107 500,57 €	161,25 €	833,33 €	994,58 €
173	106 667,24 €	160,00 €	833,33 €	993,33 €
174	105 833,91 €	158,75 €	833,33 €	992,08 €
175	105 000,58 €	157,50 €	833,33 €	990,83 €
176	104 167,25 €	156,25 €	833,33 €	989,58 €

177	103 333,92 €	155,00 €	833,33 €	988,33 €
178	102 500,59 €	153,75 €	833,33 €	987,08 €
179	101 667,26 €	152,50 €	833,33 €	985,83 €
180	100 833,93 €	151,25 €	833,33 €	984,58 €
181	100 000,60 €	150,00 €	833,33 €	983,33 €
182	99 167,27 €	148,75 €	833,33 €	982,08 €
183	98 333,94 €	147,50 €	833,33 €	980,83 €
184	97 500,61 €	146,25 €	833,33 €	979,58 €
185	96 667,28 €	145,00 €	833,33 €	978,33 €
186	95 833,95 €	143,75 €	833,33 €	977,08 €
187	95 000,62 €	142,50 €	833,33 €	975,83 €
188	94 167,29 €	141,25 €	833,33 €	974,58 €
189	93 333,96 €	140,00 €	833,33 €	973,33 €
190	92 500,63 €	138,75 €	833,33 €	972,08 €
191	91 667,30 €	137,50 €	833,33 €	970,83 €
192	90 833,97 €	136,25 €	833,33 €	969,58 €
193	90 000,64 €	135,00 €	833,33 €	968,33 €
194	89 167,31 €	133,75 €	833,33 €	967,08 €
195	88 333,98 €	132,50 €	833,33 €	965,83 €
196	87 500,65 €	131,25 €	833,33 €	964,58 €
197	86 667,32 €	130,00 €	833,33 €	963,33 €
198	85 833,99 €	128,75 €	833,33 €	962,08 €
199	85 000,66 €	127,50 €	833,33 €	960,83 €
200	84 167,33 €	126,25 €	833,33 €	959,58 €
201	83 334,00 €	125,00 €	833,33 €	958,33 €
202	82 500,67 €	123,75 €	833,33 €	957,08 €
203	81 667,34 €	122,50 €	833,33 €	955,83 €
204	80 834,01 €	121,25 €	833,33 €	954,58 €
205	80 000,68 €	120,00 €	833,33 €	953,33 €
206	79 167,35 €	118,75 €	833,33 €	952,08 €

207	78 334,02 €	117,50 €	833,33 €	950,83 €
208	77 500,69 €	116,25 €	833,33 €	949,58 €
209	76 667,36 €	115,00 €	833,33 €	948,33 €
210	75 834,03 €	113,75 €	833,33 €	947,08 €
211	75 000,70 €	112,50 €	833,33 €	945,83 €
212	74 167,37 €	111,25 €	833,33 €	944,58 €
213	73 334,04 €	110,00 €	833,33 €	943,33 €
214	72 500,71 €	108,75 €	833,33 €	942,08 €
215	71 667,38 €	107,50 €	833,33 €	940,83 €
216	70 834,05 €	106,25 €	833,33 €	939,58 €
217	70 000,72 €	105,00 €	833,33 €	938,33 €
218	69 167,39 €	103,75 €	833,33 €	937,08 €
219	68 334,06 €	102,50 €	833,33 €	935,83 €
220	67 500,73 €	101,25 €	833,33 €	934,58 €
221	66 667,40 €	100,00 €	833,33 €	933,33 €
222	65 834,07 €	98,75 €	833,33 €	932,08 €
223	65 000,74 €	97,50 €	833,33 €	930,83 €
224	64 167,41 €	96,25 €	833,33 €	929,58 €
225	63 334,08 €	95,00 €	833,33 €	928,33 €
226	62 500,75 €	93,75 €	833,33 €	927,08 €
227	61 667,42 €	92,50 €	833,33 €	925,83 €
228	60 834,09 €	91,25 €	833,33 €	924,58 €
229	60 000,76 €	90,00 €	833,33 €	923,33 €
230	59 167,43 €	88,75 €	833,33 €	922,08 €
231	58 334,10 €	87,50 €	833,33 €	920,83 €
232	57 500,77 €	86,25 €	833,33 €	919,58 €
233	56 667,44 €	85,00 €	833,33 €	918,33 €
234	55 834,11 €	83,75 €	833,33 €	917,08 €
235	55 000,78 €	82,50 €	833,33 €	915,83 €
236	54 167,45 €	81,25 €	833,33 €	914,58 €

237	53 334,12 €	80,00 €	833,33 €	913,33 €
238	52 500,79 €	78,75 €	833,33 €	912,08 €
239	51 667,46 €	77,50 €	833,33 €	910,83 €
240	50 834,13 €	76,25 €	833,33 €	909,58 €
241	50 000,80 €	75,00 €	833,33 €	908,33 €
242	49 167,47 €	73,75 €	833,33 €	907,08 €
243	48 334,14 €	72,50 €	833,33 €	905,83 €
244	47 500,81 €	71,25 €	833,33 €	904,58 €
245	46 667,48 €	70,00 €	833,33 €	903,33 €
246	45 834,15 €	68,75 €	833,33 €	902,08 €
247	45 000,82 €	67,50 €	833,33 €	900,83 €
248	44 167,49 €	66,25 €	833,33 €	899,58 €
249	43 334,16 €	65,00 €	833,33 €	898,33 €
250	42 500,83 €	63,75 €	833,33 €	897,08 €
251	41 667,50 €	62,50 €	833,33 €	895,83 €
252	40 834,17 €	61,25 €	833,33 €	894,58 €
253	40 000,84 €	60,00 €	833,33 €	893,33 €
254	39 167,51 €	58,75 €	833,33 €	892,08 €
255	38 334,18 €	57,50 €	833,33 €	890,83 €
256	37 500,85 €	56,25 €	833,33 €	889,58 €
257	36 667,52 €	55,00 €	833,33 €	888,33 €
258	35 834,19 €	53,75 €	833,33 €	887,08 €
259	35 000,86 €	52,50 €	833,33 €	885,83 €
260	34 167,53 €	51,25 €	833,33 €	884,58 €
261	33 334,20 €	50,00 €	833,33 €	883,33 €
262	32 500,87 €	48,75 €	833,33 €	882,08 €
263	31 667,54 €	47,50 €	833,33 €	880,83 €
264	30 834,21 €	46,25 €	833,33 €	879,58 €
265	30 000,88 €	45,00 €	833,33 €	878,33 €
266	29 167,55 €	43,75 €	833,33 €	877,08 €

267	28 334,22 €	42,50 €	833,33 €	875,83 €
268	27 500,89 €	41,25 €	833,33 €	874,58 €
269	26 667,56 €	40,00 €	833,33 €	873,33 €
270	25 834,23 €	38,75 €	833,33 €	872,08 €
271	25 000,90 €	37,50 €	833,33 €	870,83 €
272	24 167,57 €	36,25 €	833,33 €	869,58 €
273	23 334,24 €	35,00 €	833,33 €	868,33 €
274	22 500,91 €	33,75 €	833,33 €	867,08 €
275	21 667,58 €	32,50 €	833,33 €	865,83 €
276	20 834,25 €	31,25 €	833,33 €	864,58 €
277	20 000,92 €	30,00 €	833,33 €	863,33 €
278	19 167,59 €	28,75 €	833,33 €	862,08 €
279	18 334,26 €	27,50 €	833,33 €	860,83 €
280	17 500,93 €	26,25 €	833,33 €	859,58 €
281	16 667,60 €	25,00 €	833,33 €	858,33 €
282	15 834,27 €	23,75 €	833,33 €	857,08 €
283	15 000,94 €	22,50 €	833,33 €	855,83 €
284	14 167,61 €	21,25 €	833,33 €	854,58 €
285	13 334,28 €	20,00 €	833,33 €	853,33 €
286	12 500,95 €	18,75 €	833,33 €	852,08 €
287	11 667,62 €	17,50 €	833,33 €	850,83 €
288	10 834,29 €	16,25 €	833,33 €	849,58 €
289	10 000,96 €	15,00 €	833,33 €	848,33 €
290	9 167,63 €	13,75 €	833,33 €	847,08 €
291	8 334,30 €	12,50 €	833,33 €	845,83 €
292	7 500,97 €	11,25 €	833,33 €	844,58 €
293	6 667,64 €	10,00 €	833,33 €	843,33 €
294	5 834,31 €	8,75 €	833,33 €	842,08 €
295	5 000,98 €	7,50 €	833,33 €	840,83 €
296	4 167,65 €	6,25 €	833,33 €	839,58 €

297	3 334,32 €	5,00 €	833,33 €	838,33 €
298	2 500,99 €	3,75 €	833,33 €	837,08 €
299	1 667,66 €	2,50 €	833,33 €	835,83 €
300	834,33 €	1,25 €	834,33 €	835,58 €
Total		56 437,50 €	250 000,00 €	

Annexe 3 : Report d'échéances partiel sans allongement de durée

Remboursement d'un capital de 200 000 € sur 20 ans à un TAEG de 3,6%. Un report d'échéances est accordé à partir de la période 154 pour une durée de 6 mois.

Modélisation au tableur :

annuite2 =ARRONDI(-VPM(taux_m;B12;B14);2)

	A	B	C	D	E	F	G	H
1	Capital	200 000 €		Période	Restant dû	Intérêts	Amortissemen	Annuité
2	Durée	20 ans		1	200 000,00 €	600,00 €	570,22 €	1 170,22 €
3	TAEG	3,60%		2	199 429,78 €	598,29 €	571,93 €	1 170,22 €
4				3	198 857,85 €	596,57 €	573,65 €	1 170,22 €
5	Durée (mois)	240 mois		4	198 284,20 €	594,85 €	575,37 €	1 170,22 €
6	Taux mensuel	0,003		5	197 708,83 €	593,13 €	577,09 €	1 170,22 €
7				6	197 131,74 €	591,40 €	578,82 €	1 170,22 €
8	Annuité	1 170,22 €		7	196 552,92 €	589,66 €	580,56 €	1 170,22 €
9				8	195 972,36 €	587,92 €	582,30 €	1 170,22 €
10	Période report	154		9	195 390,06 €	586,17 €	584,05 €	1 170,22 €
11	Durée report	6 mois		10	194 806,01 €	584,42 €	585,80 €	1 170,22 €
12	Durée restante	81 mois		11	194 220,21 €	582,66 €	587,56 €	1 170,22 €
13				12	193 632,65 €	580,90 €	589,32 €	1 170,22 €
14	Restant dû période 154	89 490,64 €		13	193 043,33 €	579,13 €	591,09 €	1 170,22 €
15				14	192 452,24 €	577,36 €	592,86 €	1 170,22 €
16	Annuité post report	1 246,14 €		15	191 859,38 €	575,58 €	594,64 €	1 170,22 €

Tableau d'amortissement complet :

Période	Restant dû	Intérêts	Amortissement	Annuité
1	200 000,00 €	600,00 €	570,22 €	1 170,22 €
2	199 429,78 €	598,29 €	571,93 €	1 170,22 €
3	198 857,85 €	596,57 €	573,65 €	1 170,22 €
4	198 284,20 €	594,85 €	575,37 €	1 170,22 €
5	197 708,83 €	593,13 €	577,09 €	1 170,22 €
6	197 131,74 €	591,40 €	578,82 €	1 170,22 €
7	196 552,92 €	589,66 €	580,56 €	1 170,22 €
8	195 972,36 €	587,92 €	582,30 €	1 170,22 €
9	195 390,06 €	586,17 €	584,05 €	1 170,22 €
10	194 806,01 €	584,42 €	585,80 €	1 170,22 €
11	194 220,21 €	582,66 €	587,56 €	1 170,22 €
12	193 632,65 €	580,90 €	589,32 €	1 170,22 €
13	193 043,33 €	579,13 €	591,09 €	1 170,22 €

Période	Restant dû	Intérêts	Amortissement	Annuité
14	192 452,24 €	577,36 €	592,86 €	1 170,22 €
15	191 859,38 €	575,58 €	594,64 €	1 170,22 €
16	191 264,74 €	573,79 €	596,43 €	1 170,22 €
17	190 668,31 €	572,00 €	598,22 €	1 170,22 €
18	190 070,09 €	570,21 €	600,01 €	1 170,22 €
19	189 470,08 €	568,41 €	601,81 €	1 170,22 €
20	188 868,27 €	566,60 €	603,62 €	1 170,22 €
21	188 264,65 €	564,79 €	605,43 €	1 170,22 €
22	187 659,22 €	562,98 €	607,24 €	1 170,22 €
23	187 051,98 €	561,16 €	609,06 €	1 170,22 €
24	186 442,92 €	559,33 €	610,89 €	1 170,22 €
25	185 832,03 €	557,50 €	612,72 €	1 170,22 €
26	185 219,31 €	555,66 €	614,56 €	1 170,22 €
27	184 604,75 €	553,81 €	616,41 €	1 170,22 €
28	183 988,34 €	551,97 €	618,25 €	1 170,22 €
29	183 370,09 €	550,11 €	620,11 €	1 170,22 €
30	182 749,98 €	548,25 €	621,97 €	1 170,22 €
31	182 128,01 €	546,38 €	623,84 €	1 170,22 €
32	181 504,17 €	544,51 €	625,71 €	1 170,22 €
33	180 878,46 €	542,64 €	627,58 €	1 170,22 €
34	180 250,88 €	540,75 €	629,47 €	1 170,22 €
35	179 621,41 €	538,86 €	631,36 €	1 170,22 €
36	178 990,05 €	536,97 €	633,25 €	1 170,22 €
37	178 356,80 €	535,07 €	635,15 €	1 170,22 €
38	177 721,65 €	533,16 €	637,06 €	1 170,22 €
39	177 084,59 €	531,25 €	638,97 €	1 170,22 €
40	176 445,62 €	529,34 €	640,88 €	1 170,22 €
41	175 804,74 €	527,41 €	642,81 €	1 170,22 €
42	175 161,93 €	525,49 €	644,73 €	1 170,22 €

Période	Restant dû	Intérêts	Amortissement	Annuité
43	174 517,20 €	523,55 €	646,67 €	1 170,22 €
44	173 870,53 €	521,61 €	648,61 €	1 170,22 €
45	173 221,92 €	519,67 €	650,55 €	1 170,22 €
46	172 571,37 €	517,71 €	652,51 €	1 170,22 €
47	171 918,86 €	515,76 €	654,46 €	1 170,22 €
48	171 264,40 €	513,79 €	656,43 €	1 170,22 €
49	170 607,97 €	511,82 €	658,40 €	1 170,22 €
50	169 949,57 €	509,85 €	660,37 €	1 170,22 €
51	169 289,20 €	507,87 €	662,35 €	1 170,22 €
52	168 626,85 €	505,88 €	664,34 €	1 170,22 €
53	167 962,51 €	503,89 €	666,33 €	1 170,22 €
54	167 296,18 €	501,89 €	668,33 €	1 170,22 €
55	166 627,85 €	499,88 €	670,34 €	1 170,22 €
56	165 957,51 €	497,87 €	672,35 €	1 170,22 €
57	165 285,16 €	495,86 €	674,36 €	1 170,22 €
58	164 610,80 €	493,83 €	676,39 €	1 170,22 €
59	163 934,41 €	491,80 €	678,42 €	1 170,22 €
60	163 255,99 €	489,77 €	680,45 €	1 170,22 €
61	162 575,54 €	487,73 €	682,49 €	1 170,22 €
62	161 893,05 €	485,68 €	684,54 €	1 170,22 €
63	161 208,51 €	483,63 €	686,59 €	1 170,22 €
64	160 521,92 €	481,57 €	688,65 €	1 170,22 €
65	159 833,27 €	479,50 €	690,72 €	1 170,22 €
66	159 142,55 €	477,43 €	692,79 €	1 170,22 €
67	158 449,76 €	475,35 €	694,87 €	1 170,22 €
68	157 754,89 €	473,26 €	696,96 €	1 170,22 €
69	157 057,93 €	471,17 €	699,05 €	1 170,22 €
70	156 358,88 €	469,08 €	701,14 €	1 170,22 €
71	155 657,74 €	466,97 €	703,25 €	1 170,22 €

Période	Restant dû	Intérêts	Amortissement	Annuité
72	154 954,49 €	464,86 €	705,36 €	1 170,22 €
73	154 249,13 €	462,75 €	707,47 €	1 170,22 €
74	153 541,66 €	460,62 €	709,60 €	1 170,22 €
75	152 832,06 €	458,50 €	711,72 €	1 170,22 €
76	152 120,34 €	456,36 €	713,86 €	1 170,22 €
77	151 406,48 €	454,22 €	716,00 €	1 170,22 €
78	150 690,48 €	452,07 €	718,15 €	1 170,22 €
79	149 972,33 €	449,92 €	720,30 €	1 170,22 €
80	149 252,03 €	447,76 €	722,46 €	1 170,22 €
81	148 529,57 €	445,59 €	724,63 €	1 170,22 €
82	147 804,94 €	443,41 €	726,81 €	1 170,22 €
83	147 078,13 €	441,23 €	728,99 €	1 170,22 €
84	146 349,14 €	439,05 €	731,17 €	1 170,22 €
85	145 617,97 €	436,85 €	733,37 €	1 170,22 €
86	144 884,60 €	434,65 €	735,57 €	1 170,22 €
87	144 149,03 €	432,45 €	737,77 €	1 170,22 €
88	143 411,26 €	430,23 €	739,99 €	1 170,22 €
89	142 671,27 €	428,01 €	742,21 €	1 170,22 €
90	141 929,06 €	425,79 €	744,43 €	1 170,22 €
91	141 184,63 €	423,55 €	746,67 €	1 170,22 €
92	140 437,96 €	421,31 €	748,91 €	1 170,22 €
93	139 689,05 €	419,07 €	751,15 €	1 170,22 €
94	138 937,90 €	416,81 €	753,41 €	1 170,22 €
95	138 184,49 €	414,55 €	755,67 €	1 170,22 €
96	137 428,82 €	412,29 €	757,93 €	1 170,22 €
97	136 670,89 €	410,01 €	760,21 €	1 170,22 €
98	135 910,68 €	407,73 €	762,49 €	1 170,22 €
99	135 148,19 €	405,44 €	764,78 €	1 170,22 €
100	134 383,41 €	403,15 €	767,07 €	1 170,22 €

Période	Restant dû	Intérêts	Amortissement	Annuité
101	133 616,34 €	400,85 €	769,37 €	1 170,22 €
102	132 846,97 €	398,54 €	771,68 €	1 170,22 €
103	132 075,29 €	396,23 €	773,99 €	1 170,22 €
104	131 301,30 €	393,90 €	776,32 €	1 170,22 €
105	130 524,98 €	391,57 €	778,65 €	1 170,22 €
106	129 746,33 €	389,24 €	780,98 €	1 170,22 €
107	128 965,35 €	386,90 €	783,32 €	1 170,22 €
108	128 182,03 €	384,55 €	785,67 €	1 170,22 €
109	127 396,36 €	382,19 €	788,03 €	1 170,22 €
110	126 608,33 €	379,82 €	790,40 €	1 170,22 €
111	125 817,93 €	377,45 €	792,77 €	1 170,22 €
112	125 025,16 €	375,08 €	795,14 €	1 170,22 €
113	124 230,02 €	372,69 €	797,53 €	1 170,22 €
114	123 432,49 €	370,30 €	799,92 €	1 170,22 €
115	122 632,57 €	367,90 €	802,32 €	1 170,22 €
116	121 830,25 €	365,49 €	804,73 €	1 170,22 €
117	121 025,52 €	363,08 €	807,14 €	1 170,22 €
118	120 218,38 €	360,66 €	809,56 €	1 170,22 €
119	119 408,82 €	358,23 €	811,99 €	1 170,22 €
120	118 596,83 €	355,79 €	814,43 €	1 170,22 €
121	117 782,40 €	353,35 €	816,87 €	1 170,22 €
122	116 965,53 €	350,90 €	819,32 €	1 170,22 €
123	116 146,21 €	348,44 €	821,78 €	1 170,22 €
124	115 324,43 €	345,97 €	824,25 €	1 170,22 €
125	114 500,18 €	343,50 €	826,72 €	1 170,22 €
126	113 673,46 €	341,02 €	829,20 €	1 170,22 €
127	112 844,26 €	338,53 €	831,69 €	1 170,22 €
128	112 012,57 €	336,04 €	834,18 €	1 170,22 €
129	111 178,39 €	333,54 €	836,68 €	1 170,22 €

Période	Restant dû	Intérêts	Amortissement	Annuité
130	110 341,71 €	331,03 €	839,19 €	1 170,22 €
131	109 502,52 €	328,51 €	841,71 €	1 170,22 €
132	108 660,81 €	325,98 €	844,24 €	1 170,22 €
133	107 816,57 €	323,45 €	846,77 €	1 170,22 €
134	106 969,80 €	320,91 €	849,31 €	1 170,22 €
135	106 120,49 €	318,36 €	851,86 €	1 170,22 €
136	105 268,63 €	315,81 €	854,41 €	1 170,22 €
137	104 414,22 €	313,24 €	856,98 €	1 170,22 €
138	103 557,24 €	310,67 €	859,55 €	1 170,22 €
139	102 697,69 €	308,09 €	862,13 €	1 170,22 €
140	101 835,56 €	305,51 €	864,71 €	1 170,22 €
141	100 970,85 €	302,91 €	867,31 €	1 170,22 €
142	100 103,54 €	300,31 €	869,91 €	1 170,22 €
143	99 233,63 €	297,70 €	872,52 €	1 170,22 €
144	98 361,11 €	295,08 €	875,14 €	1 170,22 €
145	97 485,97 €	292,46 €	877,76 €	1 170,22 €
146	96 608,21 €	289,82 €	880,40 €	1 170,22 €
147	95 727,81 €	287,18 €	883,04 €	1 170,22 €
148	94 844,77 €	284,53 €	885,69 €	1 170,22 €
149	93 959,08 €	281,88 €	888,34 €	1 170,22 €
150	93 070,74 €	279,21 €	891,01 €	1 170,22 €
151	92 179,73 €	276,54 €	893,68 €	1 170,22 €
152	91 286,05 €	273,86 €	896,36 €	1 170,22 €
153	90 389,69 €	271,17 €	899,05 €	1 170,22 €
154	89 490,64 €	268,47 €	0,00 €	268,47 €
155	89 490,64 €	268,47 €	0,00 €	268,47 €
156	89 490,64 €	268,47 €	0,00 €	268,47 €
157	89 490,64 €	268,47 €	0,00 €	268,47 €
158	89 490,64 €	268,47 €	0,00 €	268,47 €

Période	Restant dû	Intérêts	Amortissement	Annuité
159	89 490,64 €	268,47 €	0,00 €	268,47 €
160	89 490,64 €	268,47 €	977,67 €	1 246,14 €
161	88 512,97 €	265,54 €	980,60 €	1 246,14 €
162	87 532,37 €	262,60 €	983,54 €	1 246,14 €
163	86 548,83 €	259,65 €	986,49 €	1 246,14 €
164	85 562,34 €	256,69 €	989,45 €	1 246,14 €
165	84 572,89 €	253,72 €	992,42 €	1 246,14 €
166	83 580,47 €	250,74 €	995,40 €	1 246,14 €
167	82 585,07 €	247,76 €	998,38 €	1 246,14 €
168	81 586,69 €	244,76 €	1 001,38 €	1 246,14 €
169	80 585,31 €	241,76 €	1 004,38 €	1 246,14 €
170	79 580,93 €	238,74 €	1 007,40 €	1 246,14 €
171	78 573,53 €	235,72 €	1 010,42 €	1 246,14 €
172	77 563,11 €	232,69 €	1 013,45 €	1 246,14 €
173	76 549,66 €	229,65 €	1 016,49 €	1 246,14 €
174	75 533,17 €	226,60 €	1 019,54 €	1 246,14 €
175	74 513,63 €	223,54 €	1 022,60 €	1 246,14 €
176	73 491,03 €	220,47 €	1 025,67 €	1 246,14 €
177	72 465,36 €	217,40 €	1 028,74 €	1 246,14 €
178	71 436,62 €	214,31 €	1 031,83 €	1 246,14 €
179	70 404,79 €	211,21 €	1 034,93 €	1 246,14 €
180	69 369,86 €	208,11 €	1 038,03 €	1 246,14 €
181	68 331,83 €	205,00 €	1 041,14 €	1 246,14 €
182	67 290,69 €	201,87 €	1 044,27 €	1 246,14 €
183	66 246,42 €	198,74 €	1 047,40 €	1 246,14 €
184	65 199,02 €	195,60 €	1 050,54 €	1 246,14 €
185	64 148,48 €	192,45 €	1 053,69 €	1 246,14 €
186	63 094,79 €	189,28 €	1 056,86 €	1 246,14 €
187	62 037,93 €	186,11 €	1 060,03 €	1 246,14 €

Période	Restant dû	Intérêts	Amortissement	Annuité
188	60 977,90 €	182,93 €	1 063,21 €	1 246,14 €
189	59 914,69 €	179,74 €	1 066,40 €	1 246,14 €
190	58 848,29 €	176,54 €	1 069,60 €	1 246,14 €
191	57 778,69 €	173,34 €	1 072,80 €	1 246,14 €
192	56 705,89 €	170,12 €	1 076,02 €	1 246,14 €
193	55 629,87 €	166,89 €	1 079,25 €	1 246,14 €
194	54 550,62 €	163,65 €	1 082,49 €	1 246,14 €
195	53 468,13 €	160,40 €	1 085,74 €	1 246,14 €
196	52 382,39 €	157,15 €	1 088,99 €	1 246,14 €
197	51 293,40 €	153,88 €	1 092,26 €	1 246,14 €
198	50 201,14 €	150,60 €	1 095,54 €	1 246,14 €
199	49 105,60 €	147,32 €	1 098,82 €	1 246,14 €
200	48 006,78 €	144,02 €	1 102,12 €	1 246,14 €
201	46 904,66 €	140,71 €	1 105,43 €	1 246,14 €
202	45 799,23 €	137,40 €	1 108,74 €	1 246,14 €
203	44 690,49 €	134,07 €	1 112,07 €	1 246,14 €
204	43 578,42 €	130,74 €	1 115,40 €	1 246,14 €
205	42 463,02 €	127,39 €	1 118,75 €	1 246,14 €
206	41 344,27 €	124,03 €	1 122,11 €	1 246,14 €
207	40 222,16 €	120,67 €	1 125,47 €	1 246,14 €
208	39 096,69 €	117,29 €	1 128,85 €	1 246,14 €
209	37 967,84 €	113,90 €	1 132,24 €	1 246,14 €
210	36 835,60 €	110,51 €	1 135,63 €	1 246,14 €
211	35 699,97 €	107,10 €	1 139,04 €	1 246,14 €
212	34 560,93 €	103,68 €	1 142,46 €	1 246,14 €
213	33 418,47 €	100,26 €	1 145,88 €	1 246,14 €
214	32 272,59 €	96,82 €	1 149,32 €	1 246,14 €
215	31 123,27 €	93,37 €	1 152,77 €	1 246,14 €
216	29 970,50 €	89,91 €	1 156,23 €	1 246,14 €

Période	Restant dû	Intérêts	Amortissement	Annuité
217	28 814,27 €	86,44 €	1 159,70 €	1 246,14 €
218	27 654,57 €	82,96 €	1 163,18 €	1 246,14 €
219	26 491,39 €	79,47 €	1 166,67 €	1 246,14 €
220	25 324,72 €	75,97 €	1 170,17 €	1 246,14 €
221	24 154,55 €	72,46 €	1 173,68 €	1 246,14 €
222	22 980,87 €	68,94 €	1 177,20 €	1 246,14 €
223	21 803,67 €	65,41 €	1 180,73 €	1 246,14 €
224	20 622,94 €	61,87 €	1 184,27 €	1 246,14 €
225	19 438,67 €	58,32 €	1 187,82 €	1 246,14 €
226	18 250,85 €	54,75 €	1 191,39 €	1 246,14 €
227	17 059,46 €	51,18 €	1 194,96 €	1 246,14 €
228	15 864,50 €	47,59 €	1 198,55 €	1 246,14 €
229	14 665,95 €	44,00 €	1 202,14 €	1 246,14 €
230	13 463,81 €	40,39 €	1 205,75 €	1 246,14 €
231	12 258,06 €	36,77 €	1 209,37 €	1 246,14 €
232	11 048,69 €	33,15 €	1 212,99 €	1 246,14 €
233	9 835,70 €	29,51 €	1 216,63 €	1 246,14 €
234	8 619,07 €	25,86 €	1 220,28 €	1 246,14 €
235	7 398,79 €	22,20 €	1 223,94 €	1 246,14 €
236	6 174,85 €	18,52 €	1 227,62 €	1 246,14 €
237	4 947,23 €	14,84 €	1 231,30 €	1 246,14 €
238	3 715,93 €	11,15 €	1 234,99 €	1 246,14 €
239	2 480,94 €	7,44 €	1 238,70 €	1 246,14 €
240	1 242,24 €	3,73 €	1 242,24 €	1 246,14 €
Total		81 591,65 €	200 000,00 €	

A vérifier : le coût du crédit sans report est de 80 853,77 €. Le coût du report se monte donc à 81 591,65 − 80 853,77 = 737,88 €.

Annexe 4 : Report d'échéances partiel avec allongement de durée

Remboursement d'un capital de 200 000 € sur 20 ans à un TAEG de 3,6%. Un report d'échéances est accordé à partir de la période 154 pour une durée de 6 mois.

La mensualité reste la même, avant et après le report. La durée passe de 240 à 246 mois.

Tableau d'amortissement complet :

Période	Restant dû	Intérêts	Amortissement	Annuité
1	200 000,00 €	600,00 €	570,22 €	1 170,22 €
2	199 429,78 €	598,29 €	571,93 €	1 170,22 €
3	198 857,85 €	596,57 €	573,65 €	1 170,22 €
4	198 284,20 €	594,85 €	575,37 €	1 170,22 €
5	197 708,83 €	593,13 €	577,09 €	1 170,22 €
6	197 131,74 €	591,40 €	578,82 €	1 170,22 €
7	196 552,92 €	589,66 €	580,56 €	1 170,22 €
8	195 972,36 €	587,92 €	582,30 €	1 170,22 €
9	195 390,06 €	586,17 €	584,05 €	1 170,22 €
10	194 806,01 €	584,42 €	585,80 €	1 170,22 €
11	194 220,21 €	582,66 €	587,56 €	1 170,22 €
12	193 632,65 €	580,90 €	589,32 €	1 170,22 €
13	193 043,33 €	579,13 €	591,09 €	1 170,22 €
14	192 452,24 €	577,36 €	592,86 €	1 170,22 €
15	191 859,38 €	575,58 €	594,64 €	1 170,22 €
16	191 264,74 €	573,79 €	596,43 €	1 170,22 €
17	190 668,31 €	572,00 €	598,22 €	1 170,22 €
18	190 070,09 €	570,21 €	600,01 €	1 170,22 €
19	189 470,08 €	568,41 €	601,81 €	1 170,22 €
20	188 868,27 €	566,60 €	603,62 €	1 170,22 €
21	188 264,65 €	564,79 €	605,43 €	1 170,22 €

Période	Restant dû	Intérêts	Amortissement	Annuité
22	187 659,22 €	562,98 €	607,24 €	1 170,22 €
23	187 051,98 €	561,16 €	609,06 €	1 170,22 €
24	186 442,92 €	559,33 €	610,89 €	1 170,22 €
25	185 832,03 €	557,50 €	612,72 €	1 170,22 €
26	185 219,31 €	555,66 €	614,56 €	1 170,22 €
27	184 604,75 €	553,81 €	616,41 €	1 170,22 €
28	183 988,34 €	551,97 €	618,25 €	1 170,22 €
29	183 370,09 €	550,11 €	620,11 €	1 170,22 €
30	182 749,98 €	548,25 €	621,97 €	1 170,22 €
31	182 128,01 €	546,38 €	623,84 €	1 170,22 €
32	181 504,17 €	544,51 €	625,71 €	1 170,22 €
33	180 878,46 €	542,64 €	627,58 €	1 170,22 €
34	180 250,88 €	540,75 €	629,47 €	1 170,22 €
35	179 621,41 €	538,86 €	631,36 €	1 170,22 €
36	178 990,05 €	536,97 €	633,25 €	1 170,22 €
37	178 356,80 €	535,07 €	635,15 €	1 170,22 €
38	177 721,65 €	533,16 €	637,06 €	1 170,22 €
39	177 084,59 €	531,25 €	638,97 €	1 170,22 €
40	176 445,62 €	529,34 €	640,88 €	1 170,22 €
41	175 804,74 €	527,41 €	642,81 €	1 170,22 €
42	175 161,93 €	525,49 €	644,73 €	1 170,22 €
43	174 517,20 €	523,55 €	646,67 €	1 170,22 €
44	173 870,53 €	521,61 €	648,61 €	1 170,22 €
45	173 221,92 €	519,67 €	650,55 €	1 170,22 €
46	172 571,37 €	517,71 €	652,51 €	1 170,22 €
47	171 918,86 €	515,76 €	654,46 €	1 170,22 €
48	171 264,40 €	513,79 €	656,43 €	1 170,22 €
49	170 607,97 €	511,82 €	658,40 €	1 170,22 €
50	169 949,57 €	509,85 €	660,37 €	1 170,22 €

Période	Restant dû	Intérêts	Amortissement	Annuité
51	169 289,20 €	507,87 €	662,35 €	1 170,22 €
52	168 626,85 €	505,88 €	664,34 €	1 170,22 €
53	167 962,51 €	503,89 €	666,33 €	1 170,22 €
54	167 296,18 €	501,89 €	668,33 €	1 170,22 €
55	166 627,85 €	499,88 €	670,34 €	1 170,22 €
56	165 957,51 €	497,87 €	672,35 €	1 170,22 €
57	165 285,16 €	495,86 €	674,36 €	1 170,22 €
58	164 610,80 €	493,83 €	676,39 €	1 170,22 €
59	163 934,41 €	491,80 €	678,42 €	1 170,22 €
60	163 255,99 €	489,77 €	680,45 €	1 170,22 €
61	162 575,54 €	487,73 €	682,49 €	1 170,22 €
62	161 893,05 €	485,68 €	684,54 €	1 170,22 €
63	161 208,51 €	483,63 €	686,59 €	1 170,22 €
64	160 521,92 €	481,57 €	688,65 €	1 170,22 €
65	159 833,27 €	479,50 €	690,72 €	1 170,22 €
66	159 142,55 €	477,43 €	692,79 €	1 170,22 €
67	158 449,76 €	475,35 €	694,87 €	1 170,22 €
68	157 754,89 €	473,26 €	696,96 €	1 170,22 €
69	157 057,93 €	471,17 €	699,05 €	1 170,22 €
70	156 358,88 €	469,08 €	701,14 €	1 170,22 €
71	155 657,74 €	466,97 €	703,25 €	1 170,22 €
72	154 954,49 €	464,86 €	705,36 €	1 170,22 €
73	154 249,13 €	462,75 €	707,47 €	1 170,22 €
74	153 541,66 €	460,62 €	709,60 €	1 170,22 €
75	152 832,06 €	458,50 €	711,72 €	1 170,22 €
76	152 120,34 €	456,36 €	713,86 €	1 170,22 €
77	151 406,48 €	454,22 €	716,00 €	1 170,22 €
78	150 690,48 €	452,07 €	718,15 €	1 170,22 €
79	149 972,33 €	449,92 €	720,30 €	1 170,22 €

Période	Restant dû	Intérêts	Amortissement	Annuité
80	149 252,03 €	447,76 €	722,46 €	1 170,22 €
81	148 529,57 €	445,59 €	724,63 €	1 170,22 €
82	147 804,94 €	443,41 €	726,81 €	1 170,22 €
83	147 078,13 €	441,23 €	728,99 €	1 170,22 €
84	146 349,14 €	439,05 €	731,17 €	1 170,22 €
85	145 617,97 €	436,85 €	733,37 €	1 170,22 €
86	144 884,60 €	434,65 €	735,57 €	1 170,22 €
87	144 149,03 €	432,45 €	737,77 €	1 170,22 €
88	143 411,26 €	430,23 €	739,99 €	1 170,22 €
89	142 671,27 €	428,01 €	742,21 €	1 170,22 €
90	141 929,06 €	425,79 €	744,43 €	1 170,22 €
91	141 184,63 €	423,55 €	746,67 €	1 170,22 €
92	140 437,96 €	421,31 €	748,91 €	1 170,22 €
93	139 689,05 €	419,07 €	751,15 €	1 170,22 €
94	138 937,90 €	416,81 €	753,41 €	1 170,22 €
95	138 184,49 €	414,55 €	755,67 €	1 170,22 €
96	137 428,82 €	412,29 €	757,93 €	1 170,22 €
97	136 670,89 €	410,01 €	760,21 €	1 170,22 €
98	135 910,68 €	407,73 €	762,49 €	1 170,22 €
99	135 148,19 €	405,44 €	764,78 €	1 170,22 €
100	134 383,41 €	403,15 €	767,07 €	1 170,22 €
101	133 616,34 €	400,85 €	769,37 €	1 170,22 €
102	132 846,97 €	398,54 €	771,68 €	1 170,22 €
103	132 075,29 €	396,23 €	773,99 €	1 170,22 €
104	131 301,30 €	393,90 €	776,32 €	1 170,22 €
105	130 524,98 €	391,57 €	778,65 €	1 170,22 €
106	129 746,33 €	389,24 €	780,98 €	1 170,22 €
107	128 965,35 €	386,90 €	783,32 €	1 170,22 €
108	128 182,03 €	384,55 €	785,67 €	1 170,22 €

Période	Restant dû	Intérêts	Amortissement	Annuité
109	127 396,36 €	382,19 €	788,03 €	1 170,22 €
110	126 608,33 €	379,82 €	790,40 €	1 170,22 €
111	125 817,93 €	377,45 €	792,77 €	1 170,22 €
112	125 025,16 €	375,08 €	795,14 €	1 170,22 €
113	124 230,02 €	372,69 €	797,53 €	1 170,22 €
114	123 432,49 €	370,30 €	799,92 €	1 170,22 €
115	122 632,57 €	367,90 €	802,32 €	1 170,22 €
116	121 830,25 €	365,49 €	804,73 €	1 170,22 €
117	121 025,52 €	363,08 €	807,14 €	1 170,22 €
118	120 218,38 €	360,66 €	809,56 €	1 170,22 €
119	119 408,82 €	358,23 €	811,99 €	1 170,22 €
120	118 596,83 €	355,79 €	814,43 €	1 170,22 €
121	117 782,40 €	353,35 €	816,87 €	1 170,22 €
122	116 965,53 €	350,90 €	819,32 €	1 170,22 €
123	116 146,21 €	348,44 €	821,78 €	1 170,22 €
124	115 324,43 €	345,97 €	824,25 €	1 170,22 €
125	114 500,18 €	343,50 €	826,72 €	1 170,22 €
126	113 673,46 €	341,02 €	829,20 €	1 170,22 €
127	112 844,26 €	338,53 €	831,69 €	1 170,22 €
128	112 012,57 €	336,04 €	834,18 €	1 170,22 €
129	111 178,39 €	333,54 €	836,68 €	1 170,22 €
130	110 341,71 €	331,03 €	839,19 €	1 170,22 €
131	109 502,52 €	328,51 €	841,71 €	1 170,22 €
132	108 660,81 €	325,98 €	844,24 €	1 170,22 €
133	107 816,57 €	323,45 €	846,77 €	1 170,22 €
134	106 969,80 €	320,91 €	849,31 €	1 170,22 €
135	106 120,49 €	318,36 €	851,86 €	1 170,22 €
136	105 268,63 €	315,81 €	854,41 €	1 170,22 €
137	104 414,22 €	313,24 €	856,98 €	1 170,22 €

Période	Restant dû	Intérêts	Amortissement	Annuité
138	103 557,24 €	310,67 €	859,55 €	1 170,22 €
139	102 697,69 €	308,09 €	862,13 €	1 170,22 €
140	101 835,56 €	305,51 €	864,71 €	1 170,22 €
141	100 970,85 €	302,91 €	867,31 €	1 170,22 €
142	100 103,54 €	300,31 €	869,91 €	1 170,22 €
143	99 233,63 €	297,70 €	872,52 €	1 170,22 €
144	98 361,11 €	295,08 €	875,14 €	1 170,22 €
145	97 485,97 €	292,46 €	877,76 €	1 170,22 €
146	96 608,21 €	289,82 €	880,40 €	1 170,22 €
147	95 727,81 €	287,18 €	883,04 €	1 170,22 €
148	94 844,77 €	284,53 €	885,69 €	1 170,22 €
149	93 959,08 €	281,88 €	888,34 €	1 170,22 €
150	93 070,74 €	279,21 €	891,01 €	1 170,22 €
151	92 179,73 €	276,54 €	893,68 €	1 170,22 €
152	91 286,05 €	273,86 €	896,36 €	1 170,22 €
153	90 389,69 €	271,17 €	899,05 €	1 170,22 €
154	89 490,64 €	268,47 €	0,00 €	268,47 €
155	89 490,64 €	268,47 €	0,00 €	268,47 €
156	89 490,64 €	268,47 €	0,00 €	268,47 €
157	89 490,64 €	268,47 €	0,00 €	268,47 €
158	89 490,64 €	268,47 €	0,00 €	268,47 €
159	89 490,64 €	268,47 €	0,00 €	268,47 €
160	89 490,64 €	268,47 €	901,75 €	1 170,22 €
161	88 588,89 €	265,77 €	904,45 €	1 170,22 €
162	87 684,44 €	263,05 €	907,17 €	1 170,22 €
163	86 777,27 €	260,33 €	909,89 €	1 170,22 €
164	85 867,38 €	257,60 €	912,62 €	1 170,22 €
165	84 954,76 €	254,86 €	915,36 €	1 170,22 €
166	84 039,40 €	252,12 €	918,10 €	1 170,22 €

Période	Restant dû	Intérêts	Amortissement	Annuité
167	83 121,30 €	249,36 €	920,86 €	1 170,22 €
168	82 200,44 €	246,60 €	923,62 €	1 170,22 €
169	81 276,82 €	243,83 €	926,39 €	1 170,22 €
170	80 350,43 €	241,05 €	929,17 €	1 170,22 €
171	79 421,26 €	238,26 €	931,96 €	1 170,22 €
172	78 489,30 €	235,47 €	934,75 €	1 170,22 €
173	77 554,55 €	232,66 €	937,56 €	1 170,22 €
174	76 616,99 €	229,85 €	940,37 €	1 170,22 €
175	75 676,62 €	227,03 €	943,19 €	1 170,22 €
176	74 733,43 €	224,20 €	946,02 €	1 170,22 €
177	73 787,41 €	221,36 €	948,86 €	1 170,22 €
178	72 838,55 €	218,52 €	951,70 €	1 170,22 €
179	71 886,85 €	215,66 €	954,56 €	1 170,22 €
180	70 932,29 €	212,80 €	957,42 €	1 170,22 €
181	69 974,87 €	209,92 €	960,30 €	1 170,22 €
182	69 014,57 €	207,04 €	963,18 €	1 170,22 €
183	68 051,39 €	204,15 €	966,07 €	1 170,22 €
184	67 085,32 €	201,26 €	968,96 €	1 170,22 €
185	66 116,36 €	198,35 €	971,87 €	1 170,22 €
186	65 144,49 €	195,43 €	974,79 €	1 170,22 €
187	64 169,70 €	192,51 €	977,71 €	1 170,22 €
188	63 191,99 €	189,58 €	980,64 €	1 170,22 €
189	62 211,35 €	186,63 €	983,59 €	1 170,22 €
190	61 227,76 €	183,68 €	986,54 €	1 170,22 €
191	60 241,22 €	180,72 €	989,50 €	1 170,22 €
192	59 251,72 €	177,76 €	992,46 €	1 170,22 €
193	58 259,26 €	174,78 €	995,44 €	1 170,22 €
194	57 263,82 €	171,79 €	998,43 €	1 170,22 €
195	56 265,39 €	168,80 €	1 001,42 €	1 170,22 €

Période	Restant dû	Intérêts	Amortissement	Annuité
196	55 263,97 €	165,79 €	1 004,43 €	1 170,22 €
197	54 259,54 €	162,78 €	1 007,44 €	1 170,22 €
198	53 252,10 €	159,76 €	1 010,46 €	1 170,22 €
199	52 241,64 €	156,72 €	1 013,50 €	1 170,22 €
200	51 228,14 €	153,68 €	1 016,54 €	1 170,22 €
201	50 211,60 €	150,63 €	1 019,59 €	1 170,22 €
202	49 192,01 €	147,58 €	1 022,64 €	1 170,22 €
203	48 169,37 €	144,51 €	1 025,71 €	1 170,22 €
204	47 143,66 €	141,43 €	1 028,79 €	1 170,22 €
205	46 114,87 €	138,34 €	1 031,88 €	1 170,22 €
206	45 082,99 €	135,25 €	1 034,97 €	1 170,22 €
207	44 048,02 €	132,14 €	1 038,08 €	1 170,22 €
208	43 009,94 €	129,03 €	1 041,19 €	1 170,22 €
209	41 968,75 €	125,91 €	1 044,31 €	1 170,22 €
210	40 924,44 €	122,77 €	1 047,45 €	1 170,22 €
211	39 876,99 €	119,63 €	1 050,59 €	1 170,22 €
212	38 826,40 €	116,48 €	1 053,74 €	1 170,22 €
213	37 772,66 €	113,32 €	1 056,90 €	1 170,22 €
214	36 715,76 €	110,15 €	1 060,07 €	1 170,22 €
215	35 655,69 €	106,97 €	1 063,25 €	1 170,22 €
216	34 592,44 €	103,78 €	1 066,44 €	1 170,22 €
217	33 526,00 €	100,58 €	1 069,64 €	1 170,22 €
218	32 456,36 €	97,37 €	1 072,85 €	1 170,22 €
219	31 383,51 €	94,15 €	1 076,07 €	1 170,22 €
220	30 307,44 €	90,92 €	1 079,30 €	1 170,22 €
221	29 228,14 €	87,68 €	1 082,54 €	1 170,22 €
222	28 145,60 €	84,44 €	1 085,78 €	1 170,22 €
223	27 059,82 €	81,18 €	1 089,04 €	1 170,22 €
224	25 970,78 €	77,91 €	1 092,31 €	1 170,22 €

Période	Restant dû	Intérêts	Amortissement	Annuité
225	24 878,47 €	74,64 €	1 095,58 €	1 170,22 €
226	23 782,89 €	71,35 €	1 098,87 €	1 170,22 €
227	22 684,02 €	68,05 €	1 102,17 €	1 170,22 €
228	21 581,85 €	64,75 €	1 105,47 €	1 170,22 €
229	20 476,38 €	61,43 €	1 108,79 €	1 170,22 €
230	19 367,59 €	58,10 €	1 112,12 €	1 170,22 €
231	18 255,47 €	54,77 €	1 115,45 €	1 170,22 €
232	17 140,02 €	51,42 €	1 118,80 €	1 170,22 €
233	16 021,22 €	48,06 €	1 122,16 €	1 170,22 €
234	14 899,06 €	44,70 €	1 125,52 €	1 170,22 €
235	13 773,54 €	41,32 €	1 128,90 €	1 170,22 €
236	12 644,64 €	37,93 €	1 132,29 €	1 170,22 €
237	11 512,35 €	34,54 €	1 135,68 €	1 170,22 €
238	10 376,67 €	31,13 €	1 139,09 €	1 170,22 €
239	9 237,58 €	27,71 €	1 142,51 €	1 170,22 €
240	8 095,07 €	24,29 €	1 145,93 €	1 170,22 €
241	6 949,14 €	20,85 €	1 149,37 €	1 170,22 €
242	5 799,77 €	17,40 €	1 152,82 €	1 170,22 €
243	4 646,95 €	13,94 €	1 156,28 €	1 170,22 €
244	3 490,67 €	10,47 €	1 159,75 €	1 170,22 €
245	2 330,92 €	6,99 €	1 163,23 €	1 170,22 €
246	1 167,69 €	3,50 €	1 167,69 €	1 171,19 €
Total		82 464,59 €	200 000,00 €	

A vérifier : le coût du crédit sans report est de 80 853,77 €. Le coût du report se monte donc à 82 464,59 – 80 853,77 = 1 610,82 €. Comme prévu, il est donc plus cher que le report sans allongement de durée de l'annexe 3.

Annexe 5 : Report d'échéances total sans allongement de durée

Remboursement d'un capital de 200 000 € sur 20 ans à un TAEG de 3,6%. Le taux nominal est de 2,7%. Un report d'échéances total est accordé à partir de la période 154 pour une durée de 6 mois.

Modélisation au tableur :

Tableau d'amortissement complet :

annuite2 =ARRONDI(-VPM(taux_m;B18;B17);2)

	A	B
1	Capital	200 000 €
2	Durée	20 ans
3	TAEG	3,60%
4	Taux nominal	2,70%
5	Frais et assurance	0,90%
6		
7	Durée (mois)	240 mois
8	Taux mensuel	0,003
9	Taux nominal mensuel	0,00225
10	Frais assurance mensuel	0,00075
11		
12	Annuité	1 170,22 €
13		
14	Période différé	154
15	Durée différé	6 mois
16		
17	Restant dû post report	90 705,54 €
18	Durée post report	81 mois
19		
20	Annuité post report	1 263,06 €

Période	Restant dû	Intérêts (nominal)	Frais et assurance	Amortissement	Annuité
1	200 000,00 €	450,00 €	150,00 €	570,22 €	1 170,22 €
2	199 429,78 €	448,72 €	149,57 €	571,93 €	1 170,22 €
3	198 857,85 €	447,43 €	149,14 €	573,65 €	1 170,22 €
4	198 284,20 €	446,14 €	148,71 €	575,37 €	1 170,22 €
5	197 708,83 €	444,84 €	148,28 €	577,10 €	1 170,22 €
6	197 131,73 €	443,55 €	147,85 €	578,82 €	1 170,22 €
7	196 552,91 €	442,24 €	147,41 €	580,57 €	1 170,22 €
8	195 972,34 €	440,94 €	146,98 €	582,30 €	1 170,22 €
9	195 390,04 €	439,63 €	146,54 €	584,05 €	1 170,22 €
10	194 805,99 €	438,31 €	146,10 €	585,81 €	1 170,22 €
11	194 220,18 €	437,00 €	145,67 €	587,55 €	1 170,22 €
12	193 632,63 €	435,67 €	145,22 €	589,33 €	1 170,22 €
13	193 043,30 €	434,35 €	144,78 €	591,09 €	1 170,22 €
14	192 452,21 €	433,02 €	144,34 €	592,86 €	1 170,22 €
15	191 859,35 €	431,68 €	143,89 €	594,65 €	1 170,22 €
16	191 264,70 €	430,35 €	143,45 €	596,42 €	1 170,22 €
17	190 668,28 €	429,00 €	143,00 €	598,22 €	1 170,22 €
18	190 070,06 €	427,66 €	142,55 €	600,01 €	1 170,22 €
19	189 470,05 €	426,31 €	142,10 €	601,81 €	1 170,22 €

Période	Restant dû	Intérêts (nominal)	Frais et assurance	Amortissement	Annuité
1	200 000,00 €	450,00 €	150,00 €	570,22 €	1 170,22 €
2	199 429,78 €	448,72 €	149,57 €	571,93 €	1 170,22 €
3	198 857,85 €	447,43 €	149,14 €	573,65 €	1 170,22 €
4	198 284,20 €	446,14 €	148,71 €	575,37 €	1 170,22 €
5	197 708,83 €	444,84 €	148,28 €	577,10 €	1 170,22 €
6	197 131,73 €	443,55 €	147,85 €	578,82 €	1 170,22 €
7	196 552,91 €	442,24 €	147,41 €	580,57 €	1 170,22 €
8	195 972,34 €	440,94 €	146,98 €	582,30 €	1 170,22 €
9	195 390,04 €	439,63 €	146,54 €	584,05 €	1 170,22 €
10	194 805,99 €	438,31 €	146,10 €	585,81 €	1 170,22 €
11	194 220,18 €	437,00 €	145,67 €	587,55 €	1 170,22 €
12	193 632,63 €	435,67 €	145,22 €	589,33 €	1 170,22 €

Période	Restant dû	Intérêts (nominal)	Frais et assurance	Amortissement	Annuité
13	193 043,30 €	434,35 €	144,78 €	591,09 €	1 170,22 €
14	192 452,21 €	433,02 €	144,34 €	592,86 €	1 170,22 €
15	191 859,35 €	431,68 €	143,89 €	594,65 €	1 170,22 €
16	191 264,70 €	430,35 €	143,45 €	596,42 €	1 170,22 €
17	190 668,28 €	429,00 €	143,00 €	598,22 €	1 170,22 €
18	190 070,06 €	427,66 €	142,55 €	600,01 €	1 170,22 €
19	189 470,05 €	426,31 €	142,10 €	601,81 €	1 170,22 €
20	188 868,24 €	424,95 €	141,65 €	603,62 €	1 170,22 €
21	188 264,62 €	423,60 €	141,20 €	605,42 €	1 170,22 €
22	187 659,20 €	422,23 €	140,74 €	607,25 €	1 170,22 €
23	187 051,95 €	420,87 €	140,29 €	609,06 €	1 170,22 €
24	186 442,89 €	419,50 €	139,83 €	610,89 €	1 170,22 €
25	185 832,00 €	418,12 €	139,37 €	612,73 €	1 170,22 €
26	185 219,27 €	416,74 €	138,91 €	614,57 €	1 170,22 €
27	184 604,70 €	415,36 €	138,45 €	616,41 €	1 170,22 €
28	183 988,29 €	413,97 €	137,99 €	618,26 €	1 170,22 €
29	183 370,03 €	412,58 €	137,53 €	620,11 €	1 170,22 €
30	182 749,92 €	411,19 €	137,06 €	621,97 €	1 170,22 €
31	182 127,95 €	409,79 €	136,60 €	623,83 €	1 170,22 €
32	181 504,12 €	408,38 €	136,13 €	625,71 €	1 170,22 €
33	180 878,41 €	406,98 €	135,66 €	627,58 €	1 170,22 €
34	180 250,83 €	405,56 €	135,19 €	629,47 €	1 170,22 €
35	179 621,36 €	404,15 €	134,72 €	631,35 €	1 170,22 €
36	178 990,01 €	402,73 €	134,24 €	633,25 €	1 170,22 €
37	178 356,76 €	401,30 €	133,77 €	635,15 €	1 170,22 €
38	177 721,61 €	399,87 €	133,29 €	637,06 €	1 170,22 €
39	177 084,55 €	398,44 €	132,81 €	638,97 €	1 170,22 €
40	176 445,58 €	397,00 €	132,33 €	640,89 €	1 170,22 €
41	175 804,69 €	395,56 €	131,85 €	642,81 €	1 170,22 €

Période	Restant dû	Intérêts (nominal)	Frais et assurance	Amortissement	Annuité
42	175 161,88 €	394,11 €	131,37 €	644,74 €	1 170,22 €
43	174 517,14 €	392,66 €	130,89 €	646,67 €	1 170,22 €
44	173 870,47 €	391,21 €	130,40 €	648,61 €	1 170,22 €
45	173 221,86 €	389,75 €	129,92 €	650,55 €	1 170,22 €
46	172 571,31 €	388,29 €	129,43 €	652,50 €	1 170,22 €
47	171 918,81 €	386,82 €	128,94 €	654,46 €	1 170,22 €
48	171 264,35 €	385,34 €	128,45 €	656,43 €	1 170,22 €
49	170 607,92 €	383,87 €	127,96 €	658,39 €	1 170,22 €
50	169 949,53 €	382,39 €	127,46 €	660,37 €	1 170,22 €
51	169 289,16 €	380,90 €	126,97 €	662,35 €	1 170,22 €
52	168 626,81 €	379,41 €	126,47 €	664,34 €	1 170,22 €
53	167 962,47 €	377,92 €	125,97 €	666,33 €	1 170,22 €
54	167 296,14 €	376,42 €	125,47 €	668,33 €	1 170,22 €
55	166 627,81 €	374,91 €	124,97 €	670,34 €	1 170,22 €
56	165 957,47 €	373,40 €	124,47 €	672,35 €	1 170,22 €
57	165 285,12 €	371,89 €	123,96 €	674,37 €	1 170,22 €
58	164 610,75 €	370,37 €	123,46 €	676,39 €	1 170,22 €
59	163 934,36 €	368,85 €	122,95 €	678,42 €	1 170,22 €
60	163 255,94 €	367,33 €	122,44 €	680,45 €	1 170,22 €
61	162 575,49 €	365,79 €	121,93 €	682,50 €	1 170,22 €
62	161 892,99 €	364,26 €	121,42 €	684,54 €	1 170,22 €
63	161 208,45 €	362,72 €	120,91 €	686,59 €	1 170,22 €
64	160 521,86 €	361,17 €	120,39 €	688,66 €	1 170,22 €
65	159 833,20 €	359,62 €	119,87 €	690,73 €	1 170,22 €
66	159 142,47 €	358,07 €	119,36 €	692,79 €	1 170,22 €
67	158 449,68 €	356,51 €	118,84 €	694,87 €	1 170,22 €
68	157 754,81 €	354,95 €	118,32 €	696,95 €	1 170,22 €
69	157 057,86 €	353,38 €	117,79 €	699,05 €	1 170,22 €
70	156 358,81 €	351,81 €	117,27 €	701,14 €	1 170,22 €

Période	Restant dû	Intérêts (nominal)	Frais et assurance	Amortissement	Annuité
71	155 657,67 €	350,23 €	116,74 €	703,25 €	1 170,22 €
72	154 954,42 €	348,65 €	116,22 €	705,35 €	1 170,22 €
73	154 249,07 €	347,06 €	115,69 €	707,47 €	1 170,22 €
74	153 541,60 €	345,47 €	115,16 €	709,59 €	1 170,22 €
75	152 832,01 €	343,87 €	114,62 €	711,73 €	1 170,22 €
76	152 120,28 €	342,27 €	114,09 €	713,86 €	1 170,22 €
77	151 406,42 €	340,66 €	113,55 €	716,01 €	1 170,22 €
78	150 690,41 €	339,05 €	113,02 €	718,15 €	1 170,22 €
79	149 972,26 €	337,44 €	112,48 €	720,30 €	1 170,22 €
80	149 251,96 €	335,82 €	111,94 €	722,46 €	1 170,22 €
81	148 529,50 €	334,19 €	111,40 €	724,63 €	1 170,22 €
82	147 804,87 €	332,56 €	110,85 €	726,81 €	1 170,22 €
83	147 078,06 €	330,93 €	110,31 €	728,98 €	1 170,22 €
84	146 349,08 €	329,29 €	109,76 €	731,17 €	1 170,22 €
85	145 617,91 €	327,64 €	109,21 €	733,37 €	1 170,22 €
86	144 884,54 €	325,99 €	108,66 €	735,57 €	1 170,22 €
87	144 148,97 €	324,34 €	108,11 €	737,77 €	1 170,22 €
88	143 411,20 €	322,68 €	107,56 €	739,98 €	1 170,22 €
89	142 671,22 €	321,01 €	107,00 €	742,21 €	1 170,22 €
90	141 929,01 €	319,34 €	106,45 €	744,43 €	1 170,22 €
91	141 184,58 €	317,67 €	105,89 €	746,66 €	1 170,22 €
92	140 437,92 €	315,99 €	105,33 €	748,90 €	1 170,22 €
93	139 689,02 €	314,30 €	104,77 €	751,15 €	1 170,22 €
94	138 937,87 €	312,61 €	104,20 €	753,41 €	1 170,22 €
95	138 184,46 €	310,92 €	103,64 €	755,66 €	1 170,22 €
96	137 428,80 €	309,21 €	103,07 €	757,94 €	1 170,22 €
97	136 670,86 €	307,51 €	102,50 €	760,21 €	1 170,22 €
98	135 910,65 €	305,80 €	101,93 €	762,49 €	1 170,22 €
99	135 148,16 €	304,08 €	101,36 €	764,78 €	1 170,22 €

Période	Restant dû	Intérêts (nominal)	Frais et assurance	Amortissement	Annuité
100	134 383,38 €	302,36 €	100,79 €	767,07 €	1 170,22 €
101	133 616,31 €	300,64 €	100,21 €	769,37 €	1 170,22 €
102	132 846,94 €	298,91 €	99,64 €	771,67 €	1 170,22 €
103	132 075,27 €	297,17 €	99,06 €	773,99 €	1 170,22 €
104	131 301,28 €	295,43 €	98,48 €	776,31 €	1 170,22 €
105	130 524,97 €	293,68 €	97,89 €	778,65 €	1 170,22 €
106	129 746,32 €	291,93 €	97,31 €	780,98 €	1 170,22 €
107	128 965,34 €	290,17 €	96,72 €	783,33 €	1 170,22 €
108	128 182,01 €	288,41 €	96,14 €	785,67 €	1 170,22 €
109	127 396,34 €	286,64 €	95,55 €	788,03 €	1 170,22 €
110	126 608,31 €	284,87 €	94,96 €	790,39 €	1 170,22 €
111	125 817,92 €	283,09 €	94,36 €	792,77 €	1 170,22 €
112	125 025,15 €	281,31 €	93,77 €	795,14 €	1 170,22 €
113	124 230,01 €	279,52 €	93,17 €	797,53 €	1 170,22 €
114	123 432,48 €	277,72 €	92,57 €	799,93 €	1 170,22 €
115	122 632,55 €	275,92 €	91,97 €	802,33 €	1 170,22 €
116	121 830,22 €	274,12 €	91,37 €	804,73 €	1 170,22 €
117	121 025,49 €	272,31 €	90,77 €	807,14 €	1 170,22 €
118	120 218,35 €	270,49 €	90,16 €	809,57 €	1 170,22 €
119	119 408,78 €	268,67 €	89,56 €	811,99 €	1 170,22 €
120	118 596,79 €	266,84 €	88,95 €	814,43 €	1 170,22 €
121	117 782,36 €	265,01 €	88,34 €	816,87 €	1 170,22 €
122	116 965,49 €	263,17 €	87,72 €	819,33 €	1 170,22 €
123	116 146,16 €	261,33 €	87,11 €	821,78 €	1 170,22 €
124	115 324,38 €	259,48 €	86,49 €	824,25 €	1 170,22 €
125	114 500,13 €	257,63 €	85,88 €	826,71 €	1 170,22 €
126	113 673,42 €	255,77 €	85,26 €	829,19 €	1 170,22 €
127	112 844,23 €	253,90 €	84,63 €	831,69 €	1 170,22 €
128	112 012,54 €	252,03 €	84,01 €	834,18 €	1 170,22 €

Période	Restant dû	Intérêts (nominal)	Frais et assurance	Amortissement	Annuité
129	111 178,36 €	250,15 €	83,38 €	836,69 €	1 170,22 €
130	110 341,67 €	248,27 €	82,76 €	839,19 €	1 170,22 €
131	109 502,48 €	246,38 €	82,13 €	841,71 €	1 170,22 €
132	108 660,77 €	244,49 €	81,50 €	844,23 €	1 170,22 €
133	107 816,54 €	242,59 €	80,86 €	846,77 €	1 170,22 €
134	106 969,77 €	240,68 €	80,23 €	849,31 €	1 170,22 €
135	106 120,46 €	238,77 €	79,59 €	851,86 €	1 170,22 €
136	105 268,60 €	236,85 €	78,95 €	854,42 €	1 170,22 €
137	104 414,18 €	234,93 €	78,31 €	856,98 €	1 170,22 €
138	103 557,20 €	233,00 €	77,67 €	859,55 €	1 170,22 €
139	102 697,65 €	231,07 €	77,02 €	862,13 €	1 170,22 €
140	101 835,52 €	229,13 €	76,38 €	864,71 €	1 170,22 €
141	100 970,81 €	227,18 €	75,73 €	867,31 €	1 170,22 €
142	100 103,50 €	225,23 €	75,08 €	869,91 €	1 170,22 €
143	99 233,59 €	223,28 €	74,43 €	872,51 €	1 170,22 €
144	98 361,08 €	221,31 €	73,77 €	875,14 €	1 170,22 €
145	97 485,94 €	219,34 €	73,11 €	877,77 €	1 170,22 €
146	96 608,17 €	217,37 €	72,46 €	880,39 €	1 170,22 €
147	95 727,78 €	215,39 €	71,80 €	883,03 €	1 170,22 €
148	94 844,75 €	213,40 €	71,13 €	885,69 €	1 170,22 €
149	93 959,06 €	211,41 €	70,47 €	888,34 €	1 170,22 €
150	93 070,72 €	209,41 €	69,80 €	891,01 €	1 170,22 €
151	92 179,71 €	207,40 €	69,13 €	893,69 €	1 170,22 €
152	91 286,02 €	205,39 €	68,46 €	896,37 €	1 170,22 €
153	90 389,65 €	203,38 €	67,79 €	899,05 €	1 170,22 €
154	89 490,60 €	201,35 €	67,12 €	0,00 €	67,12 €
155	89 691,95 €	201,81 €	67,27 €	0,00 €	67,27 €
156	89 893,76 €	202,26 €	67,42 €	0,00 €	67,42 €
157	90 096,02 €	202,72 €	67,57 €	0,00 €	67,57 €

Période	Restant dû	Intérêts (nominal)	Frais et assurance	Amortissement	Annuité
158	90 298,74 €	203,17 €	67,72 €	0,00 €	67,72 €
159	90 501,91 €	203,63 €	67,88 €	0,00 €	67,88 €
160	90 705,54 €	204,09 €	68,03 €	990,94 €	1 263,06 €
161	89 714,60 €	201,86 €	67,29 €	993,91 €	1 263,06 €
162	88 720,69 €	199,62 €	66,54 €	996,90 €	1 263,06 €
163	87 723,79 €	197,38 €	65,79 €	999,89 €	1 263,06 €
164	86 723,90 €	195,13 €	65,04 €	1 002,89 €	1 263,06 €
165	85 721,01 €	192,87 €	64,29 €	1 005,90 €	1 263,06 €
166	84 715,11 €	190,61 €	63,54 €	1 008,91 €	1 263,06 €
167	83 706,20 €	188,34 €	62,78 €	1 011,94 €	1 263,06 €
168	82 694,26 €	186,06 €	62,02 €	1 014,98 €	1 263,06 €
169	81 679,28 €	183,78 €	61,26 €	1 018,02 €	1 263,06 €
170	80 661,26 €	181,49 €	60,50 €	1 021,07 €	1 263,06 €
171	79 640,19 €	179,19 €	59,73 €	1 024,14 €	1 263,06 €
172	78 616,05 €	176,89 €	58,96 €	1 027,21 €	1 263,06 €
173	77 588,84 €	174,57 €	58,19 €	1 030,30 €	1 263,06 €
174	76 558,54 €	172,26 €	57,42 €	1 033,38 €	1 263,06 €
175	75 525,16 €	169,93 €	56,64 €	1 036,49 €	1 263,06 €
176	74 488,67 €	167,60 €	55,87 €	1 039,59 €	1 263,06 €
177	73 449,08 €	165,26 €	55,09 €	1 042,71 €	1 263,06 €
178	72 406,37 €	162,91 €	54,30 €	1 045,85 €	1 263,06 €
179	71 360,52 €	160,56 €	53,52 €	1 048,98 €	1 263,06 €
180	70 311,54 €	158,20 €	52,73 €	1 052,13 €	1 263,06 €
181	69 259,41 €	155,83 €	51,94 €	1 055,29 €	1 263,06 €
182	68 204,12 €	153,46 €	51,15 €	1 058,45 €	1 263,06 €
183	67 145,67 €	151,08 €	50,36 €	1 061,62 €	1 263,06 €
184	66 084,05 €	148,69 €	49,56 €	1 064,81 €	1 263,06 €
185	65 019,24 €	146,29 €	48,76 €	1 068,01 €	1 263,06 €
186	63 951,23 €	143,89 €	47,96 €	1 071,21 €	1 263,06 €

Période	Restant dû	Intérêts (nominal)	Frais et assurance	Amortissement	Annuité
187	62 880,02 €	141,48 €	47,16 €	1 074,42 €	1 263,06 €
188	61 805,60 €	139,06 €	46,35 €	1 077,65 €	1 263,06 €
189	60 727,95 €	136,64 €	45,55 €	1 080,87 €	1 263,06 €
190	59 647,08 €	134,21 €	44,74 €	1 084,11 €	1 263,06 €
191	58 562,97 €	131,77 €	43,92 €	1 087,37 €	1 263,06 €
192	57 475,60 €	129,32 €	43,11 €	1 090,63 €	1 263,06 €
193	56 384,97 €	126,87 €	42,29 €	1 093,90 €	1 263,06 €
194	55 291,07 €	124,40 €	41,47 €	1 097,19 €	1 263,06 €
195	54 193,88 €	121,94 €	40,65 €	1 100,47 €	1 263,06 €
196	53 093,41 €	119,46 €	39,82 €	1 103,78 €	1 263,06 €
197	51 989,63 €	116,98 €	38,99 €	1 107,09 €	1 263,06 €
198	50 882,54 €	114,49 €	38,16 €	1 110,41 €	1 263,06 €
199	49 772,13 €	111,99 €	37,33 €	1 113,74 €	1 263,06 €
200	48 658,39 €	109,48 €	36,49 €	1 117,09 €	1 263,06 €
201	47 541,30 €	106,97 €	35,66 €	1 120,43 €	1 263,06 €
202	46 420,87 €	104,45 €	34,82 €	1 123,79 €	1 263,06 €
203	45 297,08 €	101,92 €	33,97 €	1 127,17 €	1 263,06 €
204	44 169,91 €	99,38 €	33,13 €	1 130,55 €	1 263,06 €
205	43 039,36 €	96,84 €	32,28 €	1 133,94 €	1 263,06 €
206	41 905,42 €	94,29 €	31,43 €	1 137,34 €	1 263,06 €
207	40 768,08 €	91,73 €	30,58 €	1 140,75 €	1 263,06 €
208	39 627,33 €	89,16 €	29,72 €	1 144,18 €	1 263,06 €
209	38 483,15 €	86,59 €	28,86 €	1 147,61 €	1 263,06 €
210	37 335,54 €	84,00 €	28,00 €	1 151,06 €	1 263,06 €
211	36 184,48 €	81,42 €	27,14 €	1 154,50 €	1 263,06 €
212	35 029,98 €	78,82 €	26,27 €	1 157,97 €	1 263,06 €
213	33 872,01 €	76,21 €	25,40 €	1 161,45 €	1 263,06 €
214	32 710,56 €	73,60 €	24,53 €	1 164,93 €	1 263,06 €
215	31 545,63 €	70,98 €	23,66 €	1 168,42 €	1 263,06 €

Période	Restant dû	Intérêts (nominal)	Frais et assurance	Amortissement	Annuité
216	30 377,21 €	68,35 €	22,78 €	1 171,93 €	1 263,06 €
217	29 205,28 €	65,71 €	21,90 €	1 175,45 €	1 263,06 €
218	28 029,83 €	63,07 €	21,02 €	1 178,97 €	1 263,06 €
219	26 850,86 €	60,41 €	20,14 €	1 182,51 €	1 263,06 €
220	25 668,35 €	57,75 €	19,25 €	1 186,06 €	1 263,06 €
221	24 482,29 €	55,09 €	18,36 €	1 189,61 €	1 263,06 €
222	23 292,68 €	52,41 €	17,47 €	1 193,18 €	1 263,06 €
223	22 099,50 €	49,72 €	16,57 €	1 196,77 €	1 263,06 €
224	20 902,73 €	47,03 €	15,68 €	1 200,35 €	1 263,06 €
225	19 702,38 €	44,33 €	14,78 €	1 203,95 €	1 263,06 €
226	18 498,43 €	41,62 €	13,87 €	1 207,57 €	1 263,06 €
227	17 290,86 €	38,90 €	12,97 €	1 211,19 €	1 263,06 €
228	16 079,67 €	36,18 €	12,06 €	1 214,82 €	1 263,06 €
229	14 864,85 €	33,45 €	11,15 €	1 218,46 €	1 263,06 €
230	13 646,39 €	30,70 €	10,23 €	1 222,13 €	1 263,06 €
231	12 424,26 €	27,95 €	9,32 €	1 225,79 €	1 263,06 €
232	11 198,47 €	25,20 €	8,40 €	1 229,46 €	1 263,06 €
233	9 969,01 €	22,43 €	7,48 €	1 233,15 €	1 263,06 €
234	8 735,86 €	19,66 €	6,55 €	1 236,85 €	1 263,06 €
235	7 499,01 €	16,87 €	5,62 €	1 240,57 €	1 263,06 €
236	6 258,44 €	14,08 €	4,69 €	1 244,29 €	1 263,06 €
237	5 014,15 €	11,28 €	3,76 €	1 248,02 €	1 263,06 €
238	3 766,13 €	8,47 €	2,82 €	1 251,77 €	1 263,06 €
239	2 514,36 €	5,66 €	1,89 €	1 255,51 €	1 263,06 €
240	1 258,85 €	2,83 €	0,94 €	1 258,85 €	1 262,62 €
Total		61 317,11 €	20 438,95 €	201 214,94 €	

Le coût total du crédit avec report est de 61 317,11 + 20 438,95 = 81 756,06 €.

A vérifier : le coût du crédit sans report est de 80 853,77 €.

Le coût du report d'échéances est donc de 81 756,06 – 80 853,77 = 902,29 €, le report total est donc bien plus cher que le report partiel qui coûtait 737,38 € (voir annexe 3).

On notera qu'un report total sans allongement de durée est moins cher qu'un report partiel avec allongement de durée. La durée est bien un élément clé du coût d'un crédit.

Annexe 6 : Report d'échéances total avec allongement de la durée

Remboursement d'un capital de 200 000 € sur 20 ans à un TAEG de 3,6%. Le taux nominal est de 2,7%. Un report d'échéances total est accordé à partir de la période 154 pour une durée de 6 mois.

Les intérêts non payés s'étant ajoutés au restant dû pendant le report, une nouvelle mensualité devra être calculée sur la base du restant dû de la période 160 comprenant les intérêts capitalisés et pour la période restante.

Modélisation au tableur :

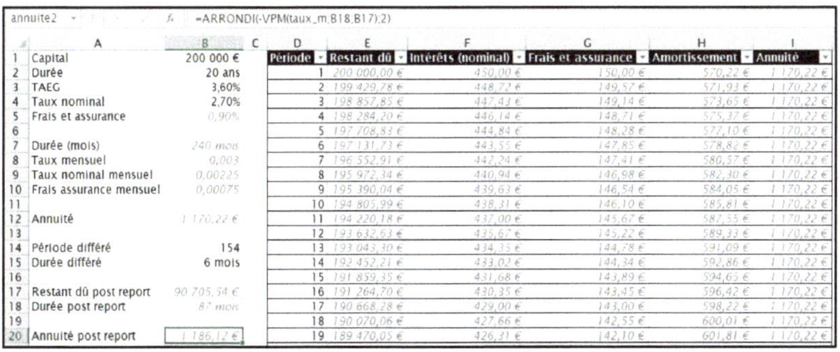

annuite2 =ARRONDI(-VPM(taux_m;B18;B17);2)

	A	B
1	Capital	200 000 €
2	Durée	20 ans
3	TAEG	3,60%
4	Taux nominal	2,70%
5	Frais et assurance	0,90%
6		
7	Durée (mois)	240 mois
8	Taux mensuel	0,003
9	Taux nominal mensuel	0,00225
10	Frais assurance mensuel	0,00075
11		
12	Annuité	1 170,22 €
13		
14	Période différé	154
15	Durée différé	6 mois
16		
17	Restant dû post report	90 705,54 €
18	Durée post report	87 mois
19		
20	Annuité post report	1 186,12 €

Période	Restant dû	Intérêts (nominal)	Frais et assurance	Amortissement	Annuité
1	200 000,00 €	450,00 €	150,00 €	570,22 €	1 170,22 €
2	199 429,78 €	448,72 €	149,57 €	571,93 €	1 170,22 €
3	198 857,85 €	447,43 €	149,14 €	573,65 €	1 170,22 €
4	198 284,20 €	446,14 €	148,71 €	575,37 €	1 170,22 €
5	197 708,83 €	444,84 €	148,28 €	577,10 €	1 170,22 €
6	197 131,73 €	443,55 €	147,85 €	578,82 €	1 170,22 €
7	196 552,91 €	442,24 €	147,41 €	580,57 €	1 170,22 €
8	195 972,34 €	440,94 €	146,98 €	582,30 €	1 170,22 €
9	195 390,04 €	439,63 €	146,54 €	584,05 €	1 170,22 €
10	194 805,99 €	438,31 €	146,10 €	585,81 €	1 170,22 €
11	194 220,18 €	437,00 €	145,67 €	587,55 €	1 170,22 €
12	193 632,63 €	435,67 €	145,22 €	589,33 €	1 170,22 €
13	193 043,30 €	434,35 €	144,78 €	591,09 €	1 170,22 €
14	192 452,21 €	433.02 €	144,34 €	592,86 €	1 170,22 €
15	191 859,35 €	431,68 €	143,89 €	594,65 €	1 170,22 €
16	191 264,70 €	430,35 €	143,45 €	596,42 €	1 170,22 €
17	190 668,28 €	429,00 €	143,00 €	598,22 €	1 170,22 €
18	190 070,06 €	427,66 €	142,55 €	600,01 €	1 170,22 €
19	189 470,05 €	426,31 €	142,10 €	601,81 €	1 170,22 €

Tableau d'amortissement complet :

Période	Restant dû	Intérêts (nominal)	Frais et assurance	Amortissement	Annuité
1	200 000,00 €	450,00 €	150,00 €	570,22 €	1 170,22 €
2	199 429,78 €	448,72 €	149,57 €	571,93 €	1 170,22 €
3	198 857,85 €	447,43 €	149,14 €	573,65 €	1 170,22 €
4	198 284,20 €	446,14 €	148,71 €	575,37 €	1 170,22 €
5	197 708,83 €	444,84 €	148,28 €	577,10 €	1 170,22 €
6	197 131,73 €	443,55 €	147,85 €	578,82 €	1 170,22 €
7	196 552,91 €	442,24 €	147,41 €	580,57 €	1 170,22 €

Période	Restant dû	Intérêts (nominal)	Frais et assurance	Amortissement	Annuité
8	195 972,34 €	440,94 €	146,98 €	582,30 €	1 170,22 €
9	195 390,04 €	439,63 €	146,54 €	584,05 €	1 170,22 €
10	194 805,99 €	438,31 €	146,10 €	585,81 €	1 170,22 €
11	194 220,18 €	437,00 €	145,67 €	587,55 €	1 170,22 €
12	193 632,63 €	435,67 €	145,22 €	589,33 €	1 170,22 €
13	193 043,30 €	434,35 €	144,78 €	591,09 €	1 170,22 €
14	192 452,21 €	433,02 €	144,34 €	592,86 €	1 170,22 €
15	191 859,35 €	431,68 €	143,89 €	594,65 €	1 170,22 €
16	191 264,70 €	430,35 €	143,45 €	596,42 €	1 170,22 €
17	190 668,28 €	429,00 €	143,00 €	598,22 €	1 170,22 €
18	190 070,06 €	427,66 €	142,55 €	600,01 €	1 170,22 €
19	189 470,05 €	426,31 €	142,10 €	601,81 €	1 170,22 €
20	188 868,24 €	424,95 €	141,65 €	603,62 €	1 170,22 €
21	188 264,62 €	423,60 €	141,20 €	605,42 €	1 170,22 €
22	187 659,20 €	422,23 €	140,74 €	607,25 €	1 170,22 €
23	187 051,95 €	420,87 €	140,29 €	609,06 €	1 170,22 €
24	186 442,89 €	419,50 €	139,83 €	610,89 €	1 170,22 €
25	185 832,00 €	418,12 €	139,37 €	612,73 €	1 170,22 €
26	185 219,27 €	416,74 €	138,91 €	614,57 €	1 170,22 €
27	184 604,70 €	415,36 €	138,45 €	616,41 €	1 170,22 €
28	183 988,29 €	413,97 €	137,99 €	618,26 €	1 170,22 €
29	183 370,03 €	412,58 €	137,53 €	620,11 €	1 170,22 €
30	182 749,92 €	411,19 €	137,06 €	621,97 €	1 170,22 €
31	182 127,95 €	409,79 €	136,60 €	623,83 €	1 170,22 €
32	181 504,12 €	408,38 €	136,13 €	625,71 €	1 170,22 €
33	180 878,41 €	406,98 €	135,66 €	627,58 €	1 170,22 €
34	180 250,83 €	405,56 €	135,19 €	629,47 €	1 170,22 €
35	179 621,36 €	404,15 €	134,72 €	631,35 €	1 170,22 €
36	178 990,01 €	402,73 €	134,24 €	633,25 €	1 170,22 €

Période	Restant dû	Intérêts (nominal)	Frais et assurance	Amortissement	Annuité
37	178 356,76 €	401,30 €	133,77 €	635,15 €	1 170,22 €
38	177 721,61 €	399,87 €	133,29 €	637,06 €	1 170,22 €
39	177 084,55 €	398,44 €	132,81 €	638,97 €	1 170,22 €
40	176 445,58 €	397,00 €	132,33 €	640,89 €	1 170,22 €
41	175 804,69 €	395,56 €	131,85 €	642,81 €	1 170,22 €
42	175 161,88 €	394,11 €	131,37 €	644,74 €	1 170,22 €
43	174 517,14 €	392,66 €	130,89 €	646,67 €	1 170,22 €
44	173 870,47 €	391,21 €	130,40 €	648,61 €	1 170,22 €
45	173 221,86 €	389,75 €	129,92 €	650,55 €	1 170,22 €
46	172 571,31 €	388,29 €	129,43 €	652,50 €	1 170,22 €
47	171 918,81 €	386,82 €	128,94 €	654,46 €	1 170,22 €
48	171 264,35 €	385,34 €	128,45 €	656,43 €	1 170,22 €
49	170 607,92 €	383,87 €	127,96 €	658,39 €	1 170,22 €
50	169 949,53 €	382,39 €	127,46 €	660,37 €	1 170,22 €
51	169 289,16 €	380,90 €	126,97 €	662,35 €	1 170,22 €
52	168 626,81 €	379,41 €	126,47 €	664,34 €	1 170,22 €
53	167 962,47 €	377,92 €	125,97 €	666,33 €	1 170,22 €
54	167 296,14 €	376,42 €	125,47 €	668,33 €	1 170,22 €
55	166 627,81 €	374,91 €	124,97 €	670,34 €	1 170,22 €
56	165 957,47 €	373,40 €	124,47 €	672,35 €	1 170,22 €
57	165 285,12 €	371,89 €	123,96 €	674,37 €	1 170,22 €
58	164 610,75 €	370,37 €	123,46 €	676,39 €	1 170,22 €
59	163 934,36 €	368,85 €	122,95 €	678,42 €	1 170,22 €
60	163 255,94 €	367,33 €	122,44 €	680,45 €	1 170,22 €
61	162 575,49 €	365,79 €	121,93 €	682,50 €	1 170,22 €
62	161 892,99 €	364,26 €	121,42 €	684,54 €	1 170,22 €
63	161 208,45 €	362,72 €	120,91 €	686,59 €	1 170,22 €
64	160 521,86 €	361,17 €	120,39 €	688,66 €	1 170,22 €
65	159 833,20 €	359,62 €	119,87 €	690,73 €	1 170,22 €

Période	Restant dû	Intérêts (nominal)	Frais et assurance	Amortissement	Annuité
66	159 142,47 €	358,07 €	119,36 €	692,79 €	1 170,22 €
67	158 449,68 €	356,51 €	118,84 €	694,87 €	1 170,22 €
68	157 754,81 €	354,95 €	118,32 €	696,95 €	1 170,22 €
69	157 057,86 €	353,38 €	117,79 €	699,05 €	1 170,22 €
70	156 358,81 €	351,81 €	117,27 €	701,14 €	1 170,22 €
71	155 657,67 €	350,23 €	116,74 €	703,25 €	1 170,22 €
72	154 954,42 €	348,65 €	116,22 €	705,35 €	1 170,22 €
73	154 249,07 €	347,06 €	115,69 €	707,47 €	1 170,22 €
74	153 541,60 €	345,47 €	115,16 €	709,59 €	1 170,22 €
75	152 832,01 €	343,87 €	114,62 €	711,73 €	1 170,22 €
76	152 120,28 €	342,27 €	114,09 €	713,86 €	1 170,22 €
77	151 406,42 €	340,66 €	113,55 €	716,01 €	1 170,22 €
78	150 690,41 €	339,05 €	113,02 €	718,15 €	1 170,22 €
79	149 972,26 €	337,44 €	112,48 €	720,30 €	1 170,22 €
80	149 251,96 €	335,82 €	111,94 €	722,46 €	1 170,22 €
81	148 529,50 €	334,19 €	111,40 €	724,63 €	1 170,22 €
82	147 804,87 €	332,56 €	110,85 €	726,81 €	1 170,22 €
83	147 078,06 €	330,93 €	110,31 €	728,98 €	1 170,22 €
84	146 349,08 €	329,29 €	109,76 €	731,17 €	1 170,22 €
85	145 617,91 €	327,64 €	109,21 €	733,37 €	1 170,22 €
86	144 884,54 €	325,99 €	108,66 €	735,57 €	1 170,22 €
87	144 148,97 €	324,34 €	108,11 €	737,77 €	1 170,22 €
88	143 411,20 €	322,68 €	107,56 €	739,98 €	1 170,22 €
89	142 671,22 €	321,01 €	107,00 €	742,21 €	1 170,22 €
90	141 929,01 €	319,34 €	106,45 €	744,43 €	1 170,22 €
91	141 184,58 €	317,67 €	105,89 €	746,66 €	1 170,22 €
92	140 437,92 €	315,99 €	105,33 €	748,90 €	1 170,22 €
93	139 689,02 €	314,30 €	104,77 €	751,15 €	1 170,22 €
94	138 937,87 €	312,61 €	104,20 €	753,41 €	1 170,22 €

Période	Restant dû	Intérêts (nominal)	Frais et assurance	Amortissement	Annuité
95	138 184,46 €	310,92 €	103,64 €	755,66 €	1 170,22 €
96	137 428,80 €	309,21 €	103,07 €	757,94 €	1 170,22 €
97	136 670,86 €	307,51 €	102,50 €	760,21 €	1 170,22 €
98	135 910,65 €	305,80 €	101,93 €	762,49 €	1 170,22 €
99	135 148,16 €	304,08 €	101,36 €	764,78 €	1 170,22 €
100	134 383,38 €	302,36 €	100,79 €	767,07 €	1 170,22 €
101	133 616,31 €	300,64 €	100,21 €	769,37 €	1 170,22 €
102	132 846,94 €	298,91 €	99,64 €	771,67 €	1 170,22 €
103	132 075,27 €	297,17 €	99,06 €	773,99 €	1 170,22 €
104	131 301,28 €	295,43 €	98,48 €	776,31 €	1 170,22 €
105	130 524,97 €	293,68 €	97,89 €	778,65 €	1 170,22 €
106	129 746,32 €	291,93 €	97,31 €	780,98 €	1 170,22 €
107	128 965,34 €	290,17 €	96,72 €	783,33 €	1 170,22 €
108	128 182,01 €	288,41 €	96,14 €	785,67 €	1 170,22 €
109	127 396,34 €	286,64 €	95,55 €	788,03 €	1 170,22 €
110	126 608,31 €	284,87 €	94,96 €	790,39 €	1 170,22 €
111	125 817,92 €	283,09 €	94,36 €	792,77 €	1 170,22 €
112	125 025,15 €	281,31 €	93,77 €	795,14 €	1 170,22 €
113	124 230,01 €	279,52 €	93,17 €	797,53 €	1 170,22 €
114	123 432,48 €	277,72 €	92,57 €	799,93 €	1 170,22 €
115	122 632,55 €	275,92 €	91,97 €	802,33 €	1 170,22 €
116	121 830,22 €	274,12 €	91,37 €	804,73 €	1 170,22 €
117	121 025,49 €	272,31 €	90,77 €	807,14 €	1 170,22 €
118	120 218,35 €	270,49 €	90,16 €	809,57 €	1 170,22 €
119	119 408,78 €	268,67 €	89,56 €	811,99 €	1 170,22 €
120	118 596,79 €	266,84 €	88,95 €	814,43 €	1 170,22 €
121	117 782,36 €	265,01 €	88,34 €	816,87 €	1 170,22 €
122	116 965,49 €	263,17 €	87,72 €	819,33 €	1 170,22 €
123	116 146,16 €	261,33 €	87,11 €	821,78 €	1 170,22 €

Période	Restant dû	Intérêts (nominal)	Frais et assurance	Amortissement	Annuité
124	115 324,38 €	259,48 €	86,49 €	824,25 €	1 170,22 €
125	114 500,13 €	257,63 €	85,88 €	826,71 €	1 170,22 €
126	113 673,42 €	255,77 €	85,26 €	829,19 €	1 170,22 €
127	112 844,23 €	253,90 €	84,63 €	831,69 €	1 170,22 €
128	112 012,54 €	252,03 €	84,01 €	834,18 €	1 170,22 €
129	111 178,36 €	250,15 €	83,38 €	836,69 €	1 170,22 €
130	110 341,67 €	248,27 €	82,76 €	839,19 €	1 170,22 €
131	109 502,48 €	246,38 €	82,13 €	841,71 €	1 170,22 €
132	108 660,77 €	244,49 €	81,50 €	844,23 €	1 170,22 €
133	107 816,54 €	242,59 €	80,86 €	846,77 €	1 170,22 €
134	106 969,77 €	240,68 €	80,23 €	849,31 €	1 170,22 €
135	106 120,46 €	238,77 €	79,59 €	851,86 €	1 170,22 €
136	105 268,60 €	236,85 €	78,95 €	854,42 €	1 170,22 €
137	104 414,18 €	234,93 €	78,31 €	856,98 €	1 170,22 €
138	103 557,20 €	233,00 €	77,67 €	859,55 €	1 170,22 €
139	102 697,65 €	231,07 €	77,02 €	862,13 €	1 170,22 €
140	101 835,52 €	229,13 €	76,38 €	864,71 €	1 170,22 €
141	100 970,81 €	227,18 €	75,73 €	867,31 €	1 170,22 €
142	100 103,50 €	225,23 €	75,08 €	869,91 €	1 170,22 €
143	99 233,59 €	223,28 €	74,43 €	872,51 €	1 170,22 €
144	98 361,08 €	221,31 €	73,77 €	875,14 €	1 170,22 €
145	97 485,94 €	219,34 €	73,11 €	877,77 €	1 170,22 €
146	96 608,17 €	217,37 €	72,46 €	880,39 €	1 170,22 €
147	95 727,78 €	215,39 €	71,80 €	883,03 €	1 170,22 €
148	94 844,75 €	213,40 €	71,13 €	885,69 €	1 170,22 €
149	93 959,06 €	211,41 €	70,47 €	888,34 €	1 170,22 €
150	93 070,72 €	209,41 €	69,80 €	891,01 €	1 170,22 €
151	92 179,71 €	207,40 €	69,13 €	893,69 €	1 170,22 €
152	91 286,02 €	205,39 €	68,46 €	896,37 €	1 170,22 €

Période	Restant dû	Intérêts (nominal)	Frais et assurance	Amortissement	Annuité
153	90 389,65 €	203,38 €	67,79 €	899,05 €	1 170,22 €
154	89 490,60 €	201,35 €	67,12 €	0,00 €	67,12 €
155	89 691,95 €	201,81 €	67,27 €	0,00 €	67,27 €
156	89 893,76 €	202,26 €	67,42 €	0,00 €	67,42 €
157	90 096,02 €	202,72 €	67,57 €	0,00 €	67,57 €
158	90 298,74 €	203,17 €	67,72 €	0,00 €	67,72 €
159	90 501,91 €	203,63 €	67,88 €	0,00 €	67,88 €
160	90 705,54 €	204,09 €	68,03 €	914,00 €	1 186,12 €
161	89 791,54 €	202,03 €	67,34 €	916,75 €	1 186,12 €
162	88 874,79 €	199,97 €	66,66 €	919,49 €	1 186,12 €
163	87 955,30 €	197,90 €	65,97 €	922,25 €	1 186,12 €
164	87 033,05 €	195,82 €	65,27 €	925,03 €	1 186,12 €
165	86 108,02 €	193,74 €	64,58 €	927,80 €	1 186,12 €
166	85 180,22 €	191,66 €	63,89 €	930,57 €	1 186,12 €
167	84 249,65 €	189,56 €	63,19 €	933,37 €	1 186,12 €
168	83 316,28 €	187,46 €	62,49 €	936,17 €	1 186,12 €
169	82 380,11 €	185,36 €	61,79 €	938,97 €	1 186,12 €
170	81 441,14 €	183,24 €	61,08 €	941,80 €	1 186,12 €
171	80 499,34 €	181,12 €	60,37 €	944,63 €	1 186,12 €
172	79 554,71 €	179,00 €	59,67 €	947,45 €	1 186,12 €
173	78 607,26 €	176,87 €	58,96 €	950,29 €	1 186,12 €
174	77 656,97 €	174,73 €	58,24 €	953,15 €	1 186,12 €
175	76 703,82 €	172,58 €	57,53 €	956,01 €	1 186,12 €
176	75 747,81 €	170,43 €	56,81 €	958,88 €	1 186,12 €
177	74 788,93 €	168,28 €	56,09 €	961,75 €	1 186,12 €
178	73 827,18 €	166,11 €	55,37 €	964,64 €	1 186,12 €
179	72 862,54 €	163,94 €	54,65 €	967,53 €	1 186,12 €
180	71 895,01 €	161,76 €	53,92 €	970,44 €	1 186,12 €
181	70 924,57 €	159,58 €	53,19 €	973,35 €	1 186,12 €

Période	Restant dû	Intérêts (nominal)	Frais et assurance	Amortissement	Annuité
182	69 951,22 €	157,39 €	52,46 €	976,27 €	1 186,12 €
183	68 974,95 €	155,19 €	51,73 €	979,20 €	1 186,12 €
184	67 995,75 €	152,99 €	51,00 €	982,13 €	1 186,12 €
185	67 013,62 €	150,78 €	50,26 €	985,08 €	1 186,12 €
186	66 028,54 €	148,56 €	49,52 €	988,04 €	1 186,12 €
187	65 040,50 €	146,34 €	48,78 €	991,00 €	1 186,12 €
188	64 049,50 €	144,11 €	48,04 €	993,97 €	1 186,12 €
189	63 055,53 €	141,87 €	47,29 €	996,96 €	1 186,12 €
190	62 058,57 €	139,63 €	46,54 €	999,95 €	1 186,12 €
191	61 058,62 €	137,38 €	45,79 €	1 002,95 €	1 186,12 €
192	60 055,67 €	135,13 €	45,04 €	1 005,95 €	1 186,12 €
193	59 049,72 €	132,86 €	44,29 €	1 008,97 €	1 186,12 €
194	58 040,75 €	130,59 €	43,53 €	1 012,00 €	1 186,12 €
195	57 028,75 €	128,31 €	42,77 €	1 015,04 €	1 186,12 €
196	56 013,71 €	126,03 €	42,01 €	1 018,08 €	1 186,12 €
197	54 995,63 €	123,74 €	41,25 €	1 021,13 €	1 186,12 €
198	53 974,50 €	121,44 €	40,48 €	1 024,20 €	1 186,12 €
199	52 950,30 €	119,14 €	39,71 €	1 027,27 €	1 186,12 €
200	51 923,03 €	116,83 €	38,94 €	1 030,35 €	1 186,12 €
201	50 892,68 €	114,51 €	38,17 €	1 033,44 €	1 186,12 €
202	49 859,24 €	112,18 €	37,39 €	1 036,55 €	1 186,12 €
203	48 822,69 €	109,85 €	36,62 €	1 039,65 €	1 186,12 €
204	47 783,04 €	107,51 €	35,84 €	1 042,77 €	1 186,12 €
205	46 740,27 €	105,17 €	35,06 €	1 045,89 €	1 186,12 €
206	45 694,38 €	102,81 €	34,27 €	1 049,04 €	1 186,12 €
207	44 645,34 €	100,45 €	33,48 €	1 052,19 €	1 186,12 €
208	43 593,15 €	98,08 €	32,69 €	1 055,35 €	1 186,12 €
209	42 537,80 €	95,71 €	31,90 €	1 058,51 €	1 186,12 €
210	41 479,29 €	93,33 €	31,11 €	1 061,68 €	1 186,12 €

Période	Restant dû	Intérêts (nominal)	Frais et assurance	Amortissement	Annuité
211	40 417,61 €	90,94 €	30,31 €	1 064,87 €	1 186,12 €
212	39 352,74 €	88,54 €	29,51 €	1 068,07 €	1 186,12 €
213	38 284,67 €	86,14 €	28,71 €	1 071,27 €	1 186,12 €
214	37 213,40 €	83,73 €	27,91 €	1 074,48 €	1 186,12 €
215	36 138,92 €	81,31 €	27,10 €	1 077,71 €	1 186,12 €
216	35 061,21 €	78,89 €	26,30 €	1 080,93 €	1 186,12 €
217	33 980,28 €	76,46 €	25,49 €	1 084,17 €	1 186,12 €
218	32 896,11 €	74,02 €	24,67 €	1 087,43 €	1 186,12 €
219	31 808,68 €	71,57 €	23,86 €	1 090,69 €	1 186,12 €
220	30 717,99 €	69,12 €	23,04 €	1 093,96 €	1 186,12 €
221	29 624,03 €	66,65 €	22,22 €	1 097,25 €	1 186,12 €
222	28 526,78 €	64,19 €	21,40 €	1 100,53 €	1 186,12 €
223	27 426,25 €	61,71 €	20,57 €	1 103,84 €	1 186,12 €
224	26 322,41 €	59,23 €	19,74 €	1 107,15 €	1 186,12 €
225	25 215,26 €	56,73 €	18,91 €	1 110,48 €	1 186,12 €
226	24 104,78 €	54,24 €	18,08 €	1 113,80 €	1 186,12 €
227	22 990,98 €	51,73 €	17,24 €	1 117,15 €	1 186,12 €
228	21 873,83 €	49,22 €	16,41 €	1 120,49 €	1 186,12 €
229	20 753,34 €	46,70 €	15,57 €	1 123,85 €	1 186,12 €
230	19 629,49 €	44,17 €	14,72 €	1 127,23 €	1 186,12 €
231	18 502,26 €	41,63 €	13,88 €	1 130,61 €	1 186,12 €
232	17 371,65 €	39,09 €	13,03 €	1 134,00 €	1 186,12 €
233	16 237,65 €	36,53 €	12,18 €	1 137,41 €	1 186,12 €
234	15 100,24 €	33,98 €	11,33 €	1 140,81 €	1 186,12 €
235	13 959,43 €	31,41 €	10,47 €	1 144,24 €	1 186,12 €
236	12 815,19 €	28,83 €	9,61 €	1 147,68 €	1 186,12 €
237	11 667,51 €	26,25 €	8,75 €	1 151,12 €	1 186,12 €
238	10 516,39 €	23,66 €	7,89 €	1 154,57 €	1 186,12 €
239	9 361,82 €	21,06 €	7,02 €	1 158,04 €	1 186,12 €

Période	Restant dû	Intérêts (nominal)	Frais et assurance	Amortissement	Annuité
240	8 203,78 €	18,46 €	6,15 €	1 161,51 €	1 186,12 €
241	7 042,27 €	15,85 €	5,28 €	1 164,99 €	1 186,12 €
242	5 877,28 €	13,22 €	4,41 €	1 168,49 €	1 186,12 €
243	4 708,79 €	10,59 €	3,53 €	1 172,00 €	1 186,12 €
244	3 536,79 €	7,96 €	2,65 €	1 175,51 €	1 186,12 €
245	2 361,28 €	5,31 €	1,77 €	1 179,04 €	1 186,12 €
246	1 182,24 €	2,66 €	0,89 €	1 182,24 €	1 185,79 €
Total		61 980,59 €	20 660,16 €	201 214,94 €	

Le coût total du crédit avec report est de 61 980,59 + 20 660,16 = 82 640,75 €.

A vérifier : le coût du crédit sans report est de 80 853,77 €.

Le coût du report d'échéances est donc de 82 640,75 – 80 853,77 = 1 786,98 €, le report total avec allongement de la durée est bien la plus chère de toutes les options de report d'échéance.

Correction des exercices

Correction de l'exercice 1.1 : Le livret est ouvert le 19 juillet 2032, jour du douzième anniversaire de Lucas. On calcule d'abord le solde du livret au 1/01/2033, en intérêt simples. Comme il s'agit d'un livret, on compte les périodes en quinzaines.

Comme il s'agit d'un dépôt, la date de valeur est le premier jour de la quinzaine suivante, soit le 1/08/2032. On compte 10 quinzaines du 1/08/2032 au 1/01/2033.

Date	Opération	Durée	Intérêts
18/07/2022	1 600 €	10 quinzaines	$0{,}015 \times 1\,600 \times \frac{10}{24} = 10{,}00$ €

Le solde au 1/01/2033 est donc de $1\,600 + 10 =$ 1 610 €

On calcule ensuite le solde au 1/01/2045 (l'année des 25 ans de Lucas), par la formule des intérêts composés.

La durée est de 12 années pleines du 1/01/2023 au 1/01/2035.

Date	Opération	Durée	Valeur acquise
1/01/2033	1 610 €	12 ans	$1\,610 \times (1 + 0{,}015)^{12} = 1\,924{,}95$ €

$1\,610 \times (1 + 0{,}015)^{12} = 1\,924{,}95$ € sur le livret au 1/01/2045.

On calcule enfin les intérêts cumulés avant la clôture du livret durant l'année 2045 (en intérêts simples).

La clôture étant assimilée à un retrait ayant lieu le 19/07/2045, la date de valeur sera donc le 16/07/2045 (le premier jour de la quinzaine en cours). On compte 13 quinzaines du 1/01/2045 au 16/07/2045.

Date	Opération	Durée	Intérêts
1/01/2045	1 924,95 €	13 quinzaines	$0{,}015 \times 1\,924{,}95 \times \frac{13}{24} = 15{,}64$ €

Le solde à la clôture du livret (pour cause de limite d'âge atteinte) est donc de 1 924,95 + 15,64 = 1 940,59 €, qui seront reversés sur le compte courant de Lucas.

<u>Correction de l'exercice 1.2</u> : a) La période entre l'opération et le paiement des intérêts (le 1er janvier 2033) est un morceau de l'année 2032. On calculera donc en intérêts simples. Comme il s'agit d'un livret, on compte les durées en quinzaines.

Date	Opération	Durée	Intérêts
31/12/2031 (solde année 2030)	5 387,65 €	24 quinzaines	$0{,}005 \times 5387{,}65 \times \frac{24}{24} = 26{,}94$ €
05/03/2032	250,00 €	19 quinzaines	$0{,}005 \times 250 \times \frac{19}{24} = 0{,}99$ €
17/05/2032	−338,50 €	15 quinzaines	$0{,}005 \times (-338{,}50) \times \frac{15}{24} = -1{,}06$ €
07/10/2032	−55,00 €	6 quinzaines	$0{,}005 \times (-55) \times \frac{6}{24} = -0{,}07$ €
18/12/2032	270,00 €	0 quinzaines	$0{,}005 \times 270 \times \frac{0}{24} = 0$ €

Le dépôt du 18 décembre 2032 a été effectué trop tard dans l'année et ne rapportera donc pas d'intérêts en 2032. Il en rapportera à partir de l'année 2033.

Les intérêts acquis sont la somme de la colonne Intérêts :

$$26{,}94 + 0{,}99 - 1{,}06 - 0{,}07 + 0 = 26{,}80 \text{ €}$$

Le solde au 1/01/2033 sera donc la somme des opérations et des intérêts :

$$5\,387{,}65 + 250 - 338{,}50 - 55 + 270 + 26{,}80 = 5\,540{,}95 \text{ €}$$

b) On calcule directement le solde au 1/01/2039 en intérêts composés (6 années pleines entre le 1er janvier 2033 et le 1er janvier 2039) :

Date	Opération	Durée	Valeur acquise
1/01/2033	5 540,95 €	6 ans	$5\,540{,}95 \times (1 + 0{,}005)^6 = 5\,709{,}27$ €

Il reste à ajouter les intérêts cumulés au cours de l'année 2039. Ils seront calculés en intérêts simples, la période concernée étant un morceau de l'année 2039.

La clôture du compte étant un retrait de la totalité de la somme, la date de valeur sera le début de la quinzaine courante, soit le 16/04/2039. On compte 7 quinzaines entre le 1er janvier 2039 et le 16 avril 2039.

Date	Opération	Durée	Intérêts
1/01/2039	5 709,27 €	7 quinzaines	$0{,}005 \times 5\,709{,}27 \times \frac{7}{24} = 8{,}33$ €

Solde du compte à la clôture : 5 709,27 + 8,33 = 5 717,60 €

Correction de l'exercice 1.3 : Un trimestre dure 3 mois sur 12.

La durée d'un trimestre étant un morceau d'année, le coupon trimestriel se calcule en intérêts simples.

$$0{,}027\,8 \times 500\,000 \times \frac{3}{12} = 3\,475\text{ €}$$

Le fonds percevra un coupon de 3 475 € par trimestre.

Sur 12 trimestres, (3 ans), la plus-value se montera donc à 3 475 × 12 = 41 700 €.

Correction de l'exercice 1.4 : Calculons d'abord la plus-value et la valeur acquise dans le cas ou Jeanne-Marie choisit les obligations.

Le montant du coupon trimestriel sera de :

$$200\,000 \times 0{,}04 \times \frac{3}{12} = 2\,000\ €$$

Sur dix ans, Jeanne-Marie touchera donc

$$2\,000 \times 4 \times 10 = 80\,000\ €$$

La valeur acquise de son placement sera donc de

$$200\,000 + 80\,000 = 280\,000\ €$$

Dans le cas où Jeanne-Marie choisit l'assurance vie, on calcule d'abord la valeur acquise au 1/1/2033, date de paiement des intérêts, en intérêts simples. Faute d'informations complémentaires, la durée sera comptée sur une base de 360 jours annuels.

On trouve les durées au tableur à l'aide de la fonction JOURS360 :

E1 =JOURS360(B1;B2)

	A	B	C	D	E
1	Début	25/04/2032		Durée	246 jours
2	Fin	01/01/2033			

Date	Opération	Durée	Intérêts
25/04/2022	200 000 €	246 jours	$0{,}035 \times 200\,000 \times \frac{246}{360}$ $= 4\,783{,}33\ €$

Calcul : $0{,}035 \times 200\,000 \times \frac{246}{360} = 4\,783{,}33\ €$

La valeur acquise au 1/01/2033 est donc de $200\,000 + 4\,783{,}33 = 204\,783{,}33\ €$.

On calcule directement la valeur acquise au 1/01/2042 par intérêts composés (9 années pleines) : $204\,783{,}33 \times 1{,}035^9 = 279\,098{,}66\ €$

Date	Opération	Durée	Valeur acquise
1/01/2033	204 783,33 €	9 ans	$204\,783{,}33 \times 1{,}035^9$ $= 279\,098{,}66\ €$

On calcule enfin les intérêts acquis au cours de l'année 2042 jusqu'au 25/04 en intérêts simples. On trouve la durée à l'aide de la fonction JOURS360 du tableur :

E1 | =JOURS360(B1;B2)

	A	B	C	D	E
1	Début	01/01/2042		Durée	114 jours
2	Fin	25/04/2042			

Date	Opération	Durée	Intérêts
01/01/2042	279 098,66 €	114 jours	$0{,}035 \times 279\,098{,}66 \times \frac{114}{360} = 3\,093{,}34$ €

La valeur acquise au 25 avril 2042 sera donc de $279\,098{,}66 + 3\,093{,}34 = 282\,192$ €.

Malgré un rendement annuel moyen inférieur, Jeanne-Marie choisira donc l'Assurance Vie.

Cela provient du fait que la valeur acquise de l'Assurance Vie est calculée en intérêts composés, alors que celle des obligations est calculée en intérêts simples. Dans la vraie vie, il faudrait néanmoins prendre en compte la fiscalité et les frais bancaires. Cependant, les frais varient suivant les banques et la fiscalité appliquée aux intérêts de l'assurance vie dépend du mode de déclaration du client (Prélèvement Forfaitaire Unique ou Déclarations de Revenus). Il existe aussi un abattement fiscal dépendant de la situation maritale du client, et qui est susceptible d'évoluer. La prise en compte de la fiscalité aurait donc été trop complexe sur cet exemple. Pour plus d'informations sur le Prélèvement Forfaitaire Unique, voir :

https://www.economie.gouv.fr/particuliers/impots-et-fiscalite/gerer-mes-autres-impots-et-taxes/comment-fonctionne-le-prelevement

Correction de l'exercice 2.1 : Le fait que les versements ont lieu chaque 1er du mois permet de compter les durées en mois. Les durées représentant des fractions d'années, on calculera en intérêts simples.

On dresse le tableau d'annuités, avec une date de référence au 1/01/2035 :

Date	Opération	Durée	Intérêts
01/05/2034	5 000 €	8 mois	67,00 €
01/06/2034	500 €	7 mois	5,86 €
01/07/2034	500 €	6 mois	5,03 €
01/08/2034	500 €	5 mois	4,19 €
01/09/2034	500 €	4 mois	3,35 €
01/10/2034	500 €	3 mois	2,51 €
01/11/2034	500 €	2 mois	1,68 €
01/12/2034	500 €	1 mois	0,84 €
Total	8 500 €		90,46 €

Exemple de calcul :

$$0{,}020\,1 \times 5\,000 \times \frac{8}{12} = 67$$

En calculant les totaux des colonnes, on constate que les intérêts acquis se montent à 90,46 € et que la valeur acquise se monte à 8 500 + 90,46 = 8 590,46 €.

Correction de l'exercice 2.2 : Le fait que les versements ont lier chaque 1er janvier permet de compter les durées en années pleines. On peut donc calculer la valeur acquise au moyen de la formule des intérêts composés.

On dresse le tableau d'annuités, avec une date de référence au 1/01/2035 :

Date	Opération	Durée	Valeur acquise
01/01/2022	12 357 €	13 ans	14 785,96 €
01/01/2023	2 000 €	12 ans	2 360,32 €
01/01/2024	2 000 €	11 ans	2 327,96 €
01/01/2025	2 000 €	10 ans	2 296,05 €
01/01/2026	2 000 €	9 ans	2 264,57 €
01/01/2027	2 000 €	8 ans	2 233,53 €
01/01/2028	2 000 €	7 ans	2 202,91 €
01/01/2029	2 000 €	6 ans	2 172,70 €
01/01/2030	2 000 €	5 ans	2 142,92 €
01/01/2031	2 000 €	4 ans	2 113,54 €
01/01/2032	2 000 €	3 ans	2 084,56 €
01/01/2033	2 000 €	2 ans	2 055,99 €
01/01/2034	2 000 €	1 an	2 027,80 €
Total	36 357 €		41 068,81 €

Exemple de calcul :

$$12\,357 \times 1{,}013\,9^{13} = 14\,785{,}96\text{ €}$$

En calculant les totaux des colonnes, on constate que la valeur acquise se monte à 41 068,81 € et que le montant des versements est de 36 357 €.

Les intérêts acquis sont donc de :

$$41\,068{,}81 - 36\,357 = 4\,711{,}81\text{ €}$$

Correction de l'exercice 2.3 : Les comptes sur livret sont défiscalisés. La durée est exprimée en quinzaines, suivant la règle des quinzaines. Les durées étant des fractions d'années, on calcule les intérêts par la formule des intérêts simples.

On dresse le tableau d'annuité avec une date de référence au 1/01/2023 :

Date	Opération	Durée	Intérêts
01/01/2022	9 237,34 €	24 q	92,37 €
14/01/2022	200,00 €	23 q	1,92 €
14/02/2022	200,00 €	21 q	1,75 €
14/03/2022	200,00 €	19 q	1,58 €
14/04/2022	200,00 €	17 q	1,42 €
14/05/2022	200,00 €	15 q	1,25 €
14/06/2022	200,00 €	13 q	1,08 €
14/07/2022	200,00 €	11 q	0,92 €
14/08/2022	200,00 €	9 q	0,75 €
14/09/2022	200,00 €	7 q	0,58 €
14/10/2022	200,00 €	5 q	0,42 €
14/11/2022	200,00 €	3 q	0,25 €
14/12/2022	200,00 €	1 q	0,08 €
Total	11 637,34 €		104,37 €

Exemple de calcul :

$$0{,}01 \times 9\,237{,}34 \times \frac{24}{24} = 92{,}37\ €$$

En effectuant le total des colonnes, on obtient des intérêts acquis de 104,37 € et une valeur acquise de 11 637,34 + 104,37 = 11 741,71 €.

b) Les versements sur un LEP sont plafonnés à 10 000 € (à la date d'écriture de cet ouvrage). Dès que ce montant sera atteint, les mensualités suivantes seront rejetées. Il sera donc impossible d'atteindre les montants de la question a).

c) En procédant par essais/erreurs, on trouve que le plafond des versements sera atteint après la mensualité du

14/03/2032. Les versements postérieurs ne seront donc pas effectués. Voici le tableau des annuités mis à jour :

Date	Opération	Durée	Intérêts
01/01/2032	9 237,34 €	24 q	62,37 €
14/01/2032	200,00 €	23 q	1,92 €
14/02/2032	200,00 €	21 q	1,75 €
14/03/2032	200,00 €	19 q	1,58 €
Total	9 837,34 €		97,62 €

En effectuant le total des colonnes, on obtient des intérêts acquis de 97,62 € et une valeur acquise de 9 837,34 + 97,62 = 9 934,96 €.

Notez que même si ce n'est pas le cas ici, les intérêts peuvent être cumulés sans limitation et amener la valeur acquise au-delà du plafond, qui n'est qu'un plafond de dépôts.

<u>Correction de l'exercice 2.4</u> : La période concernée étant un morceau de l'année 2033, on travaillera en intérêts simples. Comme nous prenons comme base 365 jours par an, on calcule le nombre de jours entre le 12/03/2033 et le 1/01/2034 à l'aide de la fonction JOURS du tableur :

E1 =JOURS(B2;B1)

	A	B	C	D	E
1	Début	12/03/2033		Durée	295 jours
2	Fin	01/01/2034			

On dresse le tableau des versements pour l'année 2033 :

Date	Opération	Durée	Intérêts
12/03/2033	12 300 €	295 j	$0{,}01 \times 12\,300 \times \frac{295}{365} = 99{,}41$ €
01/04/2033	500 €	9 m	$0{,}01 \times 500 \times \frac{9}{12} = 3{,}75$ €

01/07/2033	500 €	6 m	$0{,}1 \times 500 \times \frac{6}{12} = 2{,}50$ €
01/10/2033	500 €	3 m	$0{,}1 \times 500 \times \frac{3}{12} = 1{,}25$ €
Total	13 800 €		106,91 €

On applique alors une fiscalité de 30% sur les intérêts : $0{,}3 \times 106{,}91 = 32{,}07$ €

La valeur acquise au 1/01/2024 se montera donc à :

$$13\,800 + 106{,}91 - 32{,}07 = 13\,874{,}84\text{ €}$$

Les intérêts acquis seront donc de $13\,874{,}74 - 13\,800 = 74{,}84$ €.

<u>Correction de l'exercice 2.5</u> : a) Le revenu imposable est de 422 120 € pour 3,5 parts fiscales. Le revenu brut par part est donc de $\frac{422\,120}{3{,}5} = 120\,606$ €, soit entre 73 517 € et 158 122 €. D'après le barème progressif, son taux d'imposition maximal est de 41%.

b) La durée est d'exactement un an du 1er janvier au 31 décembre. Les intérêts se monteront donc à $652\,305 \times 0{,}019\,3 = 12\,589{,}49$ €.

c) $0{,}128 \times 12\,589{,}49 = 1\,611{,}45$ €

d) $0{,}172 \times 12\,589{,}49 = 2\,165{,}39$ €

e) La tranche maximale de son impôt sur le revenu étant supérieure au taux du PNFL, il vaut mieux opter pour le PFU d'autant que, comme nous le verrons à la question f), le montant des intérêts déclarés ne provoque pas de changement de tranche d'imposition. Il peut donc supposer que la totalité des intérêts seraient fiscalisés à un taux de 41%, s'il choisit de les déclarer sur ses revenus plutôt que de payer le PFU.

f) Après déduction de l'abattement, les intérêts déclarés se montent à

$$12\,589{,}49 - 4600 = 7\,989{,}49\ €.$$

En application du PFU, le montant total prélevé au titre de la fiscalité est donc de :

$$(0{,}128 + 0{,}172) \times 7\,989{,}49 = 2\,396{,}85\ €.$$

La plus-value réalisée par M. Dumas après imposition se montera donc à :

$$12\,589{,}49 - 2\,396{,}85 = 10\,192{,}64\ €$$

<u>Correction de l'exercice 3.1</u> : Il faut actualiser la somme en deux étapes :

D'abord en intérêts composés pour une actualisation au 1/01/2034,

Puis en intérêts simples pour actualiser au 19/02/2033.

Actualisation du 1/01/2036 au 1/01/2034 (période de 2 ans):

Date	Opération	Durée	Valeur actuelle
1/01/2036	1 660 €	−2 ans	$1\,660 \times (1 + 0{,}015)^{-2}$ $= 1\,611{,}30$ €

Pour disposer de 1 660 € le 1/1/2026, il faudra avoir 1 611,30 € le 1/01/2034.

Actualisation du 1/01/2034 au 19/02/2033 : comme il s'agit d'un livret, on applique la règle des quinzaines pour mesurer la durée.

La date de valeur de l'ouverture du livret (dépôt) sera le 1/03/2033.

Du 1/03/2023 au 1/01/2024, on compte 20 quinzaines.

On applique la formule de la valeur actuelle en intérêts simples :

Date	Opération	Durée	Valeur actuelle
1/01/2034	1 611,30 €	20 quinzaines	$1\,611{,}30/\left(1+0{,}015\times\frac{20}{24}\right)$ $= 1\,591{,}41$ €

Il faudra donc déposer 1 591,41 € le 19/02/2033 pour disposer de 1 660 € le 1/01/2036.

La somme déposée ne dépassant pas le plafond des dépôts (de 1 600 € pour un Livret Jeunes à la date d'écriture de cet ouvrage), l'opération est réalisable.

Correction de l'exercice 3.2 : On actualise d'abord le retrait de 2 500 € en trois étapes. On actualise du 9/05/2039 au 1/01/2039 le retrait de 2 500 € (en intérêts simples). Le nombre de jours entre les deux dates est de 128 jours (d'après la fonction JOURS360 du tableur).

Date	Opération	Durée	Valeur actuelle
9/05/2039	2 500 €	128 jours	$2\,500/\left(1+0{,}025\,3\times\frac{128}{360}\right)$ $= 2\,477{,}71$ €

On actualise du 1/01/2039 au 1/01/2036 la somme de 2 477,71 € (en intérêts composés), sur une période de 3 ans.

Date	Opération	Durée	Valeur actuelle
1/01/2039	2 477,71 €	−3 ans	$2\,477{,}71\times(1+0{,}025\,3)^{-3}$ $= 2\,298{,}78$ €

On actualise de 1/01/2036 au 5/07/2035 la somme de 2 298,78 € (en intérêts simples). Le nombre de jours entre les deux dates est de 176 jours (d'après la fonction JOURS360).

Date	Opération	Durée	Valeur actuelle
1/01/2026	2 298,78 €	176 jours	$2\,298{,}78/\left(1+0{,}025\,3\times\frac{176}{360}\right) = 2\,270{,}69$ €

On actualise à présent le retrait de 5 300 € en trois étapes. On actualise du 9/04/2040 au 1/01/2040 le retrait de 5 300 € (en intérêts simples). Le nombre de jours entre les deux dates est de 98 jours (d'après la fonction JOURS360).

Date	Opération	Durée	Valeur actuelle
9/04/2040	5 300 €	98 jours	$5\,300/\left(1+0{,}025\,3\times\frac{98}{360}\right) = 5\,263{,}75$ €

On actualise du 1/01/2040 au 1/01/2036 la somme de 5 263,75 € (en intérêts composés), sur une période de 4 ans.

Date	Opération	Durée	Valeur actuelle
1/01/2040	5 263,75 €	−4 ans	$5\,263{,}75\times(1+0{,}025\,3)^{-4} = 4\,763{,}12$ €

On actualise du 1/01/2036 au 5/07/2035 la somme de 4 763,12 (en intérêts simples). Le nombre de jours entre les deux dates est de 176 jours (d'après la fonction JOURS360), comme vu plus haut.

Date	Opération	Durée	Valeur actuelle
1/01/2036	4 763,12 €	176 jours	$4\,763{,}12/\left(1+0{,}025\,3\times\frac{176}{360}\right) = 4\,704{,}93$ €

La somme à placer le 5/07/2025 est donc de $2\,270{,}69+4\,704{,}93=6\,975{,}62$ €.

Correction de l'exercice 3.3 : a) On actualise 45 300 € du 1/01/2042 au 1/01/2034 en intérêts composés, sur une période de 8 ans :

Date	Opération	Durée	Valeur actuelle
1/01/2042	45 300 €	−8 ans	$45\,300 \times (1 + 0{,}021\,6)^{-8}$ = 38 181,34 €

Madame Lampin devra donc placer 38 181,34 € le 1/01/2032.

b) On actualise toutes les annuités à la date de référence du 1/01/2024.

Date	Opération	Durée	Valeur actuelle
01/01/2034	5 150 €	0 an	$5\,150 \times (1 + 0{,}021\,6)^{0} = 5\,150{,}00$ €
01/01/2035	5 150 €	−1 an	$5\,150 \times (1 + 0{,}021\,6)^{-1} = 5\,041{,}11$ €
01/01/2036	5 150 €	−2 ans	$5\,150 \times (1 + 0{,}021\,6)^{-2} = 4\,934{,}53$ €
01/01/2037	5 150 €	−3 ans	$5\,150 \times (1 + 0{,}021\,6)^{-3} = 4\,830{,}19$ €
01/01/2038	5 150 €	−4 ans	$5\,150 \times (1 + 0{,}021\,6)^{-4} = 4\,728{,}07$ €
01/01/2039	5 150 €	−5 ans	$5\,150 \times (1 + 0{,}021\,6)^{-5} = 4\,628{,}10$ €
01/01/2040	5 150 €	−6 ans	$5\,150 \times (1 + 0{,}021\,6)^{-6} = 4\,530{,}25$ €
01/01/2041	5 150 €	−7 ans	$5\,150 \times (1 + 0{,}021\,6)^{-7} = 4\,434{,}46$ €
Total	41 200 €	V.A.	$Total = 38\,276{,}71$ €

On obtient une valeur actuelle de 38,276,71 €.

c) La valeur actuelle de la suite d'annuités étant supérieure à celle trouvée au a), la valeur acquise avant impôts au 1/01/2032 suffira à financer les travaux.

d) Pour calculer la valeur acquise au 1/01/2042, on peut se baser sur la valeur actuelle de la suite d'annuités trouvée au b). Les annuités sont équivalentes à un versement unique de 38 276,71 € le 1/01/2034.

On trouve la valeur acquise avant impôts au 1/01/2032 à l'aide de la formule des intérêts composés.

Date	Opération	Durée	Valeur acquise
1/01/2034	38 276,71 €	8 ans	$38\,276{,}71 \times (1 + 0{,}021\,6)^8$ $= 45\,413{,}16$ €

La valeur acquise de son épargne est de 45 413,16 €, ce qui confirme la réponse du c).

Le montant des versements étant de 41 200 € (voir tableau du b), les intérêts acquis se montent à

$$45\,413{,}16 - 41\,200 = 4\,213{,}16 \text{ €}$$

Les prélèvements sociaux se montent donc à :

$$0{,}172 \times 4\,213{,}16 = 724{,}66 \text{ €}$$

La valeur acquise après impôts sera donc de $45\,413{,}16 - 724{,}66 = 44\,688{,}50$ €, ce qui ne suffira pas à financer les travaux.

Il reste à Madame Lampin à espérer un rendement moyen supérieur à 2,16%.

Exercice 503.4 : On complète le tableau par l'actualisation des flux à l'année 0.

Pour plus de lisibilité, on a supprimé les colonnes Recettes et Charges, qui ne servent à rien d'autre qu'à calculer le flux.

Année	Flux	Durée	Actualisation
0	−86 381 €	0	$-86\,381 \times (1 + 0{,}375)^{0} = -86\,381$ €
1	3 788 €	−1	$3\,788 \times (1 + 0{,}375)^{-1} = 3\,651$ €
2	7 919 €	−2	$7\,919 \times (1 + 0{,}375)^{-2} = 7\,357$ €
3	9 996 €	−3	$9\,996 \times (1 + 0{,}375)^{-3} = 8\,951$ €
4	12 184 €	−4	$12\,184 \times (1 + 0{,}375)^{-4} = 10\,516$ €
5	−25 511 €	−5	$-25\,511 \times (1 + 0{,}375)^{-5} = -21\,222$ €
6	16 916 €	−6	$16\,916 \times (1 + 0{,}375)^{-6} = 13\,563$ €
7	19 472 €	−7	$19\,472 \times (1 + 0{,}375)^{-7} = 15\,049$ €

8	22 164 €	-8	$22\,164 \times (1 + 0{,}375)^{-8} = 16\,510$ €
9	24 999 €	-9	$24\,999 \times (1 + 0{,}375)^{-9} = 17\,949$ €
10	27 983 €	-10	$27\,983 \times (1 + 0{,}375)^{-10} = 19\,365$ €
		VAN	$Total = 5\,308$ €

Autre méthode beaucoup plus rapide : on utilise la fonction VAN du tableur :

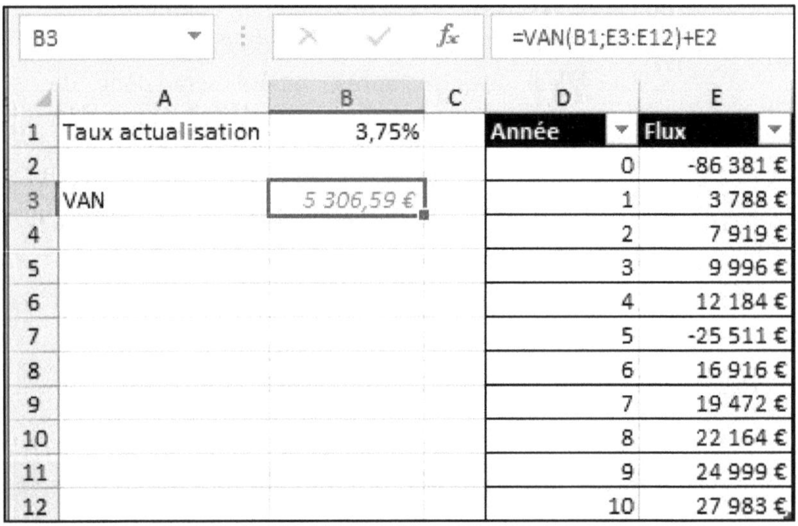

B3 =VAN(B1;E3:E12)+E2

	A	B	C	D	E
1	Taux actualisation	3,75%		Année	Flux
2				0	-86 381 €
3	VAN	5 306,59 €		1	3 788 €
4				2	7 919 €
5				3	9 996 €
6				4	12 184 €
7				5	-25 511 €
8				6	16 916 €
9				7	19 472 €
10				8	22 164 €
11				9	24 999 €
12				10	27 983 €

Nous constatons une différence minime entre la méthode par actualisations manuelles et la fonction VAN, dont nous ne tiendrons pas compte.

Le total des actualisations donne une VAN positive qui indique une rentabilité globale faible du projet.

<u>Correction de l'exercice 3.5</u> : Nous calculerons les Valeurs Actuelles Nettes à l'aide de la fonction VAN du tableur.

a) Avec un taux d'actualisation de 5% :

B3 =VAN(B1;E4:E9)+E3

	A	B	C	D	E	F	G	H
1	Taux actualisation	5,00%		Projet Recto			Projet Verso	
2				Année	Flux		Année	Flux
3	VAN projet Recto	1 860,26 €		0	-50 000 €		0	-50 000 €
4				1	-2 295 €		1	14 318 €
5	VAN projet Verso	-208 €		2	10 708 €		2	12 778 €
6				3	11 383 €		3	10 822 €
7				4	19 214 €		4	8 473 €
8				5	18 549 €		5	5 573 €
9				6	5 574 €		6	5 199 €

Le projet Recto est donc faiblement rentable alors que le projet Verso ne l'est pas.

b) Avec un taux d'actualisation de 10% :

B5 =VAN(B1;H4:H9)+H3

	A	B	C	D	E	F	G	H
1	Taux actualisation	10,00%		Projet Recto			Projet Verso	
2				Année	Flux		Année	Flux
3	VAN projet Recto	-6 897,29 €		0	-50 000 €		0	-50 000 €
4				1	-2 295 €		1	14 318 €
5	VAN projet Verso	-6 110 €		2	10 708 €		2	12 778 €
6				3	11 383 €		3	10 822 €
7				4	19 214 €		4	8 473 €
8				5	18 549 €		5	5 573 €
9				6	5 574 €		6	5 199 €

Aucun des deux projets n'est rentable mais le projet Verso est « moins mauvais » que le projet Recto.

On constate que le changement de taux d'actualisation a interverti le classement des deux projets l'un par rapport à l'autre.

Correction de l'exercice 4.1 : a) On applique la formule de l'indice de profitabilité :

$$IP = 1 + \frac{5\,308}{86\,381} = 1{,}06\text{ €}$$

Chaque euro investi dans ce projet est censé rapporter 1,06 €.

b) La représentation graphique se fait au tableur, après avoir dressé le tableau des valeurs de la VAN en fonction de différentes valeurs du taux d'actualisation :

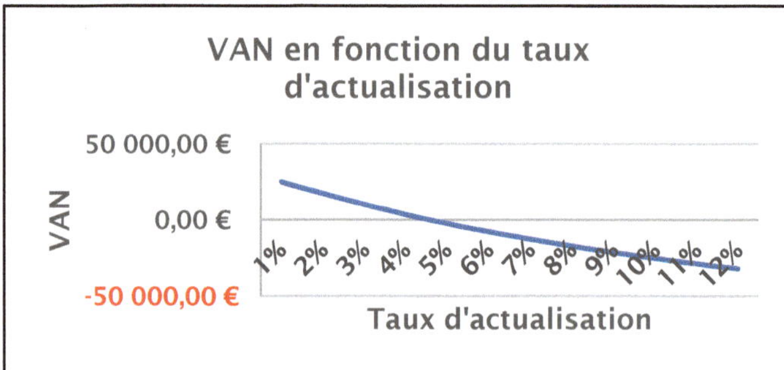

Taux d'actualisation	VAN
1%	25 026,05 €
2%	17 276,79 €
3%	10 205,66 €
4%	3 745,40 €
5%	-2 163,88 €
6%	-7 575,63 €
7%	-12 537,60 €
8%	-17 092,47 €
9%	-21 278,48 €
10%	-25 129,88 €
11%	-28 677,43 €
12%	-31 948,75 €

En observant le graphique et le tableau, on peut conjecturer un Taux de Rentabilité Interne légèrement inférieur à 5%.

En utilisant la fonction TRI, le tableur donne un taux d'actualisation de 4,62%.

Autrement dit, le projet est aussi rentable qu'un placement au rendement de 4,62% (ce qui n'est pas extraordinaire).

Correction de l'exercice 4.2 : a) Indice de profitabilité du projet Recto :

$$IP_{Recto} = 1 + \frac{1\,860{,}26}{50\,000} = 1{,}037\text{ €}$$

Indice de profitabilité du projet Verso :

$$IP_{Verso} = 1 + \frac{-208{,}31}{50\,000} = 0{,}996\text{ €}$$

Chaque euro investi dans le projet Recto rapportera 1,037 €, tandis que chaque euro investi dans le projet Verso rapportera 0,996 €.

b) Indice de profitabilité du projet Recto :

$$IP_{Recto} = 1 + \frac{-6\,897{,}28}{50\,000} = 0{,}862\text{ €}$$

Indice de profitabilité du projet Verso :

$$IP_{Verso} = 1 + \frac{-6\,110{,}31}{50\,000} = 0{,}878\text{ €}$$

Chaque euro investi dans le projet Recto rapportera 0,862 € €, tandis que chaque euro investi dans le projet Verso rapportera 0,878 €.

c) Si l'on n'arrive pas à fixer un taux d'actualisation, on peut toujours comparer les deux projets en déterminant leur Taux de Rentabilité Interne. On procède au tableur, à l'aide de la fonction `TRI`.

On trouve $TRI_{Recto} = 5{,}96\%$ et $TRI_{Verso} = 4{,}84\%$.

Le projet Recto a donc un meilleur TRI que le projet Verso et il est plus rentable que le projet Verso sur toute la plage de taux d'actualisation où ils sont tous les deux rentables. S'il fallait sélectionner l'un des deux projets selon cet argument, on privilégierait donc le projet Recto.

Correction de l'exercice 4.3 : a) Les flux sont la différence entre les recettes et les charges.

Année	Charges	Recettes	Flux
0	80 000,00 €	32 000,00 €	-48 000,00 €
1	40 000,00 €	34 000,00 €	-6 000,00 €
2	40 800,00 €	35 000,00 €	-5 800,00 €

Calculs : $32\,000 - 80\,000 = -48\,000$

$34\,000 - 40\,000 = -6\,000$

$35\,000 - 40\,800 = -5\,800$

b) Pour savoir quand l'entreprise deviendra rentable, il faut calculer les TRI successifs sur les n premières années, en faisant grandir n jusqu'à ce que le TRI devienne positif. On saisit ce tableau au tableur et l'on ajoute des lignes pour les années suivantes :

Dans la colonne des charges, chaque nouveau montant sera égal au montant précédent multiplié par 1,02 (taux d'inflation de 2%). Dans la colonne des recettes, chaque nouveau montant sera égale au montant précédent multiplié par 1,1 (taux de croissance de 10%).

La colonne des flux sera calculée en effectuant $Recettes - Charges$.

On calcule ensuite le TRI sur la colonne des flux, en ajoutant progressivement des années, jusqu'à ce que le TRI devienne positif. On constate que c'est le cas à l'année numéro 10, comme on le voit ci-dessous.

G1 =TRI(Tableau3[Flux])

	Période	Charges	Recettes	Flux		TRI	4,01%
2	0	80 000,00 €	32 000,00 €	-48 000,00 €			
3	1	40 000,00 €	34 000,00 €	-6 000,00 €			
4	2	40 800,00 €	35 000,00 €	-5 800,00 €			
5	3	41 616,00 €	38 500,00 €	-3 116,00 €			
6	4	42 448,32 €	42 350,00 €	-98,32 €			
7	5	43 297,29 €	46 585,00 €	3 287,71 €			
8	6	44 163,23 €	51 243,50 €	7 080,27 €			
9	7	45 046,50 €	56 367,85 €	11 321,35 €			
10	8	45 947,43 €	62 004,64 €	16 057,21 €			
11	9	46 866,38 €	68 205,10 €	21 338,72 €			
12	10	47 803,70 €	75 025,61 €	27 221,91 €			

<u>Correction de l'exercice 4.4</u> : a) Le projet MTE a une durée de vie de 4 ans. Le projet SEES a une durée de vie de 3 ans. Le plus petit multiple commun à 3 et 4 est 12. Il va donc falloir simuler la reconduction deux fois du projet MTE (afin qu'il se déroule trois fois sur une durée de 12 ans), et simuler la reconduction trois fois du projet SEES (afin qu'il se déroule quatre fois et dure 12 ans). A durée de vie égale, il sera possible de comparer les projets.

b) c) d) e) Tout est résumé sur la feuille de calcul ci-dessous :

K2 =VAN([@[Taux d"actualisation]]:E$4:E$14)+E$3

1	Taux actualisation	5%
2		
3	VAN MTE	69,42 M€
4	IP MTE	1,28 €
5	TRI MTE	10,83%
6		
7	VAN SEES	78,97 M€
8	IP SEES	1,26 €
9	TRI SEES	10,39%

PROJET MTE	
Année	Flux
0	-250 M€
1	102 M€
2	102 M€
3	102 M€
4	-250 M€
5	102 M€
6	102 M€
7	102 M€
8	-250 M€
9	102 M€
10	102 M€
11	102 M€

PROJET SEES	
Année	Flux
0	-300 M€
1	150 M€
2	200 M€
3	-300 M€
4	150 M€
5	200 M€
6	-300 M€
7	150 M€
8	200 M€
9	-300 M€
10	150 M€
11	200 M€

Taux d'actualisation	VAN MTE	IP MTE	VAN SEES	IP SEES
1%	144,17 M€	1,58 €	170,58 M€	1,57 €
2%	122,64 M€	1,49 €	144,09 M€	1,48 €
3%	103,15 M€	1,41 €	120,18 M€	1,40 €
4%	85,47 M€	1,34 €	98,56 M€	1,33 €
5%	69,42 M€	1,28 €	78,97 M€	1,26 €
6%	54,80 M€	1,22 €	61,19 M€	1,20 €
7%	41,46 M€	1,17 €	45,02 M€	1,15 €
8%	29,27 M€	1,12 €	30,29 M€	1,10 €
9%	18,11 M€	1,07 €	16,83 M€	1,06 €
10%	7,86 M€	1,03 €	4,53 M€	1,02 €
11%	-1,55 M€	0,99 €	-6,75 M€	0,98 €
12%	-10,22 M€	0,96 €	-17,11 M€	0,94 €
13%	-18,23 M€	0,93 €	-26,63 M€	0,91 €

f) Au-dessous de 9% de taux d'actualisation, la VAN du projet SEES est meilleure que la VAN du projet MTE. A partir de 9%, c'est la VAN du projet MTE qui est meilleure.

L'IP du projet MTE est meilleur que celui du projet SEES pour toutes les valeurs testées.

g) Les TRI des deux projets sont relativement semblables. Le fait que l'on tire des conclusions différentes de l'étude de la VAN et de celle de l'IP provient de ce que les capitaux investis à l'année 0 sont différents. En rapportant le retour sur investissement à une base d'1 €, l'IP peut fournir donc un élément de comparaison plus pertinent. La balance penche donc légèrement en faveur du projet MTE mais il n'est pas possible d'apporter une réponse tranchée. De toute manière, le ministère du budget et des comptes publics n'est pas le seul décisionnaire. Il donne juste son avis sur le volet finances.

Correction de l'exercice 5.1 : Le capital investi est $C = 57\,000$ €. Le taux d'intérêt est $t = 0{,}013$. Comme le premier retrait est effectué l'année suivante, il n'y a pas de décalage et $d = 0$. Le nombre d'annuités vaut $n = 10$.

On substitue ces données dans la formule de calcul de la rente.

$$R = \frac{57\,000 \times 0{,}013}{1{,}013^{-10} \times (1{,}013^{10} - 1)} = 6\,115{,}44 \text{ €}$$

Agathe a versé 57 000 € et touché dix fois 6 115,44 €.

Les intérêts acquis se montent donc à $10 \times 6\,115{,}44 - 57\,000 = 4\,154{,}40$ €.

Date	Opération	Durée	Valeur actuelle
1	6 115,44 €	-1	$6\,115{,}44 \times (1 + 0.013)^{-1} = 6\,036{,}96$ €
2	6 115,44 €	-2	$6\,115{,}44 \times (1 + 0.013)^{-2} = 5\,959{,}49$ €
3	6 115,44 €	-3	$6\,115{,}44 \times (1 + 0.013)^{-3} = 5\,883{,}01$ €
4	6 115,44 €	-4	$6\,115{,}44 \times (1 + 0.013)^{-4} = 5\,807{,}51$ €
5	6 115,44 €	-5	$6\,115{,}44 \times (1 + 0.013)^{-5} = 5\,732{,}98$ €
6	6 115,44 €	-6	$6\,115{,}44 \times (1 + 0.013)^{-6} = 5\,659{,}41$ €
7	6 115,44 €	-7	$6\,115{,}44 \times (1 + 0.013)^{-7} = 5\,586{,}78$ €
8	6 115,44 €	-8	$6\,115{,}44 \times (1 + 0.013)^{-8} = 5\,515{,}08$ €
9	6 115,44 €	-9	$6\,115{,}44 \times (1 + 0.013)^{-9} = 5\,444{,}31$ €
10	6 115,44 €	-10	$6\,115{,}44 \times (1 + 0.013)^{-10} = 5\,374{,}44$ €

Total			56 999,97 €

On observe dans le tableau d'actualisation que la valeur actuelle des rentes correspond bien au montant de 57 000 € initialement placé (à 3 centimes près correspondant aux différences d'arrondis).

Correction de l'exercice 5.2 : Le capital investi est $C = 45\,000$ €. Le taux d'intérêt est $t = 0{,}02$. Le premier retrait est effectué 13 ans après l'ouverture du plan, il y a donc un décalage de $d = 12$ ans. Le nombre d'annuités vaut $n = \frac{192}{12} = 16$ (les calculs sont annualisés).

On substitue ces données dans la formule de calcul de la rente annuelle.

$$R = \frac{45\,000 \times 0{,}02}{1{,}02^{-12-16} \times (1{,}013^{16} - 1)} = 4\,203{,}28\text{ €}$$

La rente mensuelle vaut $R_M = \frac{4\,203{,}28}{12} = 350{,}27$ €.

Correction de l'exercice 5.3 : Il faut actualiser toutes les rentes de 1 000 € au 1/01/2022. On peut au choix dresser le tableau d'actualisation et lire le résultat dessus ou bien se servir de la formule de calcul de la rente.

On cherche le capital C et on a le taux d'intérêt $t = 0{,}014$, le décalage $d = 9$ (au lieu de toucher la rente un an après, on la touche 10 ans après, ce qui donne 9 ans de décalage), le nombre d'annuités $n = 15$ et le montant de la rente $R = 1\,000$.

La substitution dans la formule donne :

$$1\,000 = \frac{C \times 0{,}014}{1{,}014^{-9-15} \times (1{,}014^{15} - 1)}$$

En calculant le coefficient de C, on simplifie l'équation à :

$$1\,000 = C \times 0{,}084\,289$$

$$C = \frac{1\,000}{0{,}084\,289} \approx 11\,863{,}94$$

Confirmation par le tableau d'actualisation :

Date	Opération	Durée	Valeur actuelle
01/01/2032	1 000 €	-10	$1\,000 \times (1 + 0.014)^{-10} = 870{,}20$ €
01/01/2033	1 000 €	-11	$1\,000 \times (1 + 0.014)^{-11} = 858{,}19$ €
01/01/2034	1 000 €	-12	$1\,000 \times (1 + 0.014)^{-12} = 846{,}34$ €
01/01/2035	1 000 €	-13	$1\,000 \times (1 + 0.014)^{-13} = 834{,}65$ €
01/01/2036	1 000 €	-14	$1\,000 \times (1 + 0.014)^{-14} = 823{,}13$ €
01/01/2037	1 000 €	-15	$1\,000 \times (1 + 0.014)^{-15} = 811{,}77$ €
01/01/2038	1 000 €	-16	$1\,000 \times (1 + 0.014)^{-16} = 800{,}56$ €
01/01/2039	1 000 €	-17	$1\,000 \times (1 + 0.014)^{-17} = 789{,}50$ €
01/01/2040	1 000 €	-18	$1\,000 \times (1 + 0.014)^{-18} = 778{,}60$ €
01/01/2041	1 000 €	-19	$1\,000 \times (1 + 0.014)^{-19} = 767{,}85$ €
01/01/2042	1 000 €	-20	$1\,000 \times (1 + 0.014)^{-20} = 757{,}25$ €
01/01/2043	1 000 €	-21	$1\,000 \times (1 + 0.014)^{-21} = 746{,}80$ €
01/01/2044	1 000 €	-22	$1\,000 \times (1 + 0.014)^{-22} = 736{,}49$ €
01/01/2045	1 000 €	-23	$1\,000 \times (1 + 0.014)^{-23} = 726{,}32$ €
01/01/2046	1 000 €	-24	$1\,000 \times (1 + 0.014)^{-24} = 716{,}29$ €
Total	15 000 €		11 863,94 €

Les intérêts acquis sont la différence entre les rentes touchées et le capital investi.

Intérêts acquis : $15\,000 - 11\,863{,}94 = 3\,136{,}06$ €.

<u>Correction de l'exercice 5.4</u> : Il faut actualiser tous les versements à l'année 2010.

Date	Opération	Durée	Valeur actuelle
2010	1 000 €	0	$1\,000 \times (1 + 0{,}017\,5)^{0} = 1\,000{,}00$ €
2011	1 000 €	-1	$1\,000 \times (1 + 0{,}017\,5)^{-1} = 982{,}80$ €
2012	1 000 €	-2	$1\,000 \times (1 + 0{,}017\,5)^{-2} = 965{,}90$ €

Date	Opération	Durée	Valeur actuelle
2013	1 000 €	-3	$1\,000 \times (1 + 0{,}017\,5)^{-3} = 949{,}29$ €
2014	1 000 €	-4	$1\,000 \times (1 + 0{,}017\,5)^{-4} = 932{,}96$ €
2015	1 000 €	-5	$1\,000 \times (1 + 0{,}017\,5)^{-5} = 916{,}91$ €
2016	1 000 €	-6	$1\,000 \times (1 + 0{,}017\,5)^{-6} = 901{,}14$ €
2017	1 000 €	-7	$1\,000 \times (1 + 0{,}017\,5)^{-7} = 885{,}64$ €
2018	1 000 €	-8	$1\,000 \times (1 + 0{,}017\,5)^{-8} = 870{,}41$ €
2019	1 000 €	-9	$1\,000 \times (1 + 0{,}017\,5)^{-9} = 855{,}44$ €
2020	1 000 €	-10	$1\,000 \times (1 + 0{,}017\,5)^{-10} = 840{,}73$ €
2021	1 000 €	-11	$1\,000 \times (1 + 0{,}017\,5)^{-11} = 826{,}27$ €
2022	1 000 €	-12	$1\,000 \times (1 + 0{,}017\,5)^{-12} = 812{,}06$ €
2023	1 000 €	-13	$1\,000 \times (1 + 0{,}017\,5)^{-13} = 798{,}09$ €
2024	1 000 €	-14	$1\,000 \times (1 + 0{,}017\,5)^{-14} = 784{,}36$ €
2025	1 000 €	-15	$1\,000 \times (1 + 0{,}017\,5)^{-15} = 770{,}87$ €
2026	1 000 €	-16	$1\,000 \times (1 + 0{,}017\,5)^{-16} = 757{,}62$ €
2027	1 000 €	-17	$1\,000 \times (1 + 0{,}017\,5)^{-17} = 744{,}59$ €
2028	1 000 €	-18	$1\,000 \times (1 + 0{,}017\,5)^{-18} = 731{,}78$ €
2029	1 000 €	-19	$1\,000 \times (1 + 0{,}017\,5)^{-19} = 719{,}19$ €
2030	1 000 €	-20	$1\,000 \times (1 + 0{,}017\,5)^{-20} = 706{,}82$ €
2031	1 000 €	-21	$1\,000 \times (1 + 0{,}017\,5)^{-21} = 694{,}67$ €
2032	1 000 €	-22	$1\,000 \times (1 + 0{,}017\,5)^{-22} = 682{,}72$ €
2033	1 000 €	-23	$1\,000 \times (1 + 0{,}017\,5)^{-23} = 670{,}98$ €
2034	1 000 €	-24	$1\,000 \times (1 + 0{,}017\,5)^{-24} = 659{,}44$ €
Total	25 000 €		20 460,68 €

On raisonne donc sur la base d'un capital placé de $C =$ 20 460,48 €.

Le taux d'intérêt est $t = 0{,}017\,5$.

Le capital étant réputé avoir été placé en 2010, le décalage est le nombre d'années entre 2011 et 2035, soit $d = 24$ ans.

Le nombre d'annuités donné est $n = 20$.

On substitue ces données dans la formule de calcul de la rente :

$$R = \frac{20\,460{,}68 \times 0{,}017\,5}{1{,}017\,5^{-24-20} \times (1{,}017\,5^{20} - 1)} = 1\,852{,}07\ €$$

Les intérêts acquis sont la différence entre les sommes perçues et les sommes versées.

Sommes perçues : $20 \times 1\,852{,}07$

Sommes versées : $25 \times 1\,000 = 25\,000$ €

Intérêts acquis :

$$20 \times 1\,852{,}07 - 25\,000 = 12\,041{,}40\ €$$

<u>Correction de l'exercice 5.5</u> : a) Données :

Capital $C = 70\,000$, Taux d'intérêt $t = 0{,}009$, Décalage $d = 0$ (la liquidation a lieu l'année suivant le placement).

D'après la table de mortalité, à 54 ans, Victoire a une espérance de vie d'environ 32,9 ans, on comptera donc $n =$ 33 annuités.

On substitue ces données dans la formule de calcul de la rente :

$$rente\ annuelle = \frac{70\,000 \times 0{,}009}{1{,}009^{-33} \times (1{,}009^{33} - 1)} = 2\,461{,}24\ €$$

On divise ensuite par 2 pour obtenir la rente semestrielle.

$$rente\ semestrielle = \frac{2\,461{,}24}{2} = 1\,230{,}62\ €$$

b) Si Victoire vit jusqu'à 90 ans, elle touchera $90 - 54 = 36$ annuités de 2 461,24 €.

Les intérêts acquis le jour de son décès seront donc de 2 461,24 × 36 − 70 000 = 18 604,64 €.

c) En cas de décès le jour de la liquidation, le PER aura acquis une année d'intérêts. Sa valeur acquise se montera donc à 70 000 × 1,009 = 70 630 €.

Chacun des trois enfants touchera donc $\frac{70\,630}{3} =$ 23 543,33 €.

d) On dresse le tableau donnant les rentes et intérêts espérés en fonction de l'âge de l'épargnant.

Age liquidation	Nombre annuités	Rente semestrielle	Intérêts acquis
50 ans	37 ans	1 116,38 €	12 612 €
51 ans	36 ans	1 142,54 €	12 263 €
52 ans	35 ans	1 170,21 €	11 915 €
53 ans	34 ans	1 199,52 €	11 567 €
54 ans	33 ans	1 230,62 €	11 221 €
55 ans	32 ans	1 263,68 €	10 876 €
56 ans	31 ans	1 298,89 €	10 531 €
57 ans	31 ans	1 298,89 €	10 531 €
58 ans	30 ans	1 336,46 €	10 188 €
59 ans	29 ans	1 376,63 €	9 845 €
60 ans	28 ans	1 419,70 €	9 503 €
61 ans	27 ans	1 465,96 €	9 162 €
62 ans	26 ans	1 515,81 €	8 822 €
63 ans	25 ans	1 569,67 €	8 484 €
64 ans	24 ans	1 628,03 €	8 145 €
65 ans	24 ans	1 628,03 €	8 145 €
66 ans	23 ans	1 691,48 €	7 808 €
67 ans	22 ans	1 760,73 €	7 472 €
68 ans	21 ans	1 836,59 €	7 137 €
69 ans	20 ans	1 920,06 €	6 802 €

Age liquidation	Nombre annuités	Rente semestrielle	Intérêts acquis
70 ans	19 ans	2 012,35 €	6 469 €

Les nombre d'annuités espérées correspondent aux espérances de vie données par la table de mortalité.

En sélectionnant la première, la troisième et la quatrième colonne du tableau, on insère un graphique combiné que l'on gradue et légende convenablement afin qu'il soit lisible.

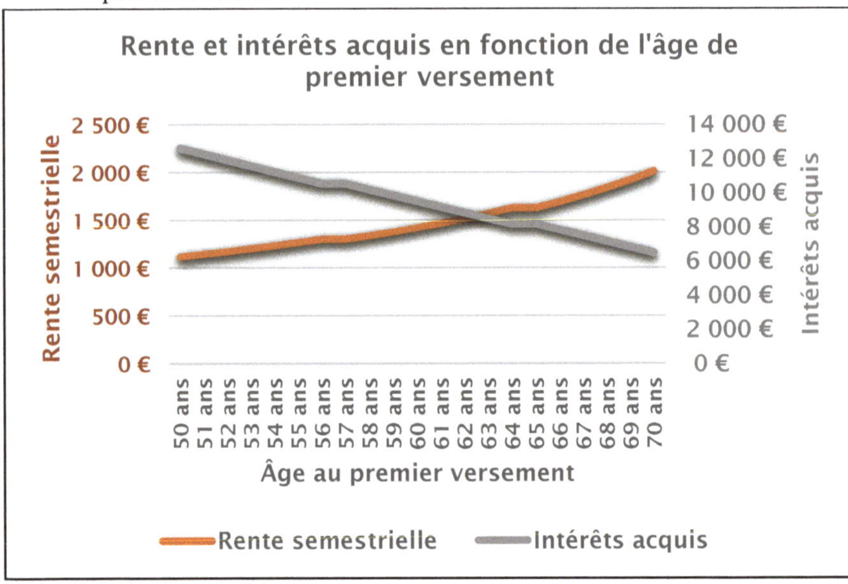

On se rend compte que plus l'âge de l'épargnant à la liquidation est élevé, plus le montant de la rente est important, mais plus les intérêts acquis diminuent (car le nombre de rentes versées diminue).

<u>Correction de l'exercice 5.6</u> : 1990 + 67 = 2057 : année du départ en retraite de Maëlys.

En 2020, Maëlys a effectué trois versements de 100 € chacun, soit un total de 300 €.

En 2057, elle effectuera 8 versements de 100 € avant son départ en retraite, soit un total de 800 €.

Durant toutes les années intermédiaires, elle aura effectué 12 versements de 100 €, pour un total de 1 200 € par an.

Actualisons toutes ces sommes à 2020.

Date	Opération	Durée	Valeur actuelle
2020	300 €	0	$300 \times (1 + 0{,}03)^{0} = 300{,}00$ €
2021	1 200 €	-1	$1\,200 \times (1 + 0{,}03)^{-1} = 1\,165{,}05$ €
2022	1 200 €	-2	$1\,200 \times (1 + 0{,}03)^{-2} = 1\,131{,}12$ €
2023	1 200 €	-3	$1\,200 \times (1 + 0{,}03)^{-3} = 1\,098{,}17$ €
2024	1 200 €	-4	$1\,200 \times (1 + 0{,}03)^{-4} = 1\,066{,}18$ €
2025	1 200 €	-5	$1\,200 \times (1 + 0{,}03)^{-5} = 1\,035{,}13$ €
2026	1 200 €	-6	$1\,200 \times (1 + 0{,}03)^{-6} = 1\,004{,}98$ €
2027	1 200 €	-7	$1\,200 \times (1 + 0{,}03)^{-7} = 975{,}71$ €
2028	1 200 €	-8	$1\,200 \times (1 + 0{,}03)^{-8} = 947{,}29$ €
2029	1 200 €	-9	$1\,200 \times (1 + 0{,}03)^{-9} = 919{,}70$ €
2030	1 200 €	-10	$1\,200 \times (1 + 0{,}03)^{-10} = 892{,}91$ €
2031	1 200 €	-11	$1\,200 \times (1 + 0{,}03)^{-11} = 866{,}91$ €
2032	1 200 €	-12	$1\,200 \times (1 + 0{,}03)^{-12} = 841{,}66$ €
2033	1 200 €	-13	$1\,200 \times (1 + 0{,}03)^{-13} = 817{,}14$ €
2034	1 200 €	-14	$1\,200 \times (1 + 0{,}03)^{-14} = 793{,}34$ €
2035	1 200 €	-15	$1\,200 \times (1 + 0{,}03)^{-15} = 770{,}23$ €
2036	1 200 €	-16	$1\,200 \times (1 + 0{,}03)^{-16} = 747{,}80$ €
2037	1 200 €	-17	$1\,200 \times (1 + 0{,}03)^{-17} = 726{,}02$ €
2038	1 200 €	-18	$1\,200 \times (1 + 0{,}03)^{-18} = 704{,}87$ €
2039	1 200 €	-19	$1\,200 \times (1 + 0{,}03)^{-19} = 684{,}34$ €
2040	1 200 €	-20	$1\,200 \times (1 + 0{,}03)^{-20} = 664{,}41$ €
2041	1 200 €	-21	$1\,200 \times (1 + 0{,}03)^{-21} = 645{,}06$ €

2042	1 200 €	-22	$1\,200 \times (1+0{,}03)^{-22} = 626{,}27$ €
2043	1 200 €	-23	$1\,200 \times (1+0{,}03)^{-23} = 608{,}03$ €
2044	1 200 €	-24	$1\,200 \times (1+0{,}03)^{-24} = 590{,}32$ €
2045	1 200 €	-25	$1\,200 \times (1+0{,}03)^{-25} = 573{,}13$ €
2046	1 200 €	-26	$1\,200 \times (1+0{,}03)^{-26} = 556{,}43$ €
2047	1 200 €	-27	$1\,200 \times (1+0{,}03)^{-27} = 540{,}23$ €
2048	1 200 €	-28	$1\,200 \times (1+0{,}03)^{-28} = 524{,}49$ €
2049	1 200 €	-29	$1\,200 \times (1+0{,}03)^{-29} = 509{,}22$ €
2050	1 200 €	-30	$1\,200 \times (1+0{,}03)^{-30} = 494{,}38$ €
2051	1 200 €	-31	$1\,200 \times (1+0{,}03)^{-31} = 479{,}98$ €
2052	1 200 €	-32	$1\,200 \times (1+0{,}03)^{-32} = 466{,}00$ €
2053	1 200 €	-33	$1\,200 \times (1+0{,}03)^{-33} = 452{,}43$ €
2054	1 200 €	-34	$1\,200 \times (1+0{,}03)^{-34} = 439{,}25$ €
2055	1 200 €	-35	$1\,200 \times (1+0{,}03)^{-35} = 426{,}46$ €
2056	1 200 €	-36	$1\,200 \times (1+0{,}03)^{-36} = 414{,}04$ €
2057	800 €	-37	$800 \times (1+0{,}03)^{-37} = 267{,}99$ €
Total			26 766,67 €

Le capital de base pour le calcul de la rente est la valeur actuelle de $C = 27\,766{,}67$ €

Le décalage entre 2021 (année suivant l'ouverture) et l'année de liquidation est de $d = 2057 - 2021 = 36$ ans.

Le rendement est de $t = 0{,}03$.

Le jour de son départ en retraite, le 1er septembre 2057, Maëlys aura bien 67 ans révolus, puisqu'elle est née un 13 juillet.

L'espérance de vie de Maëlys à 67 ans est de 21,4 ans, arrondis à $n = 22$ annuités.

On substitue dans la formule de calcul de la rente annuelle :

$$rente\ annuelle = \frac{26\ 766{,}67 \times 0{,}03}{1{,}03^{-36-22} \times (1{,}03^{22} - 1)} = 4\ 867{,}77\ €$$

$$rente\ mensuelle = \frac{4\ 867{,}77}{12} = 405{,}65\ €$$

Correction de l'exercice 6.1 : a) Le tableau 1 modélise un remboursement à amortissement constant (on voit que la somme dans la colonne Amortissement est constante), le tableau 2 modélise un remboursement à annuités constantes (on voit que la somme dans la colonne Annuités est constante), le tableau 3 modélise un remboursement in fine (on voit que l'amortissement est égal à 0 sur toutes les lignes sauf la première).

b) La durée est de 144 mois, soit $\frac{144}{12} = 12$ ans.

On peut retrouver le taux mensuel en divisant le montant des intérêts par le restant dû (sur n'importe quelle ligne).

$$t = \frac{157{,}50}{70\ 000} = 0{,}002\ 25$$

Le T.A.E.G. est égal au taux mensuel multiplié par 12 :

$$TAEG = 12 \times 0{,}002\ 25 = 0{,}027$$

Le T.A.E.G. est de 2,7%.

c) Le remboursement à amortissement constant est le moins cher, le remboursement in fine est le plus cher.

Le coût du remboursement à amortissement constant (tableau 1) est de 11 418,84 €.

Le coût du remboursement à annuités constantes (tableau 2) est de 12 029,23 €.

Le coût du remboursement in fine (tableau 3) est de 22 680 €.

Correction de l'exercice 6.2 : a) Nombre de périodes : $4 \times 12 = 48$

Taux périodique : $t = \frac{0,036}{12} = 0,003$

Annuité : $a = \frac{0,003 \times 1,003^{48}}{1,003^{48}-1} \times 10\,000 = 224,01$. On l'obtient au tableur à l'aide de la fonction `VPM`.

Période	Restant dû	Intérêts	Amortissement	Annuité
1	10 000,00 €	30,00 €	194,01 €	224,01 €
2	9 805,99 €	29,42 €	194,59 €	224,01 €
3	9 611,40 €	28,83 €	195,18 €	224,01 €
⋮	⋮	⋮	⋮	⋮
48	223,07 €	0,67 €	223,07 €	223,74 €

Coût total :

$224,01 \times 47 + 223,74 - 10\,000 = 752,21$ €

(total de la colonne Intérêts au tableur).

b)

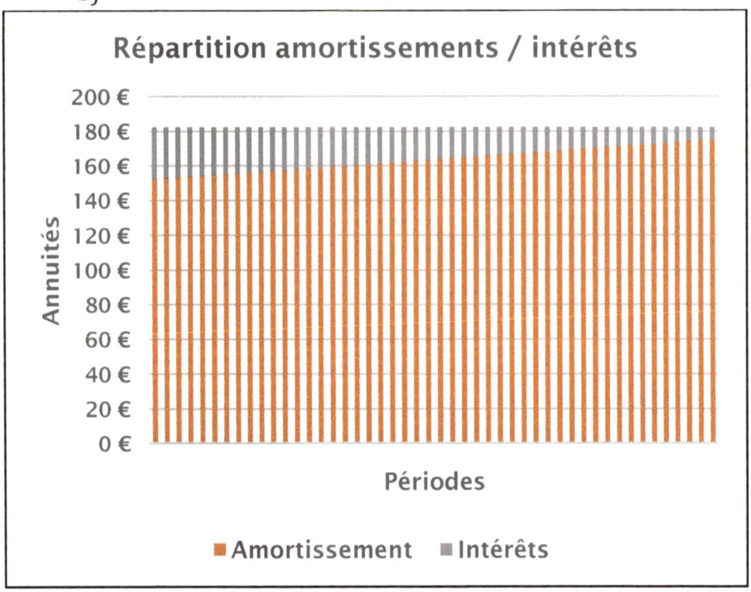

On y voit bien l'augmentation de la part « Amortissement » et la diminution de la part « Intérêts » au fil du temps sur l'annuité constante.

Correction de l'exercice 6.3 : a) Nombre de périodes : $4 \times 12 = 48$

Taux périodique : $t = \frac{0{,}036}{12} = 0{,}003$

Amortissement : $\frac{10\,000}{48} = 208{,}33$ €

Période	Restant dû	Intérêts	Amortissement	Annuité
1	10 000,00 €	30,00 €	208,33 €	238,33 €
2	9 791,67 €	29,38 €	208,33 €	237,71 €
3	9 583,34 €	28,75 €	208,33 €	237,08 €
⋮	⋮	⋮	⋮	⋮
48	208,49 €	0,63 €	208,49 €	209,12 €

Coût total : (Somme de la colonne « Intérêts ») : 735,12 €

b)

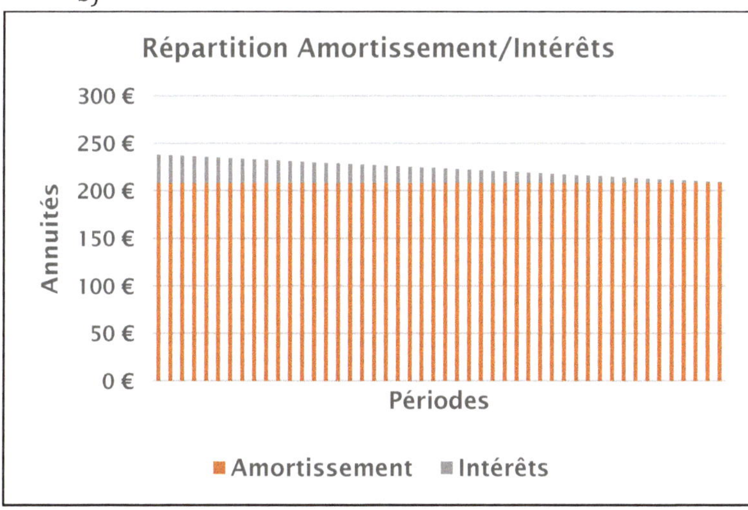

On voit bien ici que les amortissements restent constants sur toute la période, et que le montant des annuités diminue avec le montant des intérêts.

Correction de l'exercice 6.4 : a) Nombre de périodes : $4 \times 12 = 48$

Taux périodique : $t = \frac{0{,}036}{12} = 0{,}003$

Période	Restant dû	Intérêts	Amortissement	Annuité
1	10 000,00 €	30,00 €	0,00 €	30,00 €
2	10 000,00 €	30,00 €	0,00 €	30,00 €
3	10 000,00 €	30,00 €	0,00 €	30,00 €
⋮	⋮	⋮	⋮	⋮
48	10 000,00 €	30,00 €	10 000,00 €	10 030,00 €

Coût total de l'emprunt : $0{,}003 \times 10\,000 \times 48 =$ 1 440 €.

Le graphique ne serait pas lisible car il montrerait des intérêts constants mais négligeables par rapport à la dernière mensualité.

Correction de l'exercice 6.5 : a) et b) On effectue une simulation au tableur avec des valeurs de son choix en construisant un tableau d'amortissement pour un remboursement mensuel, puis un autre tableau d'amortissement pour un remboursement annuel.

Pour le remboursement par annuités constantes et le remboursement à amortissement constant, on constate que le remboursement mensuel est moins cher que le remboursement annuel. Cela s'explique par le fait que lorsque l'on paie par mois, le capital à amortir diminue plus fréquemment. Par exemple, on ne paiera des intérêts sur 100% du capital que pendant un mois si l'on rembourse par mois, alors que l'on aura à payer des intérêts sur 100% du capital pendant un an si on rembourse par an. Le montant total des intérêts sera donc moins élevé en remboursant par mois qu'en remboursant par an.

c) En revanche, pour le remboursement in fine, le coût du crédit reste le même quelle que soit la fréquence des annuités. En effet, le capital n'étant pas amorti (sauf à la fin), le montant des intérêts à payer dessus reste identique.

Correction de l'exercice 6.6 : a) Pour la Banque Superficielle du Commerce Relatif :

Taux trimestriel : $t = \frac{0{,}028}{4} = 0{,}007$

Nombre d'annuités : $n = 17 \times 4 = 68$

Montant d'une annuité :

$$a = \frac{0{,}007 \times 1{,}007^{68}}{1{,}007^{68} - 1} \times 500\,000 = 9\,266{,}48\ €$$

On peut estimer grossièrement le coût de l'emprunt en se basant sur 68 annuités de 9 266,48 € chacune, ou le calculer précisément en réalisant le tableau d'amortissement et en ajustant la dernière mensualité.

Estimation grossière :

$$68 \times 9\,266{,}48 - 500\,000 = 130\,120{,}64\ €$$

Tableau d'amortissement :

Période	Restant dû	Intérêts	Amortissement	Annuité
1	500 000,00 €	3 500,00 €	5 766,48 €	9 266,48 €
2	494 233,52 €	3 459,63 €	5 806,85 €	9 266,48 €
3	488 426,67 €	3 418,99 €	5 847,49 €	9 266,48 €
⋮	⋮	⋮	⋮	⋮
68	9 202,04 €	64,41 €	9 202,04 €	9 266,45 €

Calcul précis :

$67 \times 9\,266{,}48 + 9\,266{,}45 - 500\,000 = 130\,120{,}61$ €.

Pour la Banque Nationale de la Relation Fluctuante :

Taux semestriel : $t = \frac{0{,}025}{2} = 0{,}012\,5$

Nombre d'annuités : $n = 22 \times 2 = 44$

Montant de l'amortissement semestriel :

$$\frac{500\,000}{44} = 11\,363{,}64\ €$$

Période	Restant dû	Intérêts	Amortissement	Annuité
1	500 000,00 €	6 250,00 €	11 363,64 €	17 613,64 €
2	488 636,36 €	6 107,95 €	11 363,64 €	17 471,59 €
3	477 272,72 €	5 965,91 €	11 363,64 €	17 329,55 €
⋮	⋮	⋮	⋮	⋮
44	11 363,48 €	142,04 €	11 363,48 €	11 505,52 €

Coût total de l'emprunt (somme de la colonne « Intérêts ») : 140 624,95 €.

Pour le Crédit d'Investissement Approximatif :

Coût total de l'emprunt : $500\,000 \times 15 \times 0{,}018 = 135\,000$ €.

Le prospect qui cherche à minimiser le coût de l'emprunt préférera donc l'offre de la Banque Superficielle du Commerce Relatif.

b) Le prospect cherchant à disposer durablement de la plus grande quantité de fonds possible préférera l'offre dont les premières annuités sont les plus basses et les plus espacées, c'est-à-dire l'offre du Crédit d'Investissement Approximatif. Le montant de l'annuité annuelle s'y montera à $500\,000 \times 0{,}018 = 9\,000$ €.

À sa charge ensuite de se donner les moyens de rembourser la dernière annuité de 509 000 € au terme des 15 ans.

<u>Correction de l'exercice 7.1</u> : Avant renégociation :

Taux mensuel : $t = \frac{0{,}024}{12} = 0{,}002$ Durée : $n = 25 \times 12 = 300$ mois

Annuité : $a = \frac{0{,}002 \times 1{,}002^{300}}{1{,}002^{300} - 1} \times 150\,000 = 665{,}40$ €

Période	Restant dû	Intérêts	Amortissement	Annuité
1	150 000,00 €	300,00 €	365,40 €	665,40 €
⋮	⋮	⋮	⋮	⋮
151	86 154,66 €	172,31 €	493,09 €	665,40 €
⋮	⋮	⋮	⋮	⋮
300	662,35 €	1,32 €	662,35 €	663,67 €
Total		49 618,27 €	150 000,00 €	

Après renégociation :

Taux mensuel : $t = \frac{0{,}012}{12} = 0{,}001$ Durée : $n = 300 - 151 + 1 = 150$ mois

Annuité : $a = \frac{0{,}001 \times 1{,}001^{150}}{1{,}001^{150} - 1} \times 86\,154{,}66 = 618{,}80$ €

Annuité 151 (avec frais) : $618{,}80 + 700 = 1\,318{,}80$ €

Période	Restant dû	Intérêts	Amortissement	Annuité
1	150 000,00 €	300,00 €	365,40 €	665,40 €
⋮	⋮	⋮	⋮	⋮
151	86 154,66 €	86,15 €	532,65 €	1 318,80 €
⋮	⋮	⋮	⋮	⋮
300	618,95 €	0,62 €	618,95 €	619,57 €
Total		42 630,77 €	150 000,00 €	

Nouveau coût total (avec frais) :

$$42\,630{,}77 + 700 = 43\,330{,}77 \text{ €}$$

Economie réalisée :

$$49\,618{,}27 - 43\,330{,}77 = 6\,287{,}50 \text{ €}$$

Correction de l'exercice 7.2 : Avant renégociation : voir exercice 7.1

Après renégociation :

Taux mensuel : $t = \frac{0{,}012}{12} = 0{,}001$ Durée : $n = 300 - 151 + 1 = 150$ mois

On agit sur la durée du crédit, donc la mensualité reste à 665,40 €

Dans le tableau d'amortissement, on voit que le restant dû devient négatif à partir de la période 290. La nouvelle durée du crédit est donc de 289 mois.

Période	Restant dû	Intérêts	Amortissement	Annuité
1	150 000,00 €	300,00 €	365,40 €	665,40 €
⋮	⋮	⋮	⋮	⋮
151	86 154,66 €	86,15 €	579,25 €	1 365,40 €
⋮	⋮	⋮	⋮	⋮
289	486,36 €	0,49 €	486,36 €	486,85 €
Total		42 122,05 €	150 000,00 €	

Nouveau coût total (avec frais) : $42\,122{,}05 + 700 = 42\,822{,}05$ €

Economie réalisée : $49\,618{,}27 - 42\,822{,}05 = 6\,796{,}22$ €

Correction de l'exercice 7.3 : Avant renégociation :

Taux mensuel : $t = \frac{0{,}024}{12} = 0{,}002$ Durée : $n = 25 \times 12 = 300$ mois

Amortissement constant : $\frac{150\,000}{300} = 500$ €

Période	Restant dû	Intérêts	Amortissement	Annuité
1	150 000,00 €	300,00 €	500,00 €	800,00 €
⋮	⋮	⋮	⋮	⋮
151	75 000,00 €	150,00 €	500,00 €	650,00 €
⋮	⋮	⋮	⋮	⋮
300	500,00 €	1,00 €	500,00 €	501,00 €
Total		45 150,00 €	150 000,00 €	

Après renégociation :

Taux mensuel : $t = \frac{0,012}{12} = 0,001$ Durée : $n = 300 - 151 + 1 = 150$ mois

On peut vérifier que le montant de l'amortissement ne change pas.

On dresse le nouveau tableau d'amortissement en appliquant le nouveau taux d'intérêt à partir de la période 151.

Période	Restant dû	Intérêts	Amortissement	Annuité
1	150 000,00 €	300,00 €	500,00 €	800,00 €
⋮	⋮	⋮	⋮	⋮
151	75 000,00 €	75,00 €	500,00 €	1 275,00 €
⋮	⋮	⋮	⋮	⋮
300	500,00 €	0,50 €	500,00 €	500,50 €
Total		39 487,50 €	150 000,00 €	

Nouveau coût total (avec frais) :

$$39\,487,50 + 700 = 40\,187,50 \text{ €}$$

Economie réalisée :

$$45\,150,00 - 40\,187,50 = 4\,962,50 \text{ €}$$

<u>Correction de l'exercice 7.4</u> : a) Pour connaitre le restant dû après la 27ème mensualité, il faut dresser le tableau d'amortissement.

Attention : il s'agit du restant dû de la 28ème période.

Taux mensuel : $t = \frac{0,032\,4}{12} = 0,002\,7$

Durée : $d = 6 \times 12 = 72$ mois

Annuité : $a = \frac{0,002\,7 \times 1,002\,7^{72}}{1,002\,7^{72} - 1} \times 30\,000 = 459,04$ €

Période	Restant dû	Intérêts	Amortissement	Annuité
1	30 000,00 €	81,00 €	378,04 €	459,04 €
⋮	⋮	⋮	⋮	⋮
28	19 426,48 €	52,45 €	406,59 €	459,04 €
⋮	⋮	⋮	⋮	⋮
72	457,70 €	1,24 €	457,70 €	458,94 €

On calcule l'IRA qui vaut 1% du restant dû :

$$0{,}01 \times 19\,426{,}48 = 194{,}26 \text{ €}$$

Pour solder le crédit, il faudra donc effectuer un versement de 19 426,28 + 194,26 = 19 620,74 €.

b) L'économie réalisée est la différence entre les intérêts non payés et l'IRA.

On trouve la somme des intérêts non payés (à partir de la période 28) à partir du tableau d'amortissement (par exemple en utilisant la fonction SOMME.SI ou le filtre de données, ou en sélectionnant les intérêts non payés et en regardant en bas à droite de la fenêtre du tableur).

On trouve que cette somme se monte à 1 230,22 €.

L'économie réalisée est donc de :

1 230,22 − 194,26 = 1 035,96 €.

c) Un remboursement anticipé d'un montant inférieur à 10 000 € est exonéré d'IRA. Il suffit donc de relever sur le tableau d'amortissement le numéro de la dernière période ayant un restant dû supérieur à 10 000 €. On trouve pour la période 50 un restant dû de 10 223,30 € et pour la période 51 un restant dû de 9 791,86 €. On peut donc solder son crédit sans IRA après la période 50 en versant 9 791,86 €.

Correction de l'exercice 7.5 : a) On se base sur le tableau d'amortissement initial réalisé à l'exercice précédent. On augmente la mensualité 27 de 10 000 €.

Si l'on agit sur la durée du crédit, on supprime les lignes avec un restant dû négatif et l'on ajuste la dernière ligne, qui porte le numéro 49.

L'économie réalisée correspond à la différence entre le coût initial du crédit et son coût après le versement anticipé.

$$3\,050{,}78 - 2\,105{,}14 = 945{,}64\text{ €}$$

b) Si le client choisit de diminuer le montant de la mensualité plutôt que la durée du crédit, il faut calculer la nouvelle mensualité à partir du restant dû de la période 28, soit 9 426,48 €, et pour $72 - 27 = 45$ périodes.

Annuité post-versement anticipé :

$$a' = \frac{0{,}002\,7 \times 1{,}002\,7^{45}}{1{,}002\,7^{45} - 1} \times 9\,426{,}28 = 222{,}74\text{ €}$$

On refait alors le tableau d'amortissement en corrigeant le montant de la mensualité pour les lignes 28 à 71, et l'on ajuste la ligne 72.

Période	Restant dû	Intérêts	Amortissement	Mensualité
1	30 000,00 €	81,00 €	378,04 €	459,04 €
⋮	⋮	⋮	⋮	⋮
27	19 831,97 €	53,55 €	10 405,49 €	10 459,04 €
28	9 426,48 €	25,45 €	197,29 €	222,74 €
⋮	⋮	⋮	⋮	⋮
72	222,23 €	0,60 €	222,23 €	222,83 €
Total		2 417,47 €	30 000,00 €	

L'économie réalisée correspond à la différence entre le coût initial du crédit et son coût après le versement anticipé.

$$3\,050{,}78 - 2\,417{,}47 = 633{,}31\text{ €}$$

c) Les remboursements anticipés à hauteur de 10 000 € par période de 12 mois sont exonérés d'IRA. Pour effectuer un autre versement anticipé exonéré d'IRA, il faudra donc patienter encore 12 périodes, soit jusqu'à la période 39.

D'après les tableaux d'amortissement réalisés aux questions précédentes, on pourra alors solder son crédit :

- avec un versement correspondant au restant dû de 4 592,10 € si l'on a agi sur la durée,
- avec un versement correspondant au restant dû de 7 226,76 € si l'on a agi sur le montant des mensualités.

Correction de l'exercice 7.6 : a) Taux mensuel :

$$t = \frac{0,012\,6}{12} = 0,001\,05$$

Durée : $d = 15 \times 12 = 180$ mois

Amortissement sans différé : $\frac{100\,000}{180} = 555,56$ €

Avec un différé de 18 mois, il reste $180 - 18 = 162$ mois pour amortir le capital.

Amortissement avec différé : $\frac{100\,000}{162} = 617,28$ €

On réalise les deux tableaux d'amortissement (avec et sans différé). Le surcoût dû au différé sera la différence entre les deux coûts du crédit.

$$10\,447,55 - 9\,502,50 = 945,05 \text{ €}$$

b)

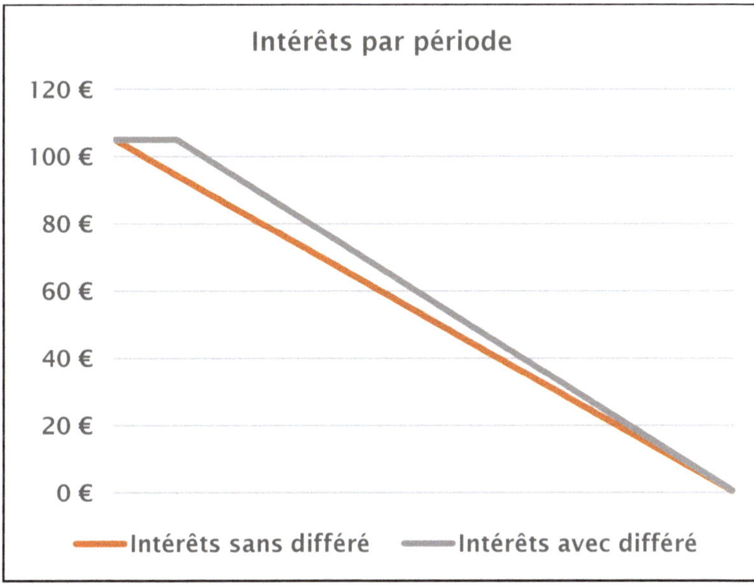

Le surcoût dû au différé équivaut à l'aire du triangle entre les deux courbes d'intérêts.

La base de ce triangle est la durée du différé et la hauteur de ce triangle est le montant maximal des intérêts, qui est égal à $Capital \times Taux$.

En substituant dans la formule de l'aire du triangle $S = \frac{1}{2} \times Base \times Hauteur$, on trouve :

$$Surcoût = \frac{1}{2} \times Différé \times Capital \times Taux$$

<u>Attention</u> : cette formule n'est valable que pour un remboursement à amortissement constant.

Cette formule ne donne qu'une approximation, étant donnés les ajustements d'arrondis.

Correction de l'exercice 7.7 : a) Taux :

$t = \frac{0{,}018}{12} = 0{,}001\,5$

Durée : $n = 24 \times 12 = 288$ mois

Mensualité constante :

$a = \frac{0{,}001\,5 \times 1{,}001\,5^{288}}{1{,}001\,5^{288} - 1} \times 240\,000 = 1\,026{,}87$ €.

On dresse les deux tableaux d'amortissement (sans report et avec report).

Sans report :

Période	Restant dû	Intérêts	Amortissement	Mensualité
1	240 000,00 €	360,00 €	666,87 €	1 026,87 €
2	239 333,13 €	359,00 €	667,87 €	1 026,87 €
⋮	⋮	⋮	⋮	⋮
288	1 024,75 €	1,54 €	1 024,75 €	1 026,29 €
Total		55 737,98 €	240 000,00 €	

Avec report :

Période	Restant dû	Intérêts	Amortissement	Mensualité
1	240 000,00 €	360,00 €	666,87 €	1 026,87 €
2	239 333,13 €	359,00 €	667,87 €	1 026,87 €
⋮	⋮	⋮	⋮	⋮
203	82 793,31 €	124,19 €	0,00 €	124,19 €
⋮	⋮	⋮	⋮	⋮
214	82 793,31 €	124,19 €	0,00 €	124,19 €
215	82 793,31 €	124,19 €	902,68 €	1 026,87 €
⋮	⋮	⋮	⋮	⋮
300	1 024,75 €	1,54 €	1 024,75 €	1 026,29 €
Total		57 228,26 €	240 000,00 €	

La mensualité payée pendant la période de report vaut

$$82\,793{,}31 \times 0{,}001\,5 = 124{,}19 \text{ €}$$

b) Le surcoût est la différence entre les deux coûts du crédit :

$$57\,228{,}26 - 55\,737{,}98 = 1\,490{,}28\ €$$

Autre méthode : En comparant les colonnes « Intérêts » des deux tableaux, on voit que les montants sont identiques à ceci près que dans le tableau avec report, on a payé 12 fois de plus la somme de 124,19 €. Le surcoût vaut donc $12 \times 124{,}19 = 1\,490{,}28$ €.

Correction de l'exercice 7.8 : a) Pour le prêt immobilier :

Taux mensuel : $t = \frac{0{,}024}{12} = 0{,}002$

Durée : $20 \times 12 = 240$ mois

Mensualité : $a = \frac{0{,}002 \times 1{,}002^{240}}{1{,}002^{240} - 1} \times 96\,000 = 504{,}04$ € (ou fonction VPM)

Pour le PTZ : Durée : $25 \times 12 = 300$ mois

Palier 1 : $\frac{64\,000 - (300 - 240) \times 504{,}04}{300} = 112{,}53$ € pour 240 mensualités

Palier 2 : $504{,}04 + 112{,}53 = 616{,}57$ € pour $300 - 240 = 60$ mensualités

b)

PRÊT IMMO

Période	Restant dû	Intérêts	Amortissement	Mensualité
1	96 000,00 €	192,00 €	312,04 €	504,04 €
2	95 687,96 €	191,38 €	312,66 €	504,04 €
⋮	⋮	⋮	⋮	⋮
240	503,94 €	1,01 €	503,94 €	504,95 €
Total		24 970,51 €	96 000,00 €	

PTZ

Période	Restant dû	Intérêts	Amortissement	Mensualité
1	64 000,00 €	0,00 €	112,53 €	112,53 €
⋮	⋮	⋮	⋮	⋮
241	36 992,80 €	0,00 €	616,57 €	616,57 €
⋮	⋮	⋮	⋮	⋮
300	615,17 €	0,00 €	615,17 €	615,17 €

Le coût total est celui du prêt immobilier, soit 24 970,51 €.

Correction de l'exercice 7.9 : a) Larchant se trouve en zone B2 et est donc éligible au PTZ pour un achat dans l'ancien.

b) En zone B2 avec 4 occupants, le plafond de revenus est de 66 150 €. Les revenus de la famille Lamy ne dépassent pas ce plafond. Elle est donc éligible au PTZ.

c) $0{,}4 \times 220\,000 = 88\,000$ € empruntés à taux zéro

$220\,000 - 88\,000 = 132\,000$ € empruntés avec un prêt immobilier classique.

d) Taux mensuel : $\frac{0{,}015}{12} = 0{,}001\,25$ Durée prêt immo : $15 \times 12 = 180$ mois

Annuité prêt immo : $\frac{0{,}001\,25 \times 1{,}001\,25^{180}}{1{,}001\,25^{180} - 1} \times 132\,000 = 819{,}38$ €

Durée PTZ : $20 \times 12 = 240$ mois

Lissage palier 1 : $\frac{88\,000 - (240-180) \times 819{,}38}{240} = 161{,}82$ €

Lissage palier 2 : $819{,}38 + 161{,}82 = 981{,}20$ €

Revenus mensuels : $\frac{50\,000}{12} = 4\,166{,}67$ €

Taux d'endettement : $\frac{981{,}20}{4\,166{,}67} = 0{,}235\,5$

Avec un taux d'endettement de 23,55%, la famille Lamy vérifie les conditions d'obtention du prêt immobilier.

e)

PRÊT IMMO

Période	Restant dû	Intérêts	Amortissement	Mensualité
1	132 000,00 €	165,00 €	654,38 €	819,38 €
2	131 345,62 €	164,18 €	655,20 €	819,38 €
⋮	⋮	⋮	⋮	⋮
180	818,42 €	1,02 €	818,42 €	819,44 €
Total		15 488,46 €	132 000,00 €	

PTZ

Période	Restant dû	Intérêts	Amortissement	Mensualité
1	88 000,00 €	0,00 €	161,82 €	161,82 €
2	87 838,18 €	0,00 €	161,82 €	161,82 €
⋮	⋮	⋮	⋮	⋮
181	58 872,40 €	0,00 €	981,20 €	981,20 €
⋮	⋮	⋮	⋮	⋮
240	981,60 €	0,00 €	981,60 €	981,60 €

f) En empruntant 220 000 € aux conditions du prêt immobilier, on obtient une annuité constante de $a = \frac{0{,}001\,25 \times 1{,}001\,25^{180}}{1{,}001\,25^{180} - 1} \times 220\,000 = 1\,365{,}63$ € (taux d'endettement correct)

PRÊT IMMO SANS PTZ

Période	Restant dû	Intérêts	Amortissement	Mensualité
1	220 000,00 €	275,00 €	1 090,63 €	1 365,63 €
2	218 909,37 €	273,64 €	1 091,99 €	1 365,63 €
⋮	⋮	⋮	⋮	⋮
180	1 364,93 €	1,71 €	1 364,93 €	1 366,64 €
Total		25 814,41 €	220 000,00 €	

L'économie réalisée est donc de 25 814,41 – 15 488,46 = 10 325,95 € grâce au dispositif du Prêt à Taux Zéro.

Correction de l'exercice 8.1 : a) Pour le prêt immobilier :

Taux mensuel : $\frac{0{,}018}{12} = 0{,}001\,5$

Durée : $15 \times 12 = 180$ mois

Annuité : $\frac{0{,}001\,5 \times 1{,}001\,5^{180}}{1{,}001\,5^{180} - 1} \times 105\,000 = 666{,}06$ €

PRËT IMMO

Période	Date	Restant dû	Intérêts	Amortissement	Mensualité
1	01/07/2021	105 000,00 €	157,50 €	508,56 €	666,06 €
⋮	⋮	⋮	⋮	⋮	⋮
127	01/01/2032	34 523,79 €	51,79 €	614,27 €	666,06 €
⋮	⋮	⋮	⋮	⋮	⋮
180	01/06/2036	664,55 €	1,00 €	664,55 €	665,55 €
Total			14 890,29 €	105 000,00 €	

Pour le crédit conso :

Taux mensuel : $\frac{0{,}033}{12} = 0{,}002\,75$

Durée : $6 \times 12 = 72$ mois

Annuité : $\frac{0{,}002\,75 \times 1{,}002\,75^{72}}{1{,}002\,75^{72} - 1} \times 30\,000 = 459{,}85$ €

CREDIT CONSO

Période	Date	Restant dû	Intérêts	Amortissement	Mensualité
1	01/05/2030	30 000,00 €	82,50 €	377,35 €	459,85 €
⋮	⋮	⋮	⋮	⋮	⋮
21	01/01/2032	22 252,55 €	61,19 €	398,66 €	459,85 €
⋮	⋮	⋮	⋮	⋮	⋮
72	01/04/2036	458,44 €	1,26 €	458,44 €	459,70 €
Total			3 109,05 €	30 000,00 €	

Pour le regroupement :

Restant dû au 1/01/2032 :

$$34\,523{,}79 + 22\,252{,}55 = 56\,776{,}34\text{ €}$$

Taux mensuel : $\frac{0{,}018}{12} = 0{,}001\,5$

Durée : $6 \times 12 = 72$ mois

Annuité : $\frac{0{,}001\,5 \times 1{,}001\,5^{72}}{1{,}001\,5^{72} - 1} \times 56\,776{,}34 = 832{,}50\text{ €}$

REGROUPEMENT

Période	Date	Restant dû	Intérêts	Amortissement	Mensualité
1	01/01/2022	56 776,34 €	85,16 €	747,34 €	832,50 €
2	01/02/2022	56 029,00 €	84,04 €	748,46 €	832,50 €
⋮	⋮	⋮	⋮	⋮	⋮
72	01/12/2027	831,24 €	1,25 €	831,24 €	832,49 €
Total			3 163,65 €	56 776,34 €	

b) Mensualités avant le regroupement :

$$666{,}06 + 459{,}85 = 1\,125{,}91\text{ €}$$

Le regroupement fait baisser les mensualités de $1\,125{,}91 - 832{,}50 = 293{,}41$ €

c) Pour calculer la différence entre les coûts totaux sans et avec le regroupement, on peut se baser sur le montant des mensualités versés (puisque l'amortissement total reste le même. On peut aussi appliquer des filtres aux tableau d'amortissement pour obtenir les intérêts non payés des deux premiers tableaux d'amortissement et les comparer aux intérêts payés après le regroupement.

Intérêts non payés du prêt immobilier (1/01/2032 et suivants) : 1 442,94 €.

Intérêts non payés du crédit conso (1/01/2032 et suivants) : 1 659,50.

$$3\,163{,}65 - 1\,442{,}94 - 1\,659{,}50 = 61{,}21\text{ €}$$

Le regroupement, même avec ces conditions très favorables, renchérit le coût total de 61,21 €.

<u>Correction de l'exercice 8.2</u> : a) La mensualité maximale est égale à 35% du revenu mensuel.

Mensualité maximale : $0{,}35 \times \frac{26\,400}{12} = 770$ €

On calcule le capital à rembourser après regroupement en additionnant les restants dus au 1/01/2022 des deux crédits et en ajoutant 1% d'IRA. (On se base sur les tableaux d'amortissement de l'exercice précédent.)

Capital à rembourser après regroupement : $56\,776{,}24 \times 1{,}01 = 57\,344{,}10$ €

Taux mensuel : $\frac{0{,}023\,1}{12} = 0{,}001\,925$

En se basant sur la feuille de calcul de l'exercice précédent, on modifie la durée en années jusqu'à ce que la mensualité soit inférieure à 770 €.

On trouve une durée de 7 ans, soit $7 \times 12 = 84$ mois, pour une mensualité de 740 €.

c) Tableau d'amortissement après regroupement :

REGROUPEMENT

Période	Date	Restant dû	Intérêts	Amortissement	Mensualité
1	01/01/2032	57 344,10 €	110,39 €	629,61 €	740,00 €
2	01/02/2032	56 714,49 €	109,18 €	630,82 €	740,00 €
⋮	⋮	⋮	⋮	⋮	⋮
84	01/12/2038	738,90 €	1,42 €	738,90 €	740,32 €
Total			4 816,22 €	57 344,10 €	

Pour calculer le surcoût, on procède comme au c) de l'exercice précédent.

Les intérêts non payés n'ont pas évolué.

Le surcoût est donc de $4\,816{,}22 - 1\,442{,}94 - 1\,659{,}50 = 1\,713{,}78$ €

d) La renégociation sur le montant de la mensualité serait la meilleure des solutions à conditions que les taux d'intérêts sur le marché soient orientés à la baisse et que la mensualité baisse suffisamment pour permettre la sortie du surendettement. Le report d'échéances est possible si la famille estime que ses difficultés sont passagères. On vérifiera par le calcul que le rééchelonnement du crédit immobilier, même sur 25 ans, ne permet pas de faire suffisamment baisser la mensualité. Le crédit à la consommation, lui, est d'une durée trop longue pour pouvoir être rééchelonné. Un rachat de crédit ou une novation permet la remise à zéro de la durée. Son intérêt pour la famille Juric dépend des taux d'intérêts du marché. Un remboursement anticipé d'un crédit ou des deux si l'épargne de la famille le permet, mettrait immédiatement fin aux mensualités, au prix du sacrifice de l'épargne de la famille. Le regroupement de crédit ne devrait être envisagé qu'une fois toutes les autres solutions examinées.

On ne peut donc pas répondre clairement à la question d) sans connaitre le marché de l'emprunt à date et les contraintes de la famille.

Index

Références

BETTINI, S. e. (2023). *Top actuel Droit de l'immobilier.* Hachette Education. Récupéré sur empruntis.com.

Calcul TAEG 2026 : formule actuarielle R314-4 + taux usure | Simulateur. (2026). Récupéré sur Ma calculatrice: https://macalculatriceenligne.com/finance/calcul-taeg-teg-credit/

Code de la Consommation - Art. L313-47 et suivants. (2017).

Code de la consommation. (2026, Avril 19). *Section 2 : Publicité (Articles L312-5 à L312-11) - Légifrance*. Récupéré sur Légifrance: https://www.legifrance.gouv.fr/codes/section_lc/LEGITEXT000006069565/LEGISCTA000032221981/

INSEE, R. (2024). Endettement des ménages. Dans *Revenus et patrimoine des ménages* (pp. 132-133).

Livre III, Section 3, Articles 1329 à 1335. (2016). Dans *Code Civil.*

Ministère de l'Economie et des Finances. (2025). *Mesure relative à l'octroi de crédits immobiliers*. Récupéré sur Gouvernement: https://www.economie.gouv.fr/hcsf/mesures/mesure-relative-loctroi-de-credits-immobiliers

Ministère de l'Economie et des Finances. (2025, septembre 30). *Rembourser son crédit immobilier avant le terme : comment ça marche...* Récupéré sur economie.gouv.fr: https://www.economie.gouv.fr/particuliers/emprunter-et-sassurer/rembourser-son-credit-immobilier-avant-le-terme-comment-ca#

MoneyVox. (2025, août 28). *Frais de renégociation de crédit immobilier : quel coût ?* Récupéré sur moneyvox.fr:

https://www.moneyvox.fr/tarif-bancaire/comparatif/frais-renegociation-credit-immobilier.php

MOUILLART, M. (2025). *L'observatoire des crédits aux ménages, 37ème rapport annuel - Tableau de bord.*

Service Public. (2024, août 07). *Crédit à la consommation : règles du contrat.* Récupéré sur service-public.gouv.fr: https://www.service-public.gouv.fr/particuliers/vosdroits/F2451

TAEG, taux débiteur, TAEA... : définitions, différences et utilité. (2024, Décembre). Récupéré sur Créatis: https://www.creatis.fr/fr/taeg_taea_definition.html